融资变现工具
——资产证券化

朱少平 ◎ 著

图书在版编目（CIP）数据

融资变现工具：资产证券化 / 朱少平著 . —北京：
中国民主法制出版社，2019. 12
ISBN 978-7-5162-2142-6

Ⅰ．①融… Ⅱ．①朱… Ⅲ．①资产证券化 – 研究 – 中
国　Ⅳ．①F832. 51

中国版本图书馆 CIP 数据核字（2019）第 290166 号

图书出品人：刘海涛
全 案 统 筹：乔先彪
责 任 编 辑：陈　曦
图 书 策 划：刘　卫

书　　名 / 融资变现工具——资产证券化
作　　者 / 朱少平　著

出 版 · 发 行 / 中国民主法制出版社
地　　址 / 北京市丰台区玉林里 7 号（100069）
电　　话 / （010）63055259（总编室）　　57258080（系统团购）
传　　真 / （010）63056975　63056983
http：// www. npcpub. com
E-mail：mzfz@ npcpub. com
经　　销 / 新华书店
开　　本 / 16 开　710 毫米 × 1000 毫米
印　　张 / 21　　字数 / 327 千字
版　　本 / 2020 年 6 月第 1 版　2022 年 2 月第 2 次印刷
印　　刷 / 天津鑫旭阳印刷有限公司

书　　号 / ISBN 978-7-5162-2142-6
定　　价 / 95. 00 元
出版声明 / 版权所有，侵权必究。

经过近两年的努力，本书终于于 2021 年 10 月 27 日在友盾交易平台挂牌交易，取名"TSTD"，意为图书提单。一种新的书籍交易模式自此开启。

本人研究股市等财务投资已有多年，至今也由过去的积极倡导友人入市，到目前的竭力劝导散户退出，告诫朋友远离股市及这类投资活动。其根本原因在于，发现目前几乎所有集中公开连续的竞价交易式财务投资，其本质都是"割韭菜"模式。

这类投资活动，并不像一些人所说，散户都是韭菜。其实所有参与交易的主体都是韭菜，同时又都是割韭菜的人，最终盈亏情况如何，要看他们的技能和"运气"，有技能有运气，就能割别人的韭菜，没本事没运气，就会被别人收割。无论股市、期市、债市、基市、汇市、金市，以及所谓的数字货币交易，无不如此。

对此有人会问，既然如此，为什么美国的这类市场不像我们这么激烈？其实美国股票等市场的原理与我们如出一辙。而且许多理论和经验都源自他们，只不过他们的市场比较成熟，散户很少，又能在较大程度上解决企业资本变现和融资问题，故而显得矛盾没那么尖锐。我国这类市场，一是散户过多，二是投机气氛过浓，三是文化存在某些冲突，加之发展阶段等因素，导致这一问题的负面因素被放大，使参与者大多盈亏相抵、总体亏损。

既然是投资，就应使参与者总体赚钱，至少是多数人赚钱。如果一个市场长期使参与者多数亏损，这样的市场是不可持续的。不能持续怎么办？就要想办法解决。如何解决？一般来说，办法有二：一是大力发展机构投资者，降低投机程度，并大幅降低散户投资者比例。二是研究推出新模式，根本摈弃割韭菜模式。这两点中，前一点目前在国内几乎做不到，或者说要经过一个很长的时间，这是由我们的经济和文化特点决定的，国人贫穷落后多少年，乍一有点钱，都想让它快点增值。且因社会诚信体系不健全，又使他们都不太愿意把自己的钱交给别人打理，因而要使绝大多数散户退出市场基本不可能。

研究推出新交易模式，就是要通过这样的新模式，为投资者提供更多更有利的选择。功夫不负有心人，经过多年研究，我们发现，世界上所有买卖都是前边人赚后边人的钱，一个交易只要能连续、能闭环就不会发生最终风险，所有风险都来自交易循环的中断。

在传统交易中，循环结束都是买方提货用于消费，包括生产消费或生活消费。如果一种商品卖方拿来交易，经过一轮或几轮，最终无人接手，即使交易中断，从而导致滞销和亏损。如果说这种交易结果在 2010 年前还不是太多，则在此之后几乎成为常态。因为在此前后发生的全球金融海啸中，美国某些人在一个庞氏公司的理财案中，将公司业务中以新钱平旧账模式延伸为"击鼓传花金融诈骗"的理论，甚至使该理论传遍并误导全球。我国金融界可以说受其影响更深，几乎所有监管者和投资者人人皆知这一案例和警示。许多交易都因为后来者认为，既然是金融诈骗，我为何要参与，从而使交易中断。

说击鼓传花是金融诈骗，在整个商品交易中，又有哪种交易不是击鼓传花呢。由于社会分工不同，所有商品从生产者那里传到消费者手中，都要经过击鼓传花式的交易传递。虽然传递链条有长短，但都必须经过这样的传递，才能最终到达消费者手中。如同农民卖土豆，他有地不能卖，只好买点土豆种子，把它种下去，经过一段时间的施肥、除草和浇水管理，土豆长熟了，他挖出来，留一部分自己吃，其余的拿去卖。卖给张三，张三又留点自己吃，其余再卖给李四、王五等。此过程不是击鼓传花吗？我们能因为这样的交易过程，就说他们是金融诈骗吗？显然不能。不仅不是金融诈骗，什么诈骗都不是，因为这些传花者都没有以虚假的事实误导他人。

由于信息不对称、交通不便和季节等原因，所有商品和劳务都必须通过击鼓传花式的交易，才能转到最需要它的消费者手中。而且每次这样的交易都会产生利润，因而所有产品交易越充分，产生利润的空间就越大。而且只要有交易，就会有人挣钱：本次交易的买方可能是下一次交易的卖方，他在本次交易中被别人赚钱，完全可能在下次交易中，赚取另一个买方的钱。即使不交易了，他也可以将标的拿去消费。

人类社会目前所有的商品交易都是消费性交易，即所有卖方都是为了变现或融资，而买方都是为了消费，包括生活消费和生产消费。在这种消费型交易中，买方参与交易的目的基本都是为了消费。为此，他一经参与，即要终止交易，再将标的拿去消费，用于生产或生活，由此形成产品从生产到消费整个过程的闭环。

随着交易的发展，在买方人员中，逐渐产生了一批专门从事批发的人员或企业，他们根据某种商品的区域供求情况，将其从厂家批发过来，再零卖出去，既使消费范围得以扩大，又使自己赚取批发的利润。这种模式的产生和发展，将产品卖到更大范围，也使消费更为方便。

再后来，由于经济发展，人们手中的钱逐渐多起来，他们中的一些人为使其增值或回避贬值，便将其富余的钱参与一些商品的买进卖出，成为投资投机者。也就是说，他们参与交易也不是为了消费或批发，而是为了增值，为了赚钱。有了他们的参与，即使这种消费交易变得更加活跃，但也使交易性质、模式等变得异常复杂。

按照马克思资本论分析，如果交易非由买方用于消费而中断，即为生产过剩。这种危机最终势必导致无产阶级革命。目前我国经济也出现了较大程度的产品积压等相对过剩，由于我们是社会主义国家，出现这样的危机，就需要我们积极探索新的解决思路。

从消费性交易特点不难看出，这种交易都是在成本价以上进行的（以成本以下的价格进行交易即会导致亏损），也就是说，这种交易绝大多都是在产品产出或制成后进行的。因为传统的现货交易只能在产出后才能交易。期货与远期现货交易模式的产生，使产品提前交易成为可能，通过这种模式，能将正在生产中，甚至尚在计划生产中的产品拿去交易。这样一来，交易时不仅标的尚未形成，而且起始价格几乎可以为零。

这对所有买方来说，可以给他们所有人提供方便的交易机会，他们不再因为产品价高望而却步，也不会因买入后卖不出去而担心。更重要的是，社会上还有一大批批发商和消费者在等待他们的标的进行批发和消费。

我一朋友是从事海参养殖的企业家，他将海参苗设计成产品，拿到某商品交易中心去交易，由于此时海参苗价格便宜，起始价仅为每只一元（成熟海参每只高达100至200元），他一下挂牌交易卖出一千万只，并将卖来的钱拿去买成真实海参苗投入海里。同时将其提货权继续进行交易，价格随行就市。

在循环交易中，海参苗不断生长，价格也逐渐提高，在此过程中买方持有提货权，既参与海参的生长过程，又赚取交易利润，同时他们的资金进入企业，又促进海参的生产和流通。通过这样的交易，为上述投资投机者提供了更好的投资投机机会，由于这种交易前移，减少了对消费交易的负面影响。更重要的是，这种交易还使部分消费者参与交易增值而增加消费。交易组织者还可要求交易者以交易增值收入的一部分提取实物，从而扩大实物提货数量，增加消费。这种由期货交易延伸而来的大宗商品远期现货交易可将其定位于投资性交易。

对于前面所说的割韭菜弊端，可以考虑限制卖方在标的上市时，对卖出标的变现收入不能提走，或允许其提取一部分，如百分之十至二十，其余部分留在市场，参与做市。这样既在很大程度上解决割韭菜问题，又能稳定市场，活跃交易。

2020年4月10日，习近平总书记在中央财经委员会第七次会议上指出，扩大内需和扩大开放并不矛盾。国内循环越顺畅，越能形成对全球资源要素的引力场，越有利于构建以国内大循环为主体、国内与国际双循环相互促进的新发展格局，越有利于形成参与国际竞争和合作新优势。2020年5月全国两会期间，习总书记再次强调，面向未来，我们要逐步形成以国内大循环为主体、国内国际双循环相互促进的新发展格局，以后还在不同场合多次就此进行论述。

形成以内循环为主的双循环发展格局，许多产品和新产能都要在国内消化，由国人购买。国人购买这些产品有两个前提，一是他们有购买需求和欲望，二是要有足够的财力。对于消费欲望我们几乎不用担心：随着消费升级，超九成的国人都有这样的欲望。但是财力呢，就远远不够了，特别是消费升级导致的欲望提升，使我们目前的收入增长远远不能适应。为此，必须采取措施，大幅提高居民收入，这也成为"十四五"规划的一个重要发展目标。

提高居民收入虽也有一些其他办法，但都有较大局限，而将交易前移，即将某些产品的生产和价值形成过程拿来交易，即能极大扩充交易机会，为参与者带来产品增值和交易利润。如果再能适当排除割韭菜交易模式，即能使参与交易的买方八九成实现盈利，同时不会触动卖方的"奶酪"，并能为他们提供一定的融资变现，回避风险机会，这样的交易何乐而不为呢。

由于这种前移的和网络交易标的基本都是提单，本质上都属于证券，体现的都是资产证券化关系，因而本书的再版和挂牌交易，对于读者理解和参与这类交易，具有更大的参考作用。希望能有更多人读到本书，参与相关交易，积极实践习总书记倡导的双循环战略。

朱少平
2021 年 11 月 6 于昆明回京的飞机上

　　任何国家的经济运行都需要一种动能驱动，如同飞机飞行需要发动机。我国经济发展的动能，20 世纪 50 年代主要靠农业；60 年代、70 年代主要靠工业；80 年代初调整为主要依靠轻纺工业，正是由于这种调整，使我们逐渐缓解了计划经济的物资短缺矛盾，并使经济很快赶上了当时的"老大哥"——苏联。

　　80 年代中期以后，由于注重发展支柱产业，国家将房地产与建筑业作为四大支柱产业之一，加快建立房地产市场，实行土地拍卖和住房制度改革，使我国经济发展由主要依靠轻纺工业，逐渐转到了主要依靠房地产。

　　又经过 30 多年的发展改革，房地产和建筑业，不仅在很大程度上拉动了我国经济增长，带动了经济起飞，而且使整个经济在很大程度产生对这种单一产业的过度依赖：不仅房地产与建筑业的产值本身在 GDP 中的占比高达 15% 左右，而且它拉动的上下游产业更是占到 GDP 总量的 50%—60%，甚至更高，从而导致房价的过快上涨和经济结构的严重失衡。

　　为此，习近平总书记提出，我国经济已由高速增长阶段转向高质量发展阶段，必须坚持质量第一、效益优先，推动经济发展质量变革、效率变革、动力变革。这一重大论断明确回答了当前经济形势怎么看、经济工作怎么干的问题，为我们推动发展指明了方向。

　　在 2015 年 10 月召开的一次会议上，李克强总理也提出"我国经济正处在新旧动能转换的艰难进程中"，"十三五"规划纲要正式提出，要拓展发展动力新空间，增强发展新动能。2017 年 1 月 20 日，国务院办公厅印发《关于创新管理优化服务培育壮大经济发展新动能加快新旧动能接续转换的意见》。2017 年 3 月 6 日，李克强总理参加山东代表团审议政府工作报告时指出，山东发展得益于动能转换，希望山东在国家发展中继续挑大梁，在新旧动能转换中继续打头阵。随后国务院批复《山东新旧动能转换综合试验区建设总体方案》。

动能转换转到哪儿？一般认为应转到发展新经济，转到高科技，这些都是必要的。作者认为，动能转换还有两个方向：一是要转到金融，即如何利用金融手段促进实体经济，促进实业企业发展；二是要转到文化，即如何通过文化引领消费，拉动经济增长。

从利用金融手段推动实体经济，促进实业企业发展方面来说，我们不仅要继续发展现行各类金融业态，同时要用更大精力来研究发展资产证券化，因为资产证券化是一定的机构（包括商业银行、证券公司、信托公司等），通过适当的方式（即通过一定的法律关系，如股权、债权、信托、基金、物权、知识产权等法律关系），把某种暂时不能流动的资产变成证券，通过交易使其流动起来的一种新型经营模式。这种模式不仅能极大地推动资源的流动和配置，而且涉及金融各个领域，可以说它是金融的一个"牛鼻子"。发展和做好资产证券化不仅能有效促进经济运行、资源流动与配置，而且能为社会提供更多投资渠道，引导社会闲散资金进入实体经济、实体企业，例如，科创版的开设仅在前一周即成交近 1500 亿元的交易额，其中首批原始股权资金都直接进入了科创企业，近几年快速发展的各种 ABS 也在很大程度上推动了相关行业的资产流动与融资变现。

根据资产证券化的发展与研究需要，特将资产证券化系列知识讲座的教材汇集成书，以期对大家学习、了解，并实施资产证券化提供一种研究参考工具。

由于时间与水平所限，特别是讲座的开办和本书的编写属于对一种新生事物的研究探索，书中观点与言语疏漏在所难免，敬请读者批评指正。

目 录 ↘

CONTENTS

附录

第一讲

什么是资产证券化

2015 年 6 月以来，因多方面的原因，我国股市持续三年多大幅下跌，给投资者造成巨大损失，使其信心受到重创。

经过几年的休养生息和政策救助，2019 年年初，市场开始反弹。特别是进入 2 月以来指数大涨，个股活跃，黑马乱窜，成交量也迅速提至万亿以上，甚至有一家通信公司，股票在短短的几个月内大涨 11 倍之多。为此，许多人又开始摩拳擦掌，有的争相开账户，有的积极筹钱入市，还有的临阵磨枪，恶补投资知识。

虽然参入股市能为许多人提供一条很好的投资渠道和工具选择，但如果准备不充分，盲目参与，也可能酿成风险，导致较大损失。为此，建议无论新老投资者，初入或重返股市，入市都要做好充分准备，真正了解股市性质，树立良好心态，并有针对性地做好知识和技能准备，树立风险防范意识。

股票发行上市和交易的本质就是把公司资产分成股份，再把代表股权的股票按法律规定和交易所要求，拿到公开市场进行竞价交易。这种做法其实就是公司资产的证券化，它是资产证券化的一种典型类别。

为了帮助广大投资者和拟入市的新手了解和参与这种投资交易，帮助中小企业家利用证券化经营模式加强企业经营，加速企业成长，特编写本书，旨在帮助大家学习、了解股市和整个资产证券化的原理、性质、规律、种类、特点和一些方法，从而有效利用这种经营和交易方式，提高收益，变现资产，并积极防范可能存在的风险。

本书针对资产证券化中的四十多个相关问题与知识点分别作了初步介绍，希望能对大家的经营与投资活动有所帮助。习近平总书记 2017 年在中共中央政治局第四十次集体学习时强调，"金融是现代经济的核心"，"金融活，经济活；金融稳，经济稳"，要"切实把维护金融安全作为治国理政的一件大事"。资产证券化是金融链条中的一个重要方面，它是一种涉及金融多个细分行业的综合业务，学会"证券化"，行走天下都不怕。下面开始讲第一讲，即"什么是资产证券化"。

最近十多年，股权投资大行其道，不仅许多企业家开始关注本公司的股权设置和经营，而且着手对其他相关公司的股权进行投资、参股控股，甚至有一些机构着手设立公司，发行基金，专事股权投资。坊间更是形成了所谓的"无股不富"的说法。

"无股不富"这种说法虽然不太准确，却也有一定的道理。阿里巴巴如果不是在美国上市，它的发展速度绝不会有这么快。牛文文的公司如果不是在创业板上市，恐怕至今也不会有那么多人知道他就是"创业黑马"。我国的企业和企业家，通过公司股票发行上市，促其快速发展致富的事例不是一个两个。

当然，"无股不富"也不能说是绝对准确。比如，某人的长辈给他留了一大笔遗产，这些遗产即使没有股权，他也可以致富。还有人发明了某种技术专利，把这种专利许可他人使用或拿去变卖，同样能发家致富。

"无股不富"，这种说法虽有道理，但是否意味着有股就一定能富起来呢？回答当然是否定的。比如，我国有几千万家各类公司，它们的股东大多都有股权，但这些股东并不一定都很有钱，特别有钱的仍是少数。如贾跃亭原来确实很有钱，但现在却成了名副其实的"负翁"。虽然他手上还存有不少股份，但他现在却并不富裕。所以，"无股不富"，这种说法虽有道理，但也不能绝对化。

股票与股权真正能使人富起来的核心在于实行资产证券化，即通过证券化，把公司资产变成股权，再把这种证券化的股权，按规定的条件和程序，拿到证券交易所进行竞价交易，才能通过这种活跃交易快速增值，从而使持有人富起来。

那么，什么是资产证券化，它的概念应该如何表达呢？对于这个问题争议比较大。业界讨论了二十多年也没形成定论。

一般而言，资产证券化的概念有广义和狭义之分。广义的资产证券化，涵盖各种类型资产证券化，包括股权的、债权的、信托的、基金的，以及物权的证券化等。狭义的证券化，主要指最近十来年发展起来的银行信贷等资产的证券化。由于商业银行从事固定资产贷款和房贷等贷款，合同一签订就要管很多年，资金一贷出就相对锁死，虽月月有息，但资金的流动性却很差。为此，国家决定，对那种长期贷款债权实行证券化模式，将其盘活。这种狭义的资产证券化在我国虽只有短短的十几年时间，但发展速度却很快，最近几年产生的融资租赁、保险，以及知识产权的 ABS、ABN 都与此类似。本书所讲的主要是广义的资产证券化概念。

对于广义的资产证券化概念，简单来说，即"一定的机构，通过适当的方式，把某种暂时不能流动的资产变成证券，通过交易使其流动起来"。这一概念包括四方面的要点：

一是操作机构，即包括商业银行、证券公司、信托公司、资产管理公司或其他类似机构。它们依法可以进行资产证券化的业务操作，为相关企业提供证券化设计、改制、承销、经纪与做市等服务。

二是通过适当方式，如股权、债权、信托、物权、知识产权等法律关系，将其所对应的标的资产通过股权、债权、物权等适当方式变成证券，才能方便地将它们拿到有关市场进行交易或抵押、质押。

三是进行证券化的资产，是企业等主体暂时不能流动的资产。比如，房产、土地、矿山、技术等，卖了就没有了，不卖又缺钱；再比如，产品、劳务等，要通过某种方式把它们变成证券形态，才能进行交易或抵押。

四是把变成证券的资产拿到规定的交易场所进行竞价交易或抵押等，使其既能有效流动，进行变现或融资，又不失去对证券标的资产整体的控制权。

既然资产证券化能使暂时不能流动的资产变成证券进行流动，那么企业可以选择的证券模式就有很多。例如，我们可以把一个企业资产整体通过股份制变成股份，也可以把企业的某种其他资产（如机器、固定设施、产品、知识产权，甚至是人力资源）变成证券进行流通。

实施证券化的形式也可以是股权方式、债权方式、信托方式、基金方式、物权方式、知识产权方式等，这样一来，资产证券化的种类就可以分为股权、债权、信托、基金、保险、物权、知识产权、特许权、劳务权等。也就是说，我们可以把不同的资产根据其性质变成不同的证券，甚至可以把人的劳务变成证券，通过交易使其流动起来。

通过上述概念可以看出，资产证券化是一种经营方式，也是一种有效的交易方式，通过这种经营和交易方式：一是可以促进企业资产的有效流动；二是可以推动上市企业的快速扩张；三是可以引导社会经济结构调整；四是可以更好地服务整个实体经济和实体企业发展；五是可以拉动和引导消费；六是可以为社会投资者提供更多的投资选择。

第二讲

资产证券化的发展沿革

既然资产证券化是一种很好的经营和交易方式，它是怎样产生与发展起来的呢？为什么到现在人们才开始关注它？它以后的发展前景又如何呢？

资产证券化在我国是一种舶来品。在它的故乡欧洲，它是随着借贷和公司制的产生而产生和发展起来的。也可以说，它是随着商品交易的产生而产生和发展的。

原始社会人们靠打猎、采野果为生，后来虽然出现生产加工，但是生产的产品只够自己消费，很少拿去交易。封建社会的交易大多也是生产者用自己的多余物品，换回自己所需要的东西。

到了资本主义社会，生产变成为了出卖而生产。生产者的生产经营不再是为自己消费，而是为了供应市场，以换取更多的钱财。为此，他们必须不断扩大生产规模，这就需要投入更多的钱。投入的钱超出了他们自身的能力，就需要到处找钱。想要找钱，就必须拿自己的东西和别人换，用自己的某种财物，给别人做抵押、质押、典当等，以借回资金，由此产生了债权债务。由于此时的生产规模一般都比较小，因此，小规模的借贷即可满足。

随着生产规模的发展，修一条铁路、公路，建一个码头、车站，上述那种小规模的借贷所筹的钱就远远不够了，这时就需要通过一种新的、更好的方式集中更多的资金，由此，股份制和股份公司应运而生。一些公司为了扩大经营规模，或为了做项目，但资金不够，便可把自己的公司或项目分成股份，以这种股份去进行集资融资，再以所筹资金进行经营或项目建设。

上述进行借贷或入股的凭证持有人，持有这种债权、股权凭证达到约定的期限，或临时急用钱，就需要把持有的债权和股权凭证拿去交易变现。

早期的变现只能找债务人或发股公司主张权利，要求赎债退股或还本付息。但此时那些债务人与发股公司已把融来的钱用在经营建设中，大多一时抽不出钱来，或者说他们暂时没有钱来还本付息或回赎股权。此时，一些有闲钱的人便出面将这种股权、债权凭证收集起来，持有一段时间，到期后再拿去找债务人或公司变现。这样不仅缓解了融资方的资金压力，还为中间人创造了营利机会，他只要收集凭证，多持有一段时间，即可轻松获取一笔可观的收益。这便是早期的证券协议转让。

再后来，有些机构看到证券转让中的巨大商机，便联合设立交易场所，吸引债权债务人和股份公司将债权债务凭证或股票等拿到这种场所来进行交易，甚至是连续竞价交易。

由于连续竞价交易参与资金较多，价格就能炒高；相反，参与资金较少，价格就会下跌，在价格的涨跌中，交易者低价进入，高价退出就能赚钱，这种效应能吸引更多的人与资金参与交易。这就是早期的资产证券化交易，交易标的主要是债权股权等。

由此可见，资产证券化的核心在于证券的交易，证券出让人把自己的某种资产设计成证券，拿去交易，就能获取一定资金的阶段性使用权。而且证券化交易的本质，并不一定要把标的对应物完全卖出去。例如，债权人卖债权也不是要把抵押物卖出去，他只是以抵押物为媒介把债权卖出去，从而获得部分现金的使用权，只要在规定的期限内，他履行了债务，债权就能得以收回。公司交易股权也不是要卖公司本身，由于出卖的只是股权，公司控制人出卖股权，就能获得资金的使用权，当他用完资金，又可以以回收的资金再把股权买回来，这样公司的一切仍可不变。

证券交易所的设立，极大地推动了资产证券化事业。由于有了这种最通畅的证券交易场所，而且实行竞价交易，就可以把社会上的闲散资金大量吸引到场所内来参与交易，例如，我国证券交易火爆时，两个交易所一天的参与资金就高达 1.5 万亿元以上。这么大的资金量参与交易，多少产品都能卖得出去，从而吸引许多企业把不便流动的资产设计成证券，拿到这里来交易，不仅使这种资产得以有效流动，融入资金，而且可以在交易中增值；更重要的是，尽管进行了交易，只要设计周全，公司控制人还不会失去对该资产（企业）的控制权。

世界上最早设立的证券交易所，是荷兰的阿姆斯特丹证券交易所。该所创立于1602年，是世界上最古老的交易所，现位于阿姆斯特丹市内达姆广场西侧，是一个以金融股票为主的交易场所。该所近些年比较注重发掘高科技企业股票在此上市交易。世界上的发达国家和地区大都设有这类证券交易所，如美国的纽约股票交易所，纳斯达克证券交易所，德国的法兰克福证券交易所，英国的伦敦证券交易所，日本的东京证券交易所，等等。

新中国成立前，中国的证券交易所即已产生，但发展缓慢。新中国成立后的一段时间由于认识局限，我们排斥证券交易，直到改革开放后的90年代初，我们才开始恢复设立证券交易所，进行股票债券等交易。目前集中的股票债券类证券交易所有三家：一是上海证券交易所；二是深圳证券交易所；三是北京证券交易所。除此以外，大多数省市还设有股权交易中心，即所谓的四板。

随着市场经济的发展，人们在做好股票债券交易的同时，把证券化交易引入大宗商品的销售中。比如，有的农产品还没生产出来，生产者为保证秋季产出的粮食销售价格，回避未来一段时间价格的大幅波动，以销定产等，从而把未来一段时间才能产出的某种产品设计成期货合约，以保证金或定金的方式进行交易，然后根据交易标的按期进行结算交割；还有的把某种产品以分离出代用品的方式进行交易，以此促进实体企业、产品的交易和消费等。

随着互联网、物联网的发展，甚至一些人将虚拟的数据也做成证券化产品来交易，例如，比特币交易本质上就是一种证券交易。比特币原本只是互联网、物联网中的一种存储数据，没有任何财产价值，只不过是设计者把它设计成一种想象中的货币体系引导人们去计算，进行竞争性"挖矿"，从而获得这个所谓的币。起初这种币根本不值钱，后来持币人越来越多，就有人拿它去交易。交易频繁后，它的价值就产生了。为此，又有人为它去设计和落实实际的应用场景，用它买咖啡、购物、支付产品交易对价等，应用场景越来越多。这样一来，它就由一种一文不值的虚拟数据真正成为一种支付工具。虽然到目前还没有得到世界大多数国家的承认，但这并不影响它作为许多买卖双方的一种支付工具进行交易和应用。

证券交易不同于一般的实物交易，由于它往往要进行连续竞价，必须保证公平、公正和公开，杜绝操纵市场和内幕交易，为此，世界各国对这类证券交易及其场所都实行严格的监管，不仅机构设立有市场准入，而且大多制定有专门的法律进行规范。

由于消费升级，人们的消费重点由过去的主要关注衣食住行，逐渐发展到目前更多关注"文游康寿"消费，对于个人收入的安排，也由过去的70%—80%用于吃穿，发展到目前用于吃穿的比例大幅压缩到只占收入比例的20%—30%，而把挤出来的收入比例大部分消费到文化、旅游、健康和延长生命中去。这样一来，许多生产衣食住行相关产品的企业产品销路大幅减少，积压占库严重。可悲的是，不少这类企业还在扩大产能。

从社会来说，在消费升级过程中，传统的衣食住行相关产品并不是没销路，只是因为收入有限，或收入增长幅度赶不上消费增长幅度，人们把较多的钱用于"文游康寿"领域就必然要降低衣食住行产品的消费比例。如果能通过一定的方式，比如，通过资产证券化交易方式促进实物产品交易，就可能既增加消费者的收入，又为其提供更多的消费选择。例如，我们可以把一些消费品设计成实物与证券两便交易模式，消费者就可以以一定的资金参与交易，交易增值，即可以所赚的收益扩大消费，在一般情况下，消费者也可根据需要，选择提取实物还是交易增值。由此可见，随着市场经济的发展和消费升级，资产证券化的应用领域将得到无限扩大，对社会产生更深更广的影响。

第三讲
资产证券化的主要目的不只是融资

谈到资产证券化，不能不谈到它的目的。我们为什么要做资产证券化，实施证券化的目的到底是什么呢？

由于资产证券化是从股票和债券证券化发展起来的，一些公司把自己的股票、债券拿到交易所一卖就能换回资金，因而不少人认为，做资产证券化就是为了融资"骗钱"。特别是在过去20多年我国股市发展中，确实有一些公司上市就是为了圈钱，钱一到手，业绩立马"变脸"，甚至"金蝉脱壳"，卖股走人，在人们心目中形成了极坏的印象，致使不少人认为公司股票上市就是圈钱。加上我们把这个市场叫资本市场，也加深了一些人对公司上市的"负面"印象，甚至导致一些企业家时刻注意与"上市"划清界限。我们有多位优秀企业家明确表示，坚决不上市、不融资。比如，"老干妈"创始人陶华碧女士于2018年接受专访时再次强调："老干妈不考虑贷款、参股、融资和上市，坚持有多少钱就做多少事。"陶女士这样的表态无可厚非，她公司本来就有很多资金存在银行，为什么要融资呢，她公司的经营日有进账，年年增长，做什么参股控股呢。有多少钱做多少事，这本是最基本的做事之道，但她这话经媒体一渲染，就使一些人的认识更模糊，甚至有人视发行上市为"洪水猛兽"。

事实上，上市也好，资产证券化也好，虽然都能在一定程度上融入资金，解决企业发展的资金难题。但从本质上说，我们做股票、债券的发行上市，以至于整个资产证券化并不完全是为了融资，或者说主要不是为了融资。概括起来，它的目的包括以下几个方面。

一、为原始投资者退出提供方便的通道

为原始投资者退出提供方便的通道可以说是做资产证券化的首要目的。在公司设立与经营中，原始投资者拿出自己暂时不用的钱，参与公司投资经营，若干年过去了，他们的资本已经增值，并促进了企业的成长壮大。然而按公司法的规定，他们已增值的股权却不能从公司直接退股，否则就可能构成抽逃注册资本的违法行为。而将股票拿到公开的证券交易所去发行上市，原始股东即可将自己持有的股票直接拿到证券交易所去交易变现。这样一来，他们持有的股票就既能方便地变现退出，又不影响公司的日常经营。当然，有人可能就说，原始股东不还是把股票拿来换钱了吗，这不就是融资吗？其实不然。虽然原始股东在这里把持有的股票债券换成了现金，他们只是把公司设立至今自己投到公司的现金在公司使用多年后才予以回收。正是由于他们的这些现金投入，才使公司发展壮大，得以上市。所以，上市首先要为他们的资本退出建立一条稳定的通道。

二、改变一种股价计算方法

公司设立后，只要能够持续经营，它的股权都具有价值，能够予以转让。但这种价值和转让是否能得到他人的认可，是否有人来买，却是不确定的。一般人拿着自己持有的公司股权去卖，往往难以成交，除极少个案以外，大多数场外交易的股票都难以反映它的价值，往往会被打折出卖。这是因为这种交易没有形成市场，只能通过协议方式进行一对一的转让。而这种转让，往往是卖方都想卖高价，至少应"保本"，买方却希望价格越低越好。他们常常盯着持有人最原始的投入价格，只要稍有增值，他们就会认为不合理，因而这种交易大多难以充分反映价值。

一旦公司股票上市，情况就会大不一样，因为通过上市交易会改变其价格计算方法。

一般而言，公司股票没上市，它的交易价格计算方法是：每股净资产×市净率＋供求。而股票拟上市或已经上市，其股价计算方法即改为：每股收

益×市盈率＋供求。这是因为，在这种交易中引入了社会资金的参与，参与交易的人越多，带进的资金就越多，资金进入越多，股价就会炒得越高。

假设某公司股票的每股净资产为 5 元，他的利润率为 20%，按照上述两种不同的方法，计算的结果就会大不一样：

股票未上市，其价格计算即为：5 × 1.2 ＋供求，这里的"5"为净资产，1.2 中的"1"即为对应的每股净资产，"0.2"即为 20% 的利润率。这里的供求关系，我们根据其紧缺程度可以假定为 2 元，如果再紧缺点，也可以将其假定为 3 元或 5 元，按照这种假定，该股的价格计算结果即为：

5 元 × 1.2 ＋ 2 元＝ 8 元

股票拟上市或已上市的，其价格计算即为：1 ×市盈率＋供求。这里的"1"是公司净资产收益，即 5 × 20% 为 1 元。市盈率因市场的种类不同而有区别，一般来说，目前我们的主板市盈率为 20 倍，创业板约 30 倍，科技板约 50 倍，三板约 10 倍，香港市场约 12 倍，美国目前约 30 倍。这里的供求我们统一按上市后涨 1 倍来计算（事实上远不只 1 倍，有的甚至会涨 10 倍、20 倍，个别股票上市当天就涨约 40 倍）。根据上述不同市场的市盈率情况，这种股票的上市交易价格即为：

1 元 × 20 ＋ 20 元＝ 40 元（主板）

1 元 × 40 ＋ 40 元＝ 80 元（创业板）

1 元 × 50 ＋ 50 元＝ 100 元（科创板）

1 元 × 10 ＋ 10 元＝ 20 元（三板）

1 元 × 12 ＋ 12 元＝ 24 元（中国香港）

1 元 × 30 ＋ 30 元＝ 60 元（美国）

由上述两种方法计算得知，该公司股票价格未上市每股可卖 8 元，而拟上或已上市的股票因市场不同，其价格分别为 40 元、80 元、100 元、20 元、24 元、60 元。可见两种不同计算方法计算的结果差别甚大。这么大差别的原因，就在于上市交易引入了竞价机制。

三、为企业快速做大做强提供一种有效途径——并购

并购是企业做大做强的一种最有效途径。并，即合并，指两个以上的企

业合并组成一个新的企业；购，即收购，指收购方根据企业发展的需求收购其他企业的整体、产品、技术或股权、债权、债务等。

通过并购，可以缩短企业发展时间，借用其他企业的相关资源，快速做大做强。其实，不上市也能做并购，但成功率要低得多。股票上市后：一则提高了收购方知名度，能大大提高并购的成功率；二则以上市股票作支付，因其便利的变现且能增值的特性，容易为被收购方所接受，降低谈判难度，被收购方有的更乐意通过这种方法实现上市；三则降低并购成本。由于收购方用于收购的资产为股权，而股权在交易中时时都在变化，收购方可以根据变化的价格周期设计收购时间，以降低收购成本。例如，在股价高位时进行收购，所支付的股份就比低位时的成本低很多。通过这样的并购能促使企业快速低成本扩张。

四、做品牌

随着消费水平的提升，人们的品牌意识大大提高，企业也越来越关注自己的品牌形象，想方设法提高自己的品牌知名度，而上市公司本身就是一个品牌，公司股票一上市，几乎所有的投资者立即开始关注，所以每个上市公司本身就是一个知名品牌，上市对于公司做品牌、提高知名度也是一个很大的促进。

五、发现价格

一般来说，商品价格形成，都是成本加利润再加供求。严格来说，这种说法并不准确，你的价格计算再合理，买入者不掏钱都是空的，所以价格都是在交易中被发现的。投资者投资公司获得股权，这种股权本身就有价值，但因没有正常流通，这个价值得不到社会的承认，所以大多数公司股东将其股权拿去卖，都难以卖到它的真实价值。我国几千万家公司的股东都持有本公司股权，但他们持有的这些股权90%以上都没用过（未交易）。一旦公司上市，这种股权（即股票）价格便能通过竞价方式得到确认，而且由于交易是连续竞价，虽然价格变化有高有低，但通过这种高低变化能够不断地产生新价格。例如，茅台公司的股价上市时才6元左右，现在的复权价在5000元以上。可见上市交易能不断发现标的的新价格。

六、完善治理结构

公司股票上市，即要纳入上市公司的监管。不仅法律对于公司章程、组织结构及相互关系、治理原则、经营准则都有明确规定，监管机关也发布了一系列具体的监管文件，公司必须严格按照这些文件的要求进行公司治理，协调各种关系，发布报告文件，报告重大事项，披露各类信息，从而将公司治理提升到一个新的高度。

七、融资

股东卖股是把自己过去投入公司的现金资产转为股权后，再将股票卖掉换回现金，这是股东行为。融资则是指公司增发新股，以股融入新的资金，用于公司下一步的发展。通过股权、债权以及其他方式的证券化，都能为公司融入必要的发展资金。

此外，上市与资产证券化还能为社会提供更多的投资渠道。

为进一步说明这个问题，我们再从资产证券化发展轨迹和制度设计来了解不同性质证券化所要解决的问题。以股权证券化来说，它首先要解决的是原始股东的投资退出问题，使其投入公司的财产能方便地变现退出，或有方便的退出通道。

以艺术品证券化来说，它主要解决艺术家艺术作品的价格发现和变现渠道问题，不少艺术家有精湛的艺术功底，作品也为大众所喜爱，但他的作品上市却难以形成公允的价格，从而导致有的艺术家漫天要价，有的不敢叫价，还有的为提升价格，设计自拍自购的闹剧。通过艺术品物权证券化，就可以通过由低到高的竞价，最终发现该艺术品的合理价格。例如，比特币的价格可以由一美分好几个，最后形成6万多美元一个的天价，折合人民币近40多万元一个，这就是证券化交易发现价格的最有效方式。

从大宗商品的物权证券化来说，它主要解决的是产品尚未生产出来需要提前卖出，以进行套期保值和锁定价格，同时能满足部分参与者既想购物又欲投资的两便交易要求。

从数字货币的证券化来看，它首要解决的是网络交易的支付效率和竞价交易问题。

从以上多种证券化的模式看，不同的证券化目的不同，但最终都能在很大程度上促进实体经济和实体企业的经营。

过去十几年，经济快速发展，在此过程中，我国金融，包括资产证券化快速发展，也出现了一些偏差，一些金融机构片面追求自我发展，出现了一些"脱实向虚"，偏离服务实体经济方向，盲目自我发展的倾向。近几年，中央及时发现这些问题，果断采取措施进行纠偏，不仅明确要求金融企业要回归服务实体的本源，而且要求它们在业务经营中要去杠杆、防风险。经过两年多的努力工作，目前已取得实效，使这种有偏差的金融及证券化势头得到有效扭转。但同时，由于人们对证券化的认识不足，使其应用范围仅限于股权、债权、ABS、ABN等，大量应用尚待发掘，特别是"双循环"发展格局的形成，在很大程度上需要发展资产证券化相配合。

由上可见，资产证券化的主要目的，并不是融资，融资只是它的一个短期目的，在更大程度上，它是一种变现手段，或者说经营模式，一旦上市，企业即为左手实业经营，右手资本经营。

第四讲

资产证券化的本质：利用社会 闲散资金参与并活跃交易

一、企业发展对资金的需求

企业正常经营和发展壮大，需要源源不断的资金供应，这种对资金的需求仅靠公司股东和现有投资者是远远不够的，因为它的发展有一个循序渐进的过程。好企业每过几年都会上一个台阶，而且每上一个台阶，都需要有新的资金进入，数量也会越来越大。万科公司20世纪90年代初上市时，融资规模才2000多万元，而在几年前的"宝万之争"中，它要融资引入的深圳前海地铁项目融资额度却高达几百亿元。可见企业越发展，对资金的需求越大，这种需求可以说是无止境的。

越来越大的资金需求，对任何企业来说，都难以通过自身得以解决，除非它的大股东是大机构或国企。但即使有这样的大机构或国企大股东，同样需要融资，因为它们不过是在持股公司作为投资人，而在另外场合再作为融资人。可见，不管何种企业只要融资，其资金来源都只能靠市场、靠社会。

二、社会资金的逐利性质

资本市场的建立和发展，为各类企业提供了一个很好的交易和融资平台，这个平台上的买方即为投资者。投资者人多势众，有机构，也有散户。他们手握大量资金，这些资金在参与交易前可能是闲置的、低效的。他们希望社会提供多种投资渠道，使其"闲钱"得到充分利用，特别是能有所增值，只要能增值，哪怕承担一定的风险，他们也在所不惜。所以证券市场的设立，各类产品的发行上市，都会触动他们的敏感神经，吸引他们的积极参与。而且交易越活跃，参与的人越多，进入的资金量也越大，交易标的的价格就会被炒得越高。这是资本的逐利性质所决定的。所以投资者是证券交易的买入方，他们对交易的参与是证券交易活力的源泉，也可以说，投资者是证券发行和从业机构的"衣食父母"。

三、交易所为交易双方提供全方位的中介服务

企业发行上市证券之所以受到投资者的欢迎和追捧，是因为在漫长的商品交易中，逐渐形成了一种专门的中介服务机构，它们不仅为双方提供交易场所和交易条件，而且开展全方位的中介服务，以促进和活跃交易。这个机构就是各类证券交易所，如上海证券交易所、深圳证券交易所、郑州商品交易所等。它们是证券交易的组织者，与交易标的发行上市企业是完全分离的不同主体，虽然它们也是企业（因体制不同，有的这类机构实行会员制，即为我们通常所说的事业单位），但它们只是一个提供公平、公正、公开交易平台和服务业务的企业或机构。它们与交易双方都没有任何关联关系，也不能参与交易，只是负责提供场所、设计产品、发展投资者、制定规则和维持秩序，以保证交易的有效和"三公"性质。

四、投资者参与交易希望以此获取收益

对于参与交易的投资者，他们是买方主体，他们及其资金与证券标的发行公司也没有关系，他们是一群独立的投资和投机者，到这个市场来只是为了博一个机会，使自己暂时不用的资金参与交易，抓住一个机会，买入一支好股，价格上涨百分之几十，甚至达到若干倍。这对他们来说，就是一次成功的投资，即使运气不好，赶上市场下跌，买入一支不好的股票，投入的本钱赔掉一些，甚至全赔，对他们来说也不会影响太大，因为这个钱本来就是做投资用的，赔了也不致影响家庭生活。

由于这个市场的交易是开放和竞价的，人与钱越多，价格就会炒得越高，

价格越高，市盈率也就越高。这就是竞争发现价格的原理。当然这个价格也不可能一直往上，有买就有卖，买多价就涨，卖多价就跌，市场就是这样涨涨落落地不断变化，投资者就在不断变化的过程中赚取收益，或支付学费，不断成长。

在 2015 年 6 月开始的股市下跌中，大部分股票价格持续向下，一直跌到 2019 年，此期间，许多股票下跌 30%、50%，有的甚至下跌 90% 多。一轮行情跌到底部，又会逐渐开始上涨，自 2019 年初以来，我国股市又普遍上涨 20%、30%。在此过程中，不少投资者开始出现了较大亏损，但在随后的上涨中，又有不少人弥补了损失并获得了较高收益。但此后又是两年多的震荡整固，不少人在此赔赚不一。

五、交易使企业获得超额利润

正是这种涨涨落落的交易，使证券发行上市公司获得极大的发展机会：

首先，它们把公司股票债券或其他证券产品拿到市场来交易，如果这种产品供不应求，上市就能一售而空，从而使它们的资本得以变现，或融资从事经营。

其次，它们的股票等证券在这里交易，因投资者的积极参与，踊跃购买，竞价转让，推动价格不断上涨（当然也有下跌之时），在这种涨涨跌跌的交易变化中，价格逐步推高，最终会发现该产品的真实价格或价格中枢，使公司股权等价值得到交易确认。

再次，由于参与交易的投资人和资金大大超过公司上市产品的原始价格，从而推动价格不断上涨，公司潜力越大，上涨空间也越大，有的证券上市能达到成千上万倍的上涨，使其获得远远高于原始价值的超额利润。

最后，由于超额利润的产生，使上市机构不仅能弥补投资成本，给投资者带来丰厚的回报，而且能利用这种超额利润进行市场开拓、技术研发和产品推广，使公司业务发展得更快更好。

六、证券化促进资源配置

资产证券化产生和发展几百年的历程表明，实行资产证券化，不仅能够有效促进各类交易，更重要的是，它能间接促进实体企业和实体经济的发展。因为证券化的核心，是把企业或社会上某种暂时不能流动的资产变成证券，使其通过交易进行有效流动。

而在企业或其他主体将相关资产转化为证券进行的交易中，必须大量吸引社会资金的参与，这些资金在进入交易前可能是闲置的。由于它们的积极参与，才使企业股权、债权及其他证券上市交易不担心没有需求，不担心卖不出去，也使首次交易（包括增发交易）卖出证券的钱全部或部分流入企业和实业，用于经营发展和研究开发。可见资产证券化不仅能有效促进各类交易，而且能有积极推动社会资源的合理配置，使有限的社会资源发挥更大作用。当然，在资产证券化发展几百年的过程中，也逐步表现出割韭菜，使许多投资者产生大量亏损的问题，也需要给予足够的重视，否则长久下去即会成为影响市场发展的桎梏。

七、科创板推出引导资金更好促进科技创新

2018 年 11 月 5 日，在上海召开的进博会开募式上，习总书记发表主旨演讲时宣布，上海证券交易所要推出科创板股票交易。

科创板是在上海证券交易所内开设的一个新的交易板块，它主要发行上市科技创新类企业股票。这种板块对于某些特定公司的上市要求会适当降低，一些科技创新企业即使暂时不盈利也能上市，而且对这种公司的发行上市要实行注册制。

科创板是我国研究多年，但因顾及影响大而暂时没有推行的一种改革措施，所以这次科创板的推出，对我国股票类交易是一个新事物。它不仅给了广大需要发行上市的科技创新企业更多的股票发行上市机会，也给了投资者一个新的投资选择。同时因配套实施注册制，也给整个市场推行注册制积累了宝贵经验。

虽然科创板入门条件比一般股票交易对投资者的要求要高一些，但它毕竟是一个新事物、新选择，而且因条件要求高，要求参与者实力更强，风险承受能力更高。

在此之前，我国股市持续下跌，交易萎缩，价格下降。科创板消息出来后，股市开始回暖，到2019年初又大幅反弹，自7月22日科创板开市，上市25只股票，一周交易量高达一千多亿元。而且开始带动其他市场与板块量价齐飞。正是由于这种活跃的交易，使大量资金源源不断地流入科创企业，对我国科技创新事业发展将持续发挥作用。

第五讲

如何看待证券交易的投机性质

证券交易不同于实物交易，由于这种交易是在证券发行公司以外的交易场所，即专门的证券交易所进行的，参与的人很多，并且实行连续竞价交易，因而往往会形成交易标的供不应求的局面，从而导致这种交易本身具有投资、投机两相适宜的特性。

从本质上说，投资与投机应该是一回事。在概念上，投机是当事人找准机会而投入，即在社会生活中，寻找到一个可以投入资金，获取较高利益的机会，包括长途贩运、代购品牌产品获国内外差价等，自己投入一定力量或资金，把这件事做成，以获得一定的收益，这就是投机。

什么是投资呢？它也是在商业或其他的相关领域，某位商人或投资者，寻找一个适合资本投入的机会，如某公司的股权、某个建设项目，把自己一定量的资本投入，待时机成熟，或达预期目的，再通过一种交易，退出资本并获得收益。从这个意义上讲，投资与投机并无太大的区别。尽管如此，在文化上，它们还是不同的，从一定意义上说，差别还比较大。

在我们的文化中，由于农耕文化观念的影响，人们比较推崇长期的实业投资，特别是农业的耕作投资。而对于商业，包括长途贩运、买卖赚取差价等，大家往往比较排斥、不屑一顾。

在这种传统观念的影响下，人们一直认为"无奸不商"，凡从事商业活动就是偷奸耍滑。甚至在一段时间内，国家曾将长途贩运以及相关行为定为投机倒把罪。凡从事这样的行为就要被"割资本主义尾巴"，达到法定标准，还要追究当事人的违法责任，甚至给予刑事处罚，判处刑期。

随着改革开放，我们的认识得以提高，文化观念也发生相应的变化。现在人们不再简单地把投机看成负面的事情：一是从法律上彻底删除了投机倒把的罪名和对相关违法行为的规定。二是在经济生活中，取消了对长途贩运等行为的限制。三是对于一些特定交易规定了多种选项，由当事人自行选择，比如，在期货交易中，允许当事人在投机与套期保值两种交易中进行选择。四是开设证券市场，允许在法律范围内进行证券的适当投机，甚至是数倍的杠杆交易与高频交易。

由于这种文化、经济以及法律上的改革与认识的提高，对我国经济政治和社会生活产生了巨大推动，不仅活跃了交易，方便了群众的生活，而且大大促进了相关事业和企业的发展。

当然，总体上给投机以应有的地位，并不等于直接消除人们头脑里既有的认识与观念。在许多人的日常思维和潜意识中，还是对投机比较排斥。

与其他所有事物和行为一样，投机也具有两面性。从积极的意义来说，行为人把自己的某种产品或劳务拿到市场去交易，或者在市场等待机会进行低买高卖，赚取差价，只要依法行事，没有欺诈或内幕交易，就无可指责。在资产证券化过程中，也是如此。

证券发行人将证券拿到市场发行，吸引大量投资者参与交易，一旦交易成功，他就能把原始发行和增发的证券予以卖出，变现资产，在弥补自己投入成本的同时获得利润。这个利润严格来说，包括部分超额利润，这种超额利润就不是通过正常的生产经营获得的，而是通过证券发行上市取得的。

发行人之所以能获取超额利润，是因为投资者积极参与交易，推高价格，拉高市盈率，发行人才能按较高的市盈率发行证券，从而获取超额利益，这部分利润是市场交易给发行人带来的。从理论上说，这部分利益可以看成是，投机把一个企业、一种产品、一项技术未来若干年的利润提前带给企业，使企业尽早回收成本和获得利润，以便进行再生产。没有投机，发行人便无从获得这部分利润。

上市机构拿到利润，扣除成本和股东分红外，仍有部分富余，他就可以把这些富余拿来进行市场开拓或技术研发。因为这笔钱对他来说，完全是额外获得的，即使使用中成本高一点，风险或损失大一点，他也可以在所不惜，这样一来，就能在很大程度上推动技术进步和企业发展。

举例来说，二十多年前，我们用的手机，大概要5万元一台，而且功能非常简单，只能打电话、接电话，没有智能化。如此简单的功能，它的价格却要5万元，可想这里的利润有多高。由于当时的手机生产商股票上市，能获得这种超额利润。生产商就可以从中拿出一部分钱去进行技术开发。二十多年投入了大量的金钱，从而使手机技术突飞猛进，正因为如此，才使手机技术发展这么快。

从一定意义上来说，这一切都与投机密切相关。没有股票上市的投资投机，没有那么多人买股票证券，上市机构就不可能有那么多富余的钱去进行技术研发和市场推广，整个手机技术也不会发展得这么快。

再如茅台公司，它的毛利每年都在90%以上，从而吸引大量的投资与投机机构的参与。正因为如此，使公司股份暴涨数千倍，从而获得数千亿的超额利润，他们不仅用这个资金弥补股东分配收益，而且用于扩张和股权投资，从而成为跨界经营的典型。既便如此，它的账上长年还趴着数百亿资金在那"睡觉"。所以，从经济和社会发展的角度看，投机虽有一定的副作用，但更重要的，或者说在有限范围内的投机，对经济社会的发展促进作用更大。

说到投机的正面作用，也不能忽视它的副面影响。在实物交易中，违法或过度投机会影响交易。在证券交易中，过度投机也会使企业和投资者面临较大风险，一旦风险失控，就会导致企业与个人的破产或巨大损失，甚至引起整个社会的经济和金融动荡。所以即使投机有较大的正面作用，其负面影响也不可忽视，对整个社会来说，一定要在积极利用其正面作用的基础上，将其负面影响降到最小。

第六讲
怎样理解证券交易的定价机制

对于股票证券交易能赚钱，不少人理解是因为股票证券交易可以低买高卖赚取差价。这当然是对的，但仅理解到此是不够的。证券发行人发行上市股票，投资者参与交易，是因为竞价交易能把价格炒高，使双方都获利益。而这种两利结果是由该市场的价格形成机制决定的。

事实上，开设证券市场的最大目的，是为原始股东的资本投入提供一条正常的退出通道。因为我国各类公司有几千万家，每个公司都有几个股东，甚至几十到一二百个股东，华为公司的股东达七八万。这些股东辛辛苦苦地把自己暂时不用的钱投入公司，用于公司的开办和经营，支持公司发展。公司发展壮大后，他们的股权得以增值。

这种增值股权却无法在本公司进行退股变现，因为按公司法，如果在公司变现股权，退回资金，就可能涉及抽逃注册资本，影响公司经营。而开设股票交易市场，吸引公司到这个市场进行股票发行上市，就能在不影响公司正常经营的情况下，使这些原始股东的股权能够在市场顺利变现，并为买卖双方提供一个公平、公正、公开的证券交易场所，顺带为企业融资提供一条便捷渠道。

这种股票变现通道或场所建立并正常运营的理论依据和背后逻辑就是交易标的的价格形成机制。通过这种机制形成的价格，最能反映市场真实需求和交易标的的真实价值，并最终吸引买卖双方的积极参与。

证券市场产生以前和该市场以外，大量的商品交易都是客观存在的，买卖双方每时每刻都在正常进行交易。但这种交易通常是面对面地现场进行，卖方陈列货物，标明价格，买方选择标的物，支付价款，或与卖方进行一对一的讨价还价，成交付款。还有网上交易，过程与机制与线下交易大体相当。这两类交易都属于现货交易。

现货交易标的的价格往往是确定的，即使经过讨价还价，也只是双方认可，交易即予完成，这能体现供求关系，但不一定反映商品真实、客观的价值。

证券交易则不同，它的交易价格是公开挂牌标示的，并处在不断变化中。由于买卖双方都有无数人紧盯标的价格变化，根据这种变化，卖方会不断报出新的卖出价，买方也在根据市场和卖方价格变化报出自己可以接受的买入价，而且无论卖方和买方都有多个不同报价可供选择，最后交易的成交都是按照时间优先和价格优先顺序，由机器自动撮合，将买卖相同的两个价格予以匹配成交。

这种证券交易竞价成交模式的最大好处，是价格随行就市，完全反映买卖双方的意愿，即使事后价格变化对自己不利，也是当事人当时自行选择的结果。

正是由于千千万万人的参与，依据行情定价格，推动交易标的价格的涨涨跌跌。通过这种涨跌，最后形成交易的真实价格，而且总体来看，由于参与人数的不断增加而标的数量有限，使交易价格总体呈上升状态。

当然，由于各种因素的影响，加上周期性原因，当价格涨到一定程度也会自然下跌，跌到一定程度又会继续上涨。正是通过这种竞争性的涨跌，最后成交每一笔交易的真实价格。这就是证券交易的价格发现机制：在涨涨跌跌中产生每天或某一个时期的最高价、最低价和当事人双方认可的即时成交价。

这种竞价交易也有一个最根本的问题，即首次发行价如何确定。这个首次发行价或称原始发行价，对上市当日及以后的交易都会产生重要影响。它通常由上市机构和交易商协商确定，其依据是市场同类产品的市盈率和交易活跃程度。比如，茅台股票的最初上市价格不到 10 元，而现在的市场交易价却达到 2000 元左右，如果按复权价计算，差不多在 3000 元到 5000 元以上，所以首次发行或增发价的确定，对发行人和市场交易都会产生较大影响。总体上说，我国股票首次发行价格定得都比较高，从而导致以后的交易中投机程度也很高，不少股票价格上市后都能上涨成百上千倍。

鉴于此，有人建议一步到位，把发行价定得再高一点，说这样可以减少二级市场的投机程度，而且把这个高价发行的钱拿给企业发展生产经营更为有利。在这种意见的影响下，曾有一支股票的首发价定到了 80 倍的市盈率、90 元的发行价，结果股票一上市，最高价只有 88 元多，还没达到原始发行价就一路下跌，而且后来因市场和企业经营变化，它的价格持续大幅下跌，一直跌到只有一毛多钱退市。所以任何事情都要有度，不能违背市场规律，违背规律总会被市场无情打脸。

其实证券交易的最大意义在于，二级市场竞争产生的价格，在这样的交易中产生的价格才更真实可信，因为这种价格要有人真实掏钱才能形成。

如数字货币交易，即使是比特币的交易，它最开始的价格也是很低的，据说它的首次挂牌价只有 0.000764 美元，折合人民币还不到一分钱，但后来也被炒到很高，甚至达到 65000 美元以上一枚。它在每个阶段的价格都是交易者真金白银交易形成的。所以起始交易价对以后的交易具有很大影响，特别是它能吸引更多人的参与，毕竟参与者普遍认为价格越低越好。

当然，对于证券发行人，如果他的证券初次发行价定得过低，上市同量的产品，他募集的资金就会低，影响他的发行利益。对此问题，可考虑按两种不同方式解决：一是对于完全公开交易市场，由于首次发行费用扣除佣金外，完全要交给发行方，此时只要根据双方利益确定价格，对发行价定得适当高一点即可。二是对于不完全公开发行的交易，由于这种市场买方相对人少，需要全面吸引投资者的介入，对这样的交易，首次发行募集的费用只能将其少部分让发行者拿走，大部应用于交易的做市。故对此发行应考虑将首次发行价定得越低越好，对发行方利益的照顾，可考虑给他手中保留必要的筹码，待价格达到一定程度，由其自己择机卖出即可。

第七讲
证券化交易的五大主体

党的十八届三中全会决定提出，在市场经济条件下，各类生产要素，包括劳动、知识、技术、管理、资本和商品都要进入市场，进入市场就是要进行交易。各种交易模式概括起来，可分为七类：一是协议转让；二是店面交易；三是会展交易；四是网络交易；五是地摊交易；六是拍卖交易；七是证券交易。这七类交易的标的或者买卖对象就是两类，即实物与证券。实物交易大家都比较熟悉，这里不多介绍。

证券交易是一种公开、集中、统一、连续的竞价交易（当然也有例外，如有的交易就是分散的或不连续的）。由于要保证整个交易的公平、公正、公开和有效，以便社会公众的积极参与，这一特性要求所有参与主体必须诚实守信、遵守规则，并对市场交易全过程进行必要的规范和监管，以便井然有序并且高效。为此，国家及市场组织者，通常都要通过法律和规则，对参与主体和交易过程进行必要的规范和制约。

一般而言，证券交易参与主体包括五大类：交易所、交易商、上市机构（首次发行证券的卖方当事人）、投资者（二级市场交易当事人）、中介服务机构。这五类主体在证券发行交易中，分别处于不同的地位，扮演着不同角色，承担着不同职责，共同保证交易的顺利进行。

一、交易所

交易所，是为证券交易双方提供交易场所、相关条件与全面服务的机构。

证券交易是买卖双方的竞价交易。这种交易不同于实物交易，由于它的连续与竞价特点，通常都会有多个买方和卖方，他们分别根据即时显示的行情报出自己希望交易的价格，以便竞争成交。所以这种交易必须有一个公开集中的场所与价格显示牌，而这个场所与报价屏，必须由一个独立的第三方机构来提供，才能保证交易的客观性与公平、公正和公开。并且该机构与交易双方不能有任何关联，也不能直接参与交易。这个独立的第三方机构，即为交易所或称证券交易所、股票交易所，它的职责主要是六大方面：一是为交易双方提供交易场所及相关服务；二是设计产品，即确定什么样的产品能来此发行上市，进行交易；三是发展会员，即确定有谁能到这个市场来组织具体的产品交易（这个会员只是交易商，不包括投资者）；四是制定规则，任何集中竞价交易，都必须有严格的交易规则，只有制定完善的交易规则并保证其实施，才能保障交易的有效进行，该规则只能由交易所自行制定（有的法律规定该规则还要报经监管机构批准）；五是维持秩序，处理各类纠纷，保护正常交易；六是提供咨询，即对各方面提出的有关交易疑问进行解答。

二、交易商

交易商，是在交易场所内组织证券产品交易的机构。它的职责是根据交易所的要求，把好的产品拿来上市，并组织交易。由于在该市场中，交易所只能提供场所与交易条件，上市产品与活跃交易的全部责任都要由交易商来承担，为此，它应履行以下职责：一是根据交易所的要求，把好的公司与产品进行包装上市，即承销；二是为了保证这种交易有足够多的人参与，以活跃价格，它要积极发展会员（即投资者）；三是有了好的产品和参与交易的会员，它还必须把这种好的产品卖给会员，即销售代理；四是产品在交易过程中，它必须保证交易的活跃性。当一个市场有足够多的人参与其中时，它可以不关心标的价格的涨跌；而当一个市场交易者不足，交易不活跃时，它就要进行必要的做市，即为保证已上市产品的有效交易；当市场出现有人买没人卖，或有人卖没人买时，它就要进场施加影响：有人卖没人买，他来买；有人买没人卖，他要就来卖。如果在半小时、一小时，一天、两天都没人买没人卖，他就得时时地来买一点卖一点，卖一点买一点，以保证交易的连续性和给交易参与者以必要的信心。除此以外，它看着产品好，自己也会买一点；有客户咨询，它还要负责解答提问等。

三、上市机构

上市机构，即根据交易所的要求，把自己的某种好产品拿去上市交易的企业等机构。证券交易指企业把自己公司的某种资产做成证券，拿到交易所去上市交易，通过这种交易，使这种证券产品得以卖出，换回资金，又不失去交易证券对应物的控制权。而且由于证券交易要进行连续竞价，上市机构必须保证上市的各类产品：一是真实可信，买方买入并持有该证券即能获得交易差价和红利；二是价值评估公允，不被人为高估；三是上市程序合规，不存在虚假宣传等信息。当然在该产品上市时，上市机构也可以根据经营需要，参与这种交易或做市交易（完全公开竞价交易不允许做市或坐庄），以保证交易的连续性与活跃度。由于证券产品上市交易在一定程度上反映企业经营情况，为维护自己的市场形象，上市机构还应进行必要的市值管理，防止本公司证券交易价格的剧烈波动，以维护投资者利益。

四、投资者

投资者，是在证券交易中参与证券买卖，从中获取收益的当事人。他们参与交易，是为获取这种交易的短期差价，或持有交易标的一个较长时间，如一年或三五年等，获取该产品长期的经营与增值收益。

投资者分机构投资者和个人投资者两大类：机构投资者，指在证券交易中以参与交易获取长期收益的企业等机构，如有关信托计划、公募或私募证券基金、股权投资公司等；个人投资者，指在证券交易中参与并活跃交易的个人。由于我国证券市场开设的时间较短及发展阶段等原因，市场中参与交易的个人投资者较多，而且他们往往缺乏专业知识，在交易中比较盲目，经常追涨杀跌，因而承担较大风险。为解决此问题，国家一方面大力发展机构投资者，另一方面加强个人投资者的风险教育，积极维护他们的合法权益。

五、中介服务机构

中介服务机构，指在组织各类证券产品的发行上市及连续竞价交易中为该过程提供有关专业服务，以保证交易的真实、合法和有效性的中介服务机构。这种机构主要包括以下几个类别：

一是鉴定评估机构。它们负责对拟上市证券对应企业或产品的真实性及价值进行鉴定和公允的初始评估，以保证首次交易价格的合理性。

二是保管登记机构。上市证券因交易品种不同，有的需要把交易标的对应的物权产品存放于交易所指定位置，也有的需要把相关的权利证明信息登记存放于交易所规定的登记机构（以后还会有不少物品或权益数字信息要存放于互联网与物联网的区块链中），以保证该交易标的的安全性和交易便利。这些经交易所认可的，负责交易标的及相关物品与数据信息登记保管的企业即为登记保管机构，如上海、深圳两地交易所设立的证券登记公司和存放艺术品权益交易对应艺术品的博物馆等。

三是保险机构。由于证券交易过程中，标的或其对应物因保管不善可能产生灭失、毁损或者交易标的在包装上市中，因上市主体的故意、过失而使标的存在欺骗、虚假等，为避免此类情况的发生，交易所往往要求上市机构对拟上市产品提供一种保险，一旦出现这类问题时，由保险公司对投资者承担责任。上市机构投保这类险种，即应支付相应的代价。这种接受投保，为交易标的承担保险的保险公司，即为证券交易中的保险机构。

四是财务会计机构，即对上市产品包装上市过程中的财务会计事项提供专业服务，以保证原始票据真实可靠，财务记载符合上市要求的机构，它们以自己的财会专业知识为公司证券发行上市提供相关服务，如审核财务单据、审计记账、核查纳税事项等，保证相关文件符合发行上市要求的机构主要包括各类会计事务所、资产评估机构等。

五是法律服务机构，即为证券发行上市提供法律服务的机构。由于证券交易是一个持续时间较长的连续竞价交易，这种交易对应企业或物品在过往和未来都会产生大量的合同与权属事项以及纠纷排解等事务，对此需要相关律师、法律服务机构为其提供法律服务。律师、法律服务机构经证券监管机关认定方能开展这种专门业务。

此外，为保证证券交易的有效性，国家还设立有专门监管机构，对证券的发行上市与交易实施严格的监督管理，该机构在我国即为中国证监会，该机构对证券发行上市交易实施有效监管，在市场之外依法履行职责，保证交易的合法与有效性，并依法保护投资者合法权益。但此机构为监管主体，不是市场交易相关主体。

上述不同主体在证券交易中发挥各自作用，共同保证整个证券交易的公平、公正、公开与高效运行。

第八讲

交易所：证券化交易平台的提供者

证券交易是一种集中公开的连续竞价交易，这种交易要求买卖双方必须在一个设施齐全、信息畅通、运行规范、管理高效的市场来进行，而且来这里参与交易的当事人必须严格遵守规则、诚实守信。为交易双方提供这种市场并负责维护交易秩序的机构，即为证券交易所，它是独立于交易双方之外的第三方机构。

这一特点表明：第一，在我国，证券交易所是法人机构，是独立于交易双方当事人以外的第三方机构（它既可以是事业机构，也可以是企业法人）。第二，它要为证券交易提供高效的交易场所和必要的设施条件和有效的服务。第三，它要组织和监督双方的交易活动，维护交易秩序。第四，它要依法对交易活动本身进行必要的自律性监管。第五，证券交易所的设立和解散要由国务院来决定。除经国务院决定外，任何单位和个人都不得开设各类证券交易所或开展相关的活动。

一般来说，证券交易所的职能主要包括六大方面。

一、为交易双方提供方便安全和高效的交易场所

证券交易不同于一般的实物交易，实物交易只要有一个简单的店面或柜台，能够陈列展示商品，即可交易，双方当事人面对面，一手货一手钱，要约承诺即可付款提货。即使是网络交易也比较简单，只要有一个通畅的网络和虚拟的店铺即可进行交易，然后有支付机构代为进行资金支付，物流机构

进行货物的递送与验收交接。

证券交易则有很大不同，由于这种交易是由全国甚至更大范围内的亿万人员参与，而且多数交易都在网上进行，因而这种交易：一是交易场地应便于不同主体在世界不同地方参与，它的地方不一定太大，但要便于各地参与者下单。二是交易设备必须安全可靠，便于运用。由于交易现阶段大多通过计算机、手机等设备进行，各地会员通过不同终端接受投资者下达的指令信息，然后登记传输到交易所，交易所交易主机系统按照一定规则，对输入的各种买卖信息进行接收、登记和撮合成交。因此这种撮合成交的主机设备及与各地联络的终端通信设备必须安全可靠，运行高效，而且能够有效防范恶意攻击和意外事故。三是对交易所的各种交易数据等信息要进行即时录取、整理、传输和通过适当设备进行显示，以供身处各地的投资者及时查阅，据以进行有效的投资决策。四是配备方便的交易服务，如结算交割，证券登记保管。五是连接便捷的资金存取服务，既便利交易支付，又保证资金安全。证券交易所为交易双方提供的交易场所，必须具备这些方面的服务功能。

二、设计产品

即根据不同交易所的性质，设计能够到本交易所来进行发行上市的产品的种类。由于资产证券化可以采取多种不同的种类，从而决定了各类交易所的不同性质。例如，股票类证券交易所的性质是为企业的股票、公司债券等证券发行上市提供交易的场所，期货交易所的性质是为实体企业未来一个时期的大宗产品提供交易场所和套期保值工具的机构，金融交易所的性质是为个人与金融指数期货提供交易场所的机构，碳排放交易所是为碳排放权利提供交易的机构等。

不同交易所要根据其性质设计不同的产品，以吸引相关的交易双方来此进行交易，参与投资。例如，我国上海证券交易所上市交易的证券种类，即包括股票、公司债券、投资基金券、国债券。最近几年（2018年前后）又根据 PPP 项目建设融资及保理事业等发展需要，开展了相关的资产证券化证券（ABS）的交易。深圳证券交易所也在开设上述多种证券交易的同时，开设了文化艺术品融资证券的上市交易。

三、发展会员

任何交易场所的场地都是有限的，只能容纳少量的人进入场内进行交易，即使现代计算机技术能把一家交易所的交易功能延伸到世界各地，真正能够进入交易所内进行交易的主体也只能是该交易所的会员。然而，证券交易的参与者却是成千上万，甚至数以亿计，我国两个交易所的投资者就合计高达两亿多人。他们人数众多，背景复杂，不可能让他们全部进入交易所内进行交易，所以对于他们的交易只能委托代理人，即由入场会员代理他们进行交易。他们可以把交易指令通过会员的交易终端发到交易所主机，所以进入交易所主机的必须是具备相关条件，并依法取得相应资格的法人机构。我国上海、深圳证券交易所实行会员制，取得会员资格的人才能在这个交易所进行交易。故而交易所的第三项职能是，根据交易所条件和职能要求发展会员，再通过会员组织各种具体的交易。

四、制定规则

即根据本所交易要求，制定各种具体的交易规范文件。任何多人参与的活动都需要遵守一定的规则，证券交易更是如此，因为有多人参与交易，每个人的性格、脾气、习惯、角度和文化都不相同，如果没有统一的规则就很难同时进行相关活动。例如，对于几点开始交易，每天交易多长时间，当日交易的钱券如何进行结算交割，以及多人购买同一产品，价格和成交以什么原则进行确定，还有如何避免内幕交易和市场操控，等等，这些问题都需要通过相关的规则来进行规范。因而制定规则并保证其实施的职责，即为交易所的第四项职能。

五、维护秩序

任何公共场所都需要有人维持秩序，因为来此参与活动的人各自怀有不同目的，而且每人的性格也不一样，很难预料每天在具体的交易中会出现什么样的情况，交易市场更是如此。有人赚了钱想炫耀，有人亏了钱想发泄，有人喝了酒会"发疯"，所有这些情况都有可能影响交易秩序。秩序的好坏直接影响交易双方的切身利益，大家到这里来进行证券买卖，都希望通过这种交易赚取差价，但由于市场情况变化，或本人操作失误，都可能发生事与愿违的情况，对于这样的结果有人自认倒霉、息事宁人，有人却往往要从别人那里找原因，为此往往可能产生纠纷。对此，作为交易场所的提供方有责任维护秩序，排解各种纠纷，保持交易的顺利进行。

六、提供咨询

各种证券交易都是一种复杂的系统性交易，这种交易参与人多，规则复杂，而且情况瞬息变化，许多细节不仅新手一时难以明白，即使一些专业人员也未必都了解，特别是一些新产品的发行上市，规则的修订或变化，意外情况的发生，等等。大多数人可能都看不明白，然而，他们要参与交易又不得不弄明白，为此，交易所必须为他们的咨询或疑问提供相关的解答和释疑。

七、法律规定

上述几个方面是证券交易中，作为交易场所提供方所应履行的基本职责。当然，这种职责在各个国家、各种不同的市场和不同类别的交易所，由于文化和有关情况、环境变化、市场发育阶段的不同，都可能有所区别。

我国《证券交易所管理办法》第七条规定，证券交易所的职能包括：一是提供证券交易的场所、设施和服务；二是制定和修改证券交易所的业务规则；三是依法审核公开发行证券申请；四是审核、安排证券上市交易，决定证券终止上市和重新上市；五是提供非公开发行证券转让服务；六是组织和监督证券交易；七是对会员进行监管；八是对证券上市交易公司及相关信息披露义务人进行监管；九是对证券服务机构为证券上市、交易等提供服务的行为进行监管；十是管理和公布市场信息；十一是开展投资者教育和保护；此外，还有法律、行政法规规定的，以及中国证监会许可、授权或委托的其他职能。这些都是在上述基本职能基础上进行的细化和延伸，而且是法律所作规定，从而也是证券交易所的法定职责。

第九讲

交易商：证券交易平台上的舞者

交易商，即在证券交易市场中依规则具备条件，取得资格，能在场内直接进行交易，代理客户交易并组织相关交易活动的专门机构。在我国上海、深圳两家证券交易所，交易商即为证券公司。

在证券交易市场，由于场所提供者作为独立的第三方机构，只能负责提供相关的交易场所，包括场地和通信等条件，不能直接参入交易，而各种产品的发行上市，必须有一定的机构和人员来组织，特别是在具体的交易中，如果没有人组织，可能出现多种意外情况，影响交易秩序和效率。而且大量一般投资者不能直接进入市场进行交易，他们的交易只能委托场内人员代为进行。为此，交易所规则和相关法律规定，在这样的交易市场，必须有依法取得资格的交易商及其专业人员，方可进入市场，参与并组织交易，以保证交易的连续性和有效性。我国现行《证券法》第一百二十条规定，经国务院证券监督管理机构核准，取得经营证券业务许可证，证券公司可以经营下列部分或者全部证券业务：一是证券经纪；二是证券投资咨询；三是与证券交易、证券投资活动有关的财务顾问；四是证券承销与保荐；五是证券融资融券；六是证券做市交易；七是证券自营；八是其他证券业务。根据该规定和其他有关规范及交易所规则，交易商在证券交易中履行以下职责或主要经营这些类别的业务。

一、承销

承销，即交易商根据交易所要求，寻找好的公司或产品标的进行包装、改制，做成证券类产品，再将其拿到交易所进行发行上市交易的业务。

证券交易是一种集中公开的竞价交易，在这里发行上市的产品要供广大投资者参与交易，对于这种产品，既不能存在虚假和欺诈，又要具有较好的成长性，能为投资者带来较好的收益。为此，交易商必须尽最大努力，把那些最好的企业和产品，拿到这里来发行上市。

然而，在现实生活中，再好的企业和产品都存在这样那样一些问题，按交易所要求发行上市，都要进行必要的包装"加工"。交易商按要求寻找发行上市标的，进行包装加工与上市的工作过程即为承销。承销是交易商最基础的业务之一。

二、经纪

经纪，指证券交易场所的交易商按照交易所要求，发展客户并代理其在该交易所进行证券买卖的业务。

由于证券交易所交易场地及相关条件所限，不可能让所有参与买卖的当事人都进场直接进行交易，这就要求交易商根据合同，对于投资者的买卖要求进行代理操作。具体做法是：投资者根据行情变化，按自己的意愿，通过终端进入在交易商处开立的证券账户，把交易指令发到交易所的交易商席位，由交易所主机进行撮合成交，并进行结算交割，再由交易商将收到的成交和结算交割信息反馈给投资者。

为了保证业务的顺利进行，交易商在整个业务中：一要为投资者代理开立证券交易账户；二是代理资金进出划转；三是代理进行买卖交易；四是代理进行交易结果的清算交割；五是在整个交易中对投资者提供相关的信息通报与咨询等服务。目前在我国，证券经纪业务是交易商，即证券公司的最重要业务之一。

三、代理销售

代理销售，指交易商代理发行人将其承销的证券产品，卖给投资者的业务。在资产证券化过程中，交易商按交易所的要求，并依客户委托将公司股权或其他标的做成证券，拿去上市交易，为了保障交易的顺利进行，它还必须发展一批客户参与交易。这样一来，交易商一手上市有产品，一手发展有一批客户，然而两者仍是分离的，要保证交易的有效进行，它还必须通过一种模式将证券化产品卖给客户。这种通过一定模式，首次将证券产品卖给客户的行为，即为销售代理或称首次发行，经首次发行上市后，投资者即可在市场上自由买卖。

目前在我国股票市场中，由于公开发行的股票是一种比较稀缺的产品，一上市就会受到投资者的热烈追捧，从而不得不对其实行抽签销售制度，中签者方能配售，这样就基本不存在发行不成的问题。但在一些特定的市场，如以前存在的邮币卡交易或大宗商品交易市场，就存在着参与人员有限，交易不够充分等问题，故而销售存在较大难度。为解决这方面问题，发行人都要通过一定模式，如给予奖励、加大销售佣金等方式进行销售，还有的采取直销，甚至是传销的模式。随着证券化的发展、证券种类的增加，特别是特定证券交易的产生，销售代理可能会在很大程度上影响交易商的业务，未来这种业务具有较大的发展空间。

四、做市

做市，指在有限竞价市场，投资者或交易买方购买这个产品的意愿不足，或信息不畅的情况下，做市商根据交易需要，以自己的交易引导投资者交易的行为。

在有限竞价的证券市场，如邮币卡交易、有些数字货币交易等，这种交易没有太多的大众交易者，交易信息也不够畅通，因此在买卖过程中，经常出现有人卖没人买，有人买没人卖，以至半小时、一小时、几天时间没有交易的情况，如三板市场中有的公司几个月也没有交易。对此情况，如果没有必要的引导，交易即会处于停滞或中断状态，持续下去可能导致交易崩盘。为此，交易所和有关法律允许这种交易情况下的交易商或其委托的机构可以根据交易需要进行必要的做市交易，即在有人卖没人买时他来买，有人买没人卖时他来卖，或者一段时间市场没人买也没人卖时，他卖一点买一点，买一点卖一点，给人以正常交易的信息，从而引导投资者踊跃参与，活跃交易。

需要区别的是，做市不同于完全公开竞价市场上的"坐庄"，由于两者具有某种相同与不同之处，往往容易引起误解。为避免这样的误解，我们需要对两者进行必要的区别。一般而言，两者的相同之处在于，都要引导客户参与交易。不同之处在于，坐庄是在完全公开竞价的市场，投资者要规避风险，从而减少交易，庄家为操纵市场，误导投资者，以获取超额利润而进行坐庄交易；做市则是在有限竞价交易市场中，投资者参与不多，引起交易不足，做市商为引导投资者参与，以保证市场的活跃性、连续性和有效性而进行的做市买卖，两者的出发点与结果不同，而在行为上往往是相似或相同的。根据证券市场发展需要，2019 年修改的证券法在证券公司的业务中专门增加了"做市"这一内容。

五、自营

在证券经营中，交易商是市场交易的组织者，它们组织证券产品的发行上市和交易，并要大量发展客户参与交易，以获取佣金收入，支持企业发展。同时，仅有这种收入也是不够的。由于它们承销上市的产品中，以及其他企业承销的产品中也有一些产品成长空间较大，盈利能力较强，参与这种交易能获取较高的收益。为此，交易商在做好承销、经纪和投资咨询等业务的同时，也可根据市场需要，以自己的资本金自行购买一些承销标的或其他标的，包括部分包销所剩产品，并在适当时机予以卖出，获取收益。这种以自己的资本金购买产品获取收益的业务即为自营。我国证券法规定的证券公司可以从事业务的第七项，即为自营业务。由于自营交易可能存在与投资者的利益冲突，这种自营对于交易商或证券公司应设专门的分支机构进行独立运营，且应避免与投资者的利益冲突。

六、咨询

咨询，即在交易商的整个业务中开展的，对投资者提出的疑难问题提供的解答和释疑工作。证券投资的当事人众多，素质参差不齐。由于所处立场不同或参与交易的经验不足等，在日常的交易中，他们往往产生大量的对交易规则、交易产品和有关问题的认识分歧，为了及时为他们解决这些问题，交易商必须安排专门机构或人员接待问询，回答问题，对于有一些因时间上、专业上或其他方面的原因，不能从事具体操作的，还可根据法律和有关规定的要求，为他们提供相关的投资咨询与顾问等服务。这些业务概括起来说，就是交易商的投资咨询，这也是交易商业务的一个重要方面。这项工作做得好坏直接影响到其他业务的开展，交易商必须以相当大的力量开展这项工作。

以上六方面是交易商业务的几项基本内容，根据法律和各国情况以及各公司内部具体条件不同，公司可以根据自己的情况对这些业务进行必要的延伸和具体化。当然，这些业务因法律或市场的变化与调整，也应该进行必要的更新，以适应公司经营的需要。

第十讲

上市机构：证券市场的原始股卖家

上市机构，是在资产证券化过程中委托交易商，把自己公司的股权债权或其他产品，经过包装改制做成证券，再拿到有关交易所去发行上市交易的产权机构。在首次发行上市证券交易中，它们是卖方主体。以后的交易，除非它们进行股票回购或增发，一般不再参与，即使进行市值管理也应委托其他机构来进行，否则就可能构成违法。

上市机构根据证券化的不同性质而有所区别，例如，把公司整个资产折成股份，形成股票，再把股票拿到证券交易所进行公开上市交易的公司，即为上市公司；把自己的某种大宗产品，如钢材、铝材、小麦、玉米等拿到期货交易所去进行预售和套期保值的机构，为期货产品上市公司；把公司某种股权、债权、经营权、收益权等产品设计成证券，拿到数字货币交易所去交易的机构（目前我国国内尚不允许数字货币的交易，以后有待政策进一步明确），为数字货币上市机构。受数字货币交易影响，并随互联网、物联网与区块链的发展，一些机构开始将相关实物资产或产品做成证券在网上进行直接点对点或竞价交易，在较大程度上促进了实物交易的发展，这种交易目前处于起步阶段，未来具有相当大的发展空间。

一、上市公司

由于上市机构具有上述多个不同种类，而与我们关系最密切的主要是将其股权进行证券化交易的上市公司，因此侧重介绍上市公司。

资产证券化起源于股权与债权交易，所以早期的上市机构主要为股份公司，上市证券也主要为股权与债权等类型。上市机构所做的证券化品种也主要是股票债券。随着资产证券化事业的发展，证券化种类越来越多，甚至自然人的劳务也可以做成证券化产品进行上市交易，理论上说，任何物品或资产都可以做成证券化产品进行交易。这样一来，上市机构也演变为多种不同的种类。

二、证券交易的资金奥秘

证券交易不同于一般的实物交易，实物交易大多是及时终结，或者一次性交易终结，而公开的证券交易往往是循环交易，在这种交易中，当事人可以今天买明天卖，明天卖了又可以再买，如果是 T + 0 回转交易，他可以当时买入成交，反手再予卖出，因为价格瞬时变化，他可能在赚钱和赔钱时，反手卖出将盈利落袋为安或减少损失。因而在这种交易中，资金即成为影响交易的最重要因素。那么，这种交易的资金与公司的经营资金之间是什么关系呢？

一般来说，股东或投资者投入公司的财产都要在公司长期存留下去。通常公司不破产、不解散，股东投入的资本就不能退出。他回收资本的方式只能通过分红和折旧逐步进行，或者向他人协议转让股权，回收投资。

股权上市的公司情况就大不一样，由于上市以后，公司股票即可以在公开的证券交易所进行自由交易，超过限售期，股东持有的股票即可按法律规定或公司约定，随时在交易所卖出变为现金，也就是说，公司股票上市，为股东的资本变现提供了一条顺畅的通道。

与此同时，上市是股东将股票拿到市场去出售，严格来说，是股东将长期"砸"在手上的"废纸"拿去换钱，而买家则是拿着现金来购买这张"纸"。这种交易使市场上形成了一个该上市公司股票的交易场所，在这里股东可以卖"票"，新进投资者可以买"票"，这种买卖在证券交易所形成了一个与该上市公司密切相关的新的资金体，也可称之为"资金池"。该池中资金的所有者是公司的所有股东，通常不是公司，而且该资金与公司经营又具有极大的关系，它的总额随交易变化而变化，特别是新投资者进入的越多，带来的资金量就越大，甚至这里的资金额可能超过原公司经营中的资金总量。

三、两种不同资金互相影响

由于上市使上市公司形成了两个不同主体的资金体，两种不同资金对股票发行公司具有重要意义，而且两种资金之间具有重要的因果关系：公司经营效益好，投资者往往踊跃购买该股票，从而导致市场股价大幅上扬，资金池体量会大幅增加；效益不好，大家预期产生变化，不少人卖出股票，导致股价的持续下跌，资金体量会迅速下降。

另外，公司经营对资金的需求永无止境，当它的经营进一步扩大或市场变化需要经营转型时，都要募集新的资金。此时，它就可以通过公募或私募的方式，到市场再次增发股票，如果此时价格好，它增发股票的价格就会比较高，成本相对较低，反之亦然。

四、上市公司的双轨经营

公司股票上市后，它的经营即不再是单一经营，就应在做好公司实体业务经营以外，拿出一定的精力，关注在证券交易所二级市场交易股票的价格变化。虽然这种股票所有权不归公司，但由于它是公司股票的发行者，股价变化直接影响本公司股东的利益和以后的股票增发，同时公司还可以利用这种市场进行扩大经营，为此，所有的上市公司经营集团都应当两手抓：一手抓实体经营；一手关注二级市场的股票交易价格变化，并根据这种变化，进行相关的经营操作，既注重公司的形象维护，又保护投资者利益，并为公司扩大经营营造更好的市场环境。从这个意义上说，上市公司的经营具有双重性，一是实业经营，二是资本经营，做得好相互促进，做不好，相互拆台。

五、利用市场进行并购

公司股票上市后，还可根据经营需要增发新股，以此扩大经营，而这种扩大经营的方式主要是开展并购。并购的"并"即为合并，指两个以上的公司合并组成一个新的公司。合并分两类：一是吸收合并，指一个强势公司吸收一个以上弱势公司，或某一单一公司吸收合并他公司，被吸收合并公司不复存在；新设合并，指两个以上的公司为了共同目的合并组成一个新公司，新公司成立后，原公司便不复存在。

收购，指某个公司为达到某种经营目的而收购其他公司的整个公司、部分生产线或技术、股权、债权等资产。由于公司股票上市，为收购方提供了极大的便利，上市后的公司股价计算方法发生变化，因此它的股权往往受到被收购方的广泛欢迎，而且价格比较高，变现渠道通畅，在并购中占较大优势。被收购公司也希望通过并购实现自己曲线上市的愿望，所以并购中双方往往较易一拍即合。为此，公司上市后，并购成为其快速发展，扩大规模的重要方式。

六、公司回购

公司回购，指上市公司将自己发行在外的股份，通过交易再买回来的行为。由于公司回购股份可能存在对市场交易的影响，原公司法规定，公司不得回购自己发行在外的股份，但四种情况除外：一是回购注销；二是回购用于奖励职工；三是与持有本公司股权的其他公司合并；四是股东对公司有关决议持不同意见而要求回购的。由于这种限制，在股票交易中股价大幅下跌严重损害投资者利益时，公司往往无能为力，如在 2015 年开始的股市近四年下跌中，不少公司股价下跌百分之五六十，甚至八九十，公司只能望股兴叹。

为解决这一问题，全国人大常委会根据证券监管机关的提议，于 2018 年10 月 26 日对公司法第一百四十二条规定作出修改：

一是对除外情作了调整，规定以下六种情形可以进行回购：减少公司注册资本；与持有本公司股份的其他公司合并；将股份用于员工持股计划或者股权激励；股东因对股东大会作出的公司合并、分立决议持异议，要求公司收购其股份；将股份用于转换上市公司发行的可转换为股票的公司债券；上市公司为维护公司价值及股东权益所必需。

二是规定公司依法收购本公司股份的，应当经股东大会决议；收购后可以依照公司章程规定或者股东大会的授权，经三分之二以上董事出席的董事会会议决议。公司依照本条规定收购本公司股份后，按不同要求进行注销、转让或持有。合计持有本公司股份数不得超过本公司已发行股份总额的百分之十，并应在三年内转让或者注销。

三是要求上市公司收购本公司股份的，应依照证券法规定履行信息披露义务。

四是规定上市公司因本条第一款第（三）项（即将回购股份用于持股计划或股权激励）、第（五）项（即将回购股份用于转换可转债）、第（六）项（即将回购股份用于维护公司价值或股东利益所必须）规定情形收购本公司股份的，应当通过公开的集中交易方式进行。

本次修改有效解决了上述存在问题，促进了市场发展和公司经营，特别对于上市公司稳定股票交易价格发挥了积极作用。

七、市值管理

市值管理（Market Value Management），指上市公司基于公司股票交易的市场价值信号，综合运用多种科学、合规的价值经营方式和手段，达到公司价值创造最大化、价值实现最优化的一种战略管理行为。其中价值创造是市值管理的基础，价值经营是关键，价值实现是目的。

市值管理是中国资本市场的一个独特概念，它是在 2005 年开始的上市公司股权分置改革后，我国股票交易进入全流通时代，为考核公司经营绩效而逐渐兴起的，经过多年的理论探讨和操作实践，2014 年 5 月 9 日国务院在《关于进一步促进资本市场健康发展的若干意见》中明确提出，要"鼓励上市公司建立市值管理制度"。此后，中国上市公司的市值管理进入全新的规范化和制度化阶段。

市值管理是对公司经营全过程的价值管理，既包括公司整个生产经营过程和销售变现过程的管理，也包括股票在公开交易市场上市交易后，对其股票交易市值变化的管理，但要对上市公司股价变化情况，采取相关措施进行管理操作时即要符合法律要求，并委托某种相关机构来进行。如果不顾公司经营情况而在二级市场进行股票拉抬或打压赚取收益的所谓市值管理是虚假市值管理，本质上属于操纵市场，故为法律所禁止。

八、增加发行股份

增加发行股份，指股票在公开的证券交易所发行上市以后，公司因业务变化需要扩大经营规模，或转变经营方向，也有的为提升公司经营形象，而增加公司股票总额，向投资者募集股份新增资金的行为。

增加发行，通常分为两种：一种是面向全体股东进行的增发，这种增发往往被称为配股，它的发行对象是公司现有的全体股东，为吸引他们的积极参与，发行方往往把价格定得相对较低，通常为过去 30 个左右交易日平均价格的 60% 左右。

另一种是针对部分特定投资者的增发，或称定向增发。这种增发一般价格也可适当低于股票交易的正常价格，由于这种增发参与对象有限，价格不能定得太低或太高，执行中一般按低于过去几十日平均交易价 10% 左右的水平。

定向增发不同于配股，它的参与者很少，且比较熟悉公司经营，对这种增发通常对股份的上市要规定一个限售期，该期限一般可以为一年，也可由公司约定更长期限。由于公司股票交易行情变化，在股市下跌中，增发价格有可能被跌破，这样就可能损害定增参加者的利益。如在 2015—2018 年的股市下跌中，有超过 100 只的股票跌破增发价。这一情况要求上市公司在增发股份时，一定要根据市场交易情况来安排，股价高涨时，一般不做或少做，而在股价下跌时，可择时进行增发工作，以便在增发股份解除限制上市时，获得相对好一些的收益。

第十一讲

投资者：并非就是韭菜被割的命运

一、概念

证券投资者，指在证券市场中参与证券买卖的当事人，他们参与交易是以自己暂时不用的资金，参与某种特定证券的买卖，从而获得一种机会，增值自己的本金，赚取一定的利润。尽管所有投资者的操作结果可能赚也可能赔，但他们来此的目的都是为了获取一定的收益，没有哪个投资者为赔钱而来。所以投资者是证券市场的重要组成部分，也是证券从业机构和人员的"衣食父母"。没有投资者的积极参与，证券交易即是无源之水、无本之木，根本无从进行。

二、投资者分类

一般而言，证券投资者分为机构与散户投资者两大类。机构投资者主要为专门从事证券投资的机构或在经营其他业务的同时，也兼而进行部分证券投资的企业等机构，其中专门从事证券投资的机构，包括证券公司、投资基金（公募证券投资基金）、阳光私募（专项信托计划）以及私募基金等。

由于现代投资分为实业投资与财务投资两大类，有一些机构因业务、专业、资金来源等问题，不宜从事实业投资或者从国外回来的专业人士，他们只适合向投资者募集资金，专门从事证券投资，这类投资者在我国证券市场越来越多，例如，我们目前从事二级市场证券投资的公募与私募基金总额已达 43 万亿左右。其他从事证券投资的机构，也包括上市或有关公司内设的证券经营部门。

个人投资者也称散户投资者，一般由自然人构成，他们中也分两类：一类是长期在这个市场进行投资投机，形成了一定经验的专业投资者；还有一类是拥有一种其他职业，在职业之余以自己的有限资金参与部分证券投资，这种人有不少专业知识不足，参与进来或是试图做点长期投资，或是带着赌博心态来此碰碰运气，相对来说，他们的盈利能力相对较弱。

三、机构与散户投资者的特点

由于我国证券市场发展的时间较短，导致我国参与投资的主体具有一些与其他国家资本市场不同的特点，这种特点主要表现在以下方面：

1. 机构投资者总体数量过少。在我国证券市场中，虽然有一些证券公司、基金公司及其他一些投资机构，但是总体来说，这些机构在投资者总数中所占比例过少，虽然它们掌握的资金量比较大，但因为散户投资者过多，对它们的投资产生的消极影响比较大，比如它们有的想维持一只股票的价格稳定，散户却一遇风吹草动就追涨杀跌，从而对它们的投资风格和效果产生较大影响。

2. 散户投资者人数过多，持筹心态不稳，喜欢追涨杀跌，容易造成损失。由于我国证券市场是在改革开放过程中，借鉴国外经验逐步发展起来的，早期的机构担心风险不敢进来，而居民却由于市场的开设为他们提供了一个新的投资渠道因而大量参与进来，从而导致我国证券市场一个特有现象，即散户投资者巨多，目前已开户账户有两亿多，其中 95% 以上都是散户。虽然近十几年来国家和有关部门一直在积极采取措施，发展机构投资者，适当降低散户投资者比例，措施实施也取得了不少成效，但仍不能大比例减少散户人数。

3. 总体来说，由于证券市场发展的历史原因，加上传统文化的影响，我国投资者的投资风格有些浮躁，多数偏重短期投资，例如，从成交量和换手率来看，美国股市一年的换手率在 80% 左右，而我国证券交易的换手率却高达 800%，两者比较，显而易见。

四、所谓的"韭菜"说

韭菜，是我国居民熟悉并深受欢迎的一种绿叶蔬菜，它的特点是可以多次收割，割一茬又能长出一茬，再割一茬又能再长一茬。在我国股票市场，由于散户投资者亏损的概率相对较大，有人把散户投资者比作韭菜，形容其"被割"的命运。由于散户投资者比较分散，投资风格又喜欢追涨杀跌，因此往往遇到大行情挣不到大钱，轮到下跌行情又往往被深套，而且在整个交易中，由于机构掌握较大的资金和信息等优势，它们可以利用其与散户进行博弈，赚取利润，散户则因资金与信息和专业条件方面的劣势，在博弈中处于被动挨宰地位，因此形容他们是被机构收割的韭菜虽然也有一些道理，但严格来说并不准确。事实上，在股市或其他竞价交易市场，所有参与者都是同等的，如果说是韭菜，无论是机构或散户就都是韭菜，但他们又都是割韭菜的人。他们各自因专业、信息和相关条件不同而具不同地位，整体说是以其能力决定结果，能力强，你割别人，能力不足就可能被人割。当然，长远看这种割韭菜的交易机制是有害的，迫切需要采取措施改变这种现象。

五、入市应做充分准备

证券投资是一种专业性很强的投资，在这里不仅需要有资本、有耐心，更需要有相应的专业知识。对于机构而言，它们因为要专门从事这种经营，往往会有比较充分的准备，即使在行情不好的条件下，它也可以通过风险规避或技术等条件减少损失，提高收益。

而对散户来说，却是另外一种情况，由于他们中的许多人"先天不足"，入市往往承担较大风险，胜率相对较低。为了积极参与证券投资，获取多一些收益，减少损失，散户投资者在进入市场前，一定要积极做好准备，包括心理准备、资金准备和专业知识准备，特别是操作技巧的准备。

六、树立正确的投资理念

所有投资都是按照一定的理念指导的经营行为，因此，无论是机构或散户投资者进入证券市场，都要树立正确的投资理念。有了正确的理念，才能形成自己的战略、投资风格与方法，以指导具体的投资行为，尽可能回避错误操作，取得更多的成功（对于具体的投资理念请看第十三讲）。

七、关注各类信息

现代社会是信息社会，信息在经济社会生活中发挥着越来越重要的作用，投资更是如此，各种不同的信息，有的影响人们对大势的判断，有的影响具体操作，还有的甚至影响人们的思维方法。为此，从事证券投资，必须切实关注并深刻理解各类信息（关于关注信息的内容讲看第十四讲）。

八、形成自己的操作方法

证券投资是一种专业性很强的投资方式，它不仅要求投资者有正确的理念和畅通的相关信息渠道，同样要求操作人具有坚实的专业技术知识，特别是相关的操作技巧。在长期的证券投资交易中，人们逐渐形成了多种不同的方法以进行辅助的投资决策，如K线图技术、程序化交易技术、波浪理论、相关的数据模型等，这种专业化技术和方法虽然具有较强的科学性和实用性，但对每个人的适用性却是不同的，要想在这个市场获得成功，必须在学习理解相关技术的基础上，形成一套适合自己的投资方法。

九、善于总结经验

由于证券投资是一种经验累积的技术工作，时间越长，经验积累越丰富，投资成功概率越大，所以无论是机构投资者或是个人投资者，都要在具体的投资操作中，时刻注意总结经验，因为这个市场就是一所大学，时时刻刻都在变化，每年的行情变化都不一样，这其中虽有一些规律可言，但更多的还是差异，所以在这种投资中，注意总结经验，对任何个人和机构都至关重要。只要注重经验积累和学习研究，久而久之，我们就可能成为一个专业投资者或行家里手。

十、树立严格的风险意识

任何投资都有风险，金融证券投资比实业投资风险更大，因为这种投资行情每时每刻都在变化，所以参与证券投资，首先要把风险防控放在第一位。就像业界常说的，现金为王，只要手握现金永远都有机会，一旦忽视风险防范，资金被套，我们错过的可能就是更多的机会。特别对于散户投资者，如果能够理性参与投资，在具体操作中时刻注意防范风险，避免追涨杀跌，我们完全可以避免"韭菜"被割的命运。

第十二讲

中介服务机构：证券上市的守门人

　　证券交易是一种集中、公开、连续的竞价交易，这种交易最基本的要求是，既要保证上市证券真实可信，没有欺诈，又要把关其具有较高的成长潜力，便于交易，且能为投资者创造收益。而保证这一切符合法律和监管要求的手段，在一定程度上要依靠中介服务机构的相关专业服务。这种法定的中介服务机构，在资产证券化的相关环节，通过自己的专业服务，保证拟发行上市证券及其交易中的公平、公正与公开，维护交易秩序和参与各方的合法权益，从这个意义上说，它们是证券上市的守门人。

　　所谓中介服务机构，即在资产证券化过程中，为企业等单位发行上市证券化产品，提供相关专业服务，如鉴定、评估、保管、保险、财务、会计、法律等业务服务的机构。这些机构和人员，在办理资产证券化业务中，既要根据法律尽心尽力提供优质服务，又要保证在履行业务中的独立性，不受相关利益的影响而作出违反职业道德的行为。

　　在资产证券化过程中，因市场原因，要对拟上市证券的估值方法作出调整，这其中牵连巨大的经济利益，而这一切都要通过中介机构来把关，通过它们把一些虚假的、不具备法定条件的产品排除在上市之外，真正保证把符合法定要求、具有成长潜力的产品发行上市。为此，一些不法之徒往往会通过行贿、要挟等手段，影响中介机构或其业务人员作出违心结论，使一些不具备法定条件的产品蒙混过关，欺骗投资者。故在整个证券化过程中，中介服务机构的工作态度与服务质量，直接影响到证券发行的质量与效率，为此，法律对其提出较高要求，并赋予其明确而严格的责任。

中介机构依据实施证券化的不同种类和过程而有所区别，例如，做股权证券化，主要涉及公司财务问题，在此过程中，财务机构参与更多；艺术品物权证券化对艺术品物权的真伪要求更高，因而有关艺术品真伪的鉴定机构参与相对会多一些。一般来说，这些机构主要包括以下类别：

一、鉴定评估机构

鉴定评估机构，指在资产证券化过程中，对拟改制上市证券标的公司或其产品等真假性质和其价值等作出鉴定、评估的机构。首先是鉴定机构，即对拟上市标的或标的对应实物的真假、性质与质量、是否安全、有无可能伤害他人等进行的鉴定，例如，对拟上市艺术品的真假、生产年代、制作工艺，拟上市股票、债券是否真实、有无虚构等进行鉴定的机构。

评估机构，即对拟上市标的资产价值进行评估，即对该标的经济社会或其他价值作出评定估量的机构。由于上市标的价值，即价格的最后确认要由市场竞争交易来实现，所以最初只是进行大体评估，参照依据也是通常的财务数据，如果已是上市证券的评估，依据会有所不同。2016 年我国颁布资产评估法以后，对资产评估提出了更高的要求。该法第十七条规定，评估机构应当依法独立、客观、公正开展业务，建立健全质量控制制度，保证评估报告的客观、真实、合理。评估机构应当建立健全内部管理制度，对本机构的评估专业人员遵守法律、行政法规和评估准则的情况进行监督，并对其从业行为负责。评估机构应当依法接受监督检查，如实提供评估档案以及相关情况。

由于证券发行上市后的交易价格变化过于剧烈，初始评估的意义更为重要。这就要求评估机构在评估中：一是依据的标准要客观、公正，不能主观臆想"拍脑袋"；二是价格不能过高，要为后续的交易留有充分余地。在股票发行上市中，因为大量企业的实际操作已逐渐形成一套完整的方法，主要由证券公司与拟上市证券企业按照一定公式进行确定，评估机构作出的评估结果只作为依据。可见，对于拟上市证券及对应实物等依法进行相关评估鉴定后，即可按程序审核上市交易。至于该产品上市初始价格，及上市后的交易价格无论是否偏离评估价格，以及偏离多少，都由交易双方竞争决定。

二、登记保管机构

登记保管机构，指在资产证券化过程中，对进行证券化标的所对应的资产或直接对该证券标的进行登记保管的机构。

资产证券化是把某种暂时不能流动的资产变成证券拿去交易，这就会出现交易标的的登记保管问题。如某人买入的股票不可能拿回家，故对这样的标的物必须由一个法定机构进行登记保管。而且对于有些交易证券所对应的实物，也需要对其进行必要的保管，如艺术品证券对应的瓷器、玉器、字画等，都应存放于一个指定场所进行保管，防止灭失或损毁，以保证其安全。这种对有关证券或对应实物进行登记保管的机构，通常是经相关交易所依法确定的机构，如证券登记结算公司、期货交割仓库、大宗商品现货交易保管仓库、艺术品保管的博物馆等。这类登记结算与保管机构对其登记保管的证券及其实物承担责任，由于登记保管不善，造成毁损灭失，或出现差错，应依法承担责任。

三、保险机构

保险是一种互助性保障措施，即由保险机构通过设计并发行产品，吸引投保人依合同投保，保险人集中保险资金，进行投资管理，以其收益等对被保险人因保险事故受到的损失给予必要补偿的保障制度。在证券交易中，由于交易证券所对应的标的物可能面临质变、量变、损毁、灭失等风险，为此，交易所为保护投资者利益，往往要求对这种证券或其对应资产本身投保相关责任险。经保险后，出现相关问题，即由保险公司负责赔偿。目前这项工作尚处于起步阶段，随着资产证券化事业的发展，相信这方面的保险会越来越多。

四、财务会计机构

任何企业单位的经营都必须进行财务会计核算，通过财务把每天进行的大量经营活动及资金往来记载下来，保留原始票据，并根据公司经营情况进行相关核算，比较盈亏，据以进行折旧与利益分配和亏损分担等。公司法规定，公司应当在每一会计年度终了时编制财务会计报告，并依法经会计师事务所审计。财务会计报告应当依照法律、行政法规和国务院财政部门的规定制作。资产证券化过程中，对一定期限内的相关财务会计记载，缴纳税收情况，以及各种依法应予核算的内容，都要经法定财会机构和人员进行审计，合格的方能用于对上市产品的说明和信息披露，因而财务会计工作情况直接影响到产品的发行上市和对投资者的利益保护。

五、律师机构

律师是依据法律和专业知识，为当事人开展相关民事、商事等业务活动提供各类资讯或代理等法律服务的专业人员，律师开展业务必须依托相应的工作机构即律师事务所。在证券发行上市中，为了向投资者报告证券发行情况并募集资金，上市机构必须提供相关文件，说明拟上市证券的相关内容与文件是否合法有效，避免把非法标的拿来上市，由此导致纠纷。对于这些产品的发行上市，除由财务会计等机构出具文件外，对于招募说明书、上市报告书、公司年报、季报等文件，均应由律师机构出具是否符合法律要求的法律意见书。

六、中介机构的责任

毫无疑问，中介机构对在资产证券化过程中，自己从事工作和提供的法律文件要依法承担责任，一旦由于自身的过错，包括故意与过失，导致证券发行失败，或者把关不严，致不符条件要求的公司或产品上市，给投资者造成损失的，都应当依法承担后果。但这也要区分不同情况，依据公司法等相关法律，如果中介服务机构提供服务所依据的原始材料系原企业或其工作人员提供虚假材料所导致，则应免除中介机构的责任。

七、中介服务收费

中介机构在企业资产证券化过程中，是被聘请为证券化过程相关业务提供专业服务的机构，它们也属于企业或事业单位，对此过程中提供的相关业务，要依法收取约定的费用，以支付它们的劳动报酬，当然这种收费既不能太高，也不能太低，对此，有关机关专门出台有相应办法，中介机构和被提供服务的单位双方，应就中介服务范围与收费等问题进行协商确定，在合同中作出规定。

八、合伙制

合伙制，是市场主体在长期经营活动中逐渐探索出的一种合作经营制度。它诞生于中世纪的欧洲，当时由于封建社会人们把自己消费不了的产品拿到市场去卖，换取自己所需产品，久而久之，他们看到自己的劳动果实能换回更多的东西时，便开始扩大经营。而扩大经营一个最重要方面，即需要集中更多的资本，该资本超出其能力范围，必须会同他人共同组织，这种多人发起机构，合伙人之间分别对债务承担无限连带责任的组织即为合伙，包括有限合伙。这种合伙制产生于公司制之前，在公司制产生并大力发展后逐渐消失，随着近二三十年现代投资的发展，公司制产生新问题，特别是公司法人人格否认制度的出现，人们感到公司制不能根本解决投资人对企业债务承担无限连带责任的问题，遂回头将合伙制，特别是有限合伙拿来应用到相关投资活动中，从而使这种传统的合伙经营形式再次焕发青春。我国合伙企业法将这种合伙中形成实体的部分确认为合作企业，并在法律中加以规范，成为中介服务业务最受欢迎的组织形式，如律师事务所、会计师事务所、资产评估等机构都有不少采取此种组织形式，有的行业还提出了强制推行的要求。

在中介服务机构实施合伙制过程中，再将其发展为有限责任合伙（即LLP），目前我国注册会计师机构绝大多数已改制为这类组织形式，其他相关专业服机构只有少数采用这种体制。实施这种体制有利于强化专业服务机构的职责，并有效区分不同合伙人在违法或债务中的各自责任。

第十三讲

树立正确的投资理念

投资理念，是根据一个人的价值观所延伸的，对某种投资标的价值进行判断的思维观念，是支配投资者从事各种具体投资活动的基本依据。虽然我国证券市场已开设多年，许多投资者在这里摸爬滚打也近三十年。但直到今天，仍有许多人的投资理念并不正确，有的照搬别人的理念，有的理念被他人误导，还有的人根本没有成熟的理念和规则，操作经常发生误差，形成较大损失。从以往二十多年我国证券市场交易中的投资理念偏差，我们在这里总结出几点体会，供大家参考。

一、不要盲目长期投资

一般而言，在证券投资中，一个公司的业绩增长会有一个过程，这个过程可能是一年两年，甚至三年五年，有的会更长。投资者参与某支证券的投资，看重的也是该公司未来一两年，甚至更长时间股权增值所带来的收益，所以证券投资的一个基本理念，就是要长期投资。但由于证券交易具有较强的周期性，而且价格永远处在波动中，一会儿高，一会儿低，一会儿涨，一会儿跌，在这里投资如果没有长期投资理念，往往很难赚到钱，所以这个市场倡导进行长期投资。

但由于证券投资周期性波动的特点，如果不加区分地盲目进行长期投资，就可能会被套入其中。在一般情况下，长期投资理念是对的，但是在某些具体情况下，长期投资又不一定对，所以我们说不要盲目进行长期投资，长期投资只能在一个阶段性低点，或一个公司处于成长前的某个时刻，这个时期做长期投资是对的，一笔钱投入进去，持有一只股票一两年，甚至更长时间，有的标的可能在这一轮行情中涨几倍、十几倍，甚至上百倍。如果找到这样的股票，进行长期投资何乐而不为呢？但如果不是这样，在每一轮行情的高点进去做长期投资，最后就可能既浪费金钱，又浪费时间，所以投资理念的第一条，就是不要盲目进行长期投资。一定要根据不同投资标的的特点确定投资的时间周期，例如对于期货或大宗商品的投资，一定要在交割期前对标的交割与否作出安排。

二、不要简单进行价值投资

有的证券标的交易价格之所以能够不断上涨，就在于投资者看好该标的公司的成长性，因此他们对一个公司股票的投资，完全是看中公司的潜在价值和增长潜力。所以证券市场一般倡导价值投资，世界著名股神巴菲特也倡导价值投资。

但由于证券市场的特殊性，价值投资也是相对的，在适当时期去投入适当产品，这叫价值投资。但在另一种情况或对另一种产品就有可能不是价值投资，而是陷阱投资。因为在这个市场，你永远也无法预料某个事情会出现什么样的变化。例如，长春长生这只股票在前几年一直效益不错，二级市场走势也挺稳健，但在 2018 年出现"假疫苗"问题，以致监管机关对其实施退市处理，所有该期间持有这只股票的投资者如同坠入万丈深渊，利益受到很大损失。

所以对于价值投资，也是因时因地因公司因产品而有区别，只有在适当条件下，对于认准的产品确实具有价值的，才能进行价值投资，而不能盲目地认为，一个公司某年的盈利增长就是其价值。比方说，每年的半年报、年报披露有的公司利润增长百分之几百，甚至百分之几千。这样的公司，它有没有价值呢？也要看它的增长是怎么来的，如果是靠卖资产、卖股权得来的，或者上年的基数是负数或基数很低，即使增长比例一个季度或半年前达到百分之几千，同样没有多少价值，因为它并没有持续性，故对这类标的能进行投机，却不能进行价值投资，因为它本次增长只是一次性收益，不具有价值投资的持续性。

三、不要排斥高价股

证券投资中，很多人排斥高价股，他们认为，一支股票的价格太高没有上涨空间，因而不愿参与投资，或者觉得自己钱太少，买不了多少股，从而排斥这类高价股。但是，有些证券由于其良好的业绩或产品性质，一问世价值便持续高走，排斥高价标的就可能与它们失之交臂，如前些年的"茅台"，这两年的"宁德"都是如此。因而从事证券投资，不能简单地排斥高价股，只要看中一支股票的高成长潜力，只要它的价格不是高得离谱，就可以大胆持有。当然这里还要注意，一支股票如果它的潜力在某个阶段已经得到充分发挥时，也应予以警惕，比如目前的茅台股票，它最高已经涨到了2600多元，在这轮行情中它肯定还能上涨是毫无疑义的，但是能涨多少却很难说，至少这么高的价格在未来两三年内很难再涨十倍，因为它涨一倍价格就可能达到三四千元。所以对类似股票在最近的行情中，还是尽可能回避的好，待本轮行情结束，到下一轮行情的低迷期再继续买它，毕竟在行情下跌时要"喝酒吃药"嘛。对其他证券产品也往往如此。

四、不要迷信低价股

证券市场的投资者绝大多数都喜欢低价股，因为这样的股票价格低，同样的钱可以买的股数更多，给人以心理上的安慰。但是低价股通常都不是好股票，因为这类股票一般是盘子太大、业绩太差、行情稍有起色公司就要融资，所以低价股一般都不太好。因而一般情况下，不要迷信低价股。

但这也不是绝对的。在特定情况下，或者说在每轮行情中，低价股都会爆冷门，跑出一两只"黑马"，上涨七八倍，甚至十倍以上。因为这类低价股有三个好处：一是价格低，一旦形成气候具有较大的号召力；二是它涨起来倍数高；三是在每轮行情中，都有机构会找出那么几只低价股把它炒起来，因为这样的股票容易被庄家看上进行并购，从而使丑小鸭变天鹅，这样的公司一旦有资本进入，就可能出现天翻地覆的变化。所以在一些大行情条件下，也可以关注一些低价股的投资机会，但一般不要迷信，还是要具体问题具体分析比较好。

五、正确理解"买涨不买跌"的投资习惯

在中国传统的证券投资中，人们形成了一种理念，甚至口头语，就是买证券、买股票要"买涨不买跌"。一般而言，这种理念是对的，因为当一支股票在上涨期间，你今天 10 元买入，明天涨到 10.5 元，你就赚了。所以"买涨不买跌"是对的。

但如果把它当成信条，在下跌行情中也这么做就大错特错了，因为在下跌行情中，假如今天涨两角钱你去买，它明天可能跌五角钱，就把你套进去。所以对俗话说的"买涨不买跌"也要具体分析，也就是说，在整个大势上涨的情况下，当然是买涨不买跌，但当整个大环境是向下的情况下，就应该是"买跌不买涨"，而且买跌也还要看标的下跌是否跌到位，没跌到位的票即使跌了很多也不能买，或者把握不好根本就不买。这才是实事求是的投资理念。

六、摒弃"破罐破摔"的懒人意识

不少人拿着股票或其他证券，一直亏损或少有盈利而不愿抛，不止损。

股票之所以不涨，或由于买入时机不对，或由于买入品种不当。买入时机不对，可能买到第二天就开始下跌，买入品种不当可能一成交就开始下跌。对于此类情况，就需要对本次操作和大势作出必要的分析判断。如果本次下跌只是偶然或失误，可耐心观察几天，等待回升；如果是选择错误或遇大势向下，就应当尽快坚决卖出，这就是所谓的止损。

但在现实生活中，许多投资者并不这样做，他们认为，这个市场涨涨跌跌是正常的，既然能跌下去就能原样涨回来。我只要把那个下跌的票拿在手上，就不怕它涨不回来，结果有可能一拿就是几个月，甚至半年或更长时间，这种理念实际就是所谓的"破罐破摔"，它最终损失的是投资者的资金和时间。所以在证券市场上，一定要对自己的投资品种进行全方位的分析，凡不符合大盘趋势的，不管是赔是赚，都要果断操作止损，"破罐破摔"最后损失的只能是自己的资产和机会。

七、理性认识"追涨杀跌"

"追涨杀跌"在证券交易中,指投资者对于正在上涨的品种不顾一切地积极参与进行追买,而对于那些处于下跌过程的标的,则不计成本地予以卖出,哪怕亏损也在所不惜。严格来说,这种操作方法如果在理性情况下,是符合投资趋势要求的,毕竟在证券上涨中,你追涨买入,第二天继续上涨,买入的票就能赚钱。而在市场下跌中,你不顾一切地卖出去,第二天接着跌,你卖出的点位就是高位,这样也可以减少损失。但如果在市场翻来覆去的波动中"追涨杀跌",就有可能把自己的资金和精力浪费在多次进出的买卖上,不仅由于频繁波动赚不到钱,反而要支付过高的交易费用。所以"追涨杀跌":一是要看准大势;二是不能过于频繁操作,否则可能得不偿失,使自己的资金承担过高的风险。

八、相信但又不迷信技术分析

证券投资的技术分析,是指在证券交易过程中,许多前辈专家根据自己的经验和教训,总结出来的体会,并在此基础上建立的技术体系和相关模型与操作方法。这些技术和方法虽然不一定适用所有人,但也是经前人多年经验的总结、使用、传承和发展,已形成科学体系,并被证明总体是有效的,例如,K线图技术、波浪理论,还有其他形形色色的技术分析理论。

毫无疑问,这些技术分析都有自己存在的理由和科学体系。但不管哪种技术体系,都不是放之四海而皆准的,或者说适用任何情况、任何人的。一方面,证券交易行情瞬息万变,我们对瞬息万变的行情有时可能都没有反应过来它就已经过去,你无从对照技术指标理论进行分析;另一方面,所有的技术指标都是根据以前的交易数据开发或形成的,它能证明过去,也可以借以预测未来的相关情况,得出观点和指导意见,却不能完全依据其进行操作。因为这种技术分析除前面的原因外,你能看别人也能看,你能用别人也在用,特别是机构用得更有效,它往往还会利用这种技术分析人为地进行操作或者画图,给人以误认,以欺骗散户投资者,赚取超额利润。所以对各种技术分析：一要花精力学习、信任和应用；二不能产生迷信，盲目照抄照搬；三要善于总结提升，特别是加入自己的理解，再用于操作，这样才能更好地发挥技术指标的作用。

九、正确对待投资咨询

在证券市场上，有一批专业投资者，他们经过长期投资操作和专业研究，积累了一套比较实用的操作经验，有的还形成了科学的理论体系和方法，他们有不少通过有关媒体开设相关的投资咨询活动。

对于这类投资咨询，有的人确信无疑，也有人认为，这类投资咨询全是一些江湖骗子，不仅不信而且极端排斥。我们认为，对这类投资咨询既不能迷信，也不能简单地排斥。首先，他们开展这种业务需要有相应的知识和资质，他们拿到这样的知识和资质是要下工夫学习和考试的。而且他们对相关活动或者标的的介绍必须是真实的，有的甚至做过公司调研，听众对于这些信息和事件是可以去查证核实的，如有虚假他们要承担责任。此外，他们可能与相关机构具有一定联系。所以对他们提出的咨询意见，是可以听、可以信的，但不能简单地跟着操作。一定要听他们传播的信息，理解他们的角度，判断他们的观点，分析他们的结论，最后结合自己的理解，作出自己的判断，然后再决定要不要采纳相关信息和建议进行投资操作。

十、道听途说永远不要作为投资依据

证券市场是一个有亿万人参与的大市场，每个投资标的的参与者都在几万、几十万人以上，涉及它们的各种讯息五花八门、真真假假。这些信息不可能完全无用，也不可能完全有用，特别是对一些具体的操作建议、推荐标的等，千万不能照搬照用，因为机构永远不可能把全部的真实数据告诉你，也不能完全告诉你假信息。如果所有信息都是虚假的，就无人再相信；如果全部真实的话，钱被你赚走了，它们去哪里挣钱呢。所以，这些信息必然是真真假假。还有些信息即使是真的，也要注意进入时机的问题。人家没进你先进就可能一进就赶上暴跌；人家已进你再进，人家卖出你就会当"接盘侠"。所以在投资理念中，要形成一种永远不靠别人一句话或一个信息就进行投资操作，永远不把道听途说作为投资依据的理念。

只要我们能在具体的投资操作中，树立正确的理念，深入学习研究、借鉴各种实用的信息和经验方法，就能在很大程度上提高我们投资决策和操作的准确性与有效性，避免不必要的损失，从而提高投资收益。

第十四讲

充分听取各类信息辅助投资决策

信息社会信息为王，各种畅通而准确的信息不仅能为企业经营带来业务，创造商业机会，而且能有效回避一些投资陷阱，提高企业经营成功率和业绩。正因为信息对企业经营和大众投资的重要意义和作用，也往往会有一些别有用心的人故意制造和散布虚假信息，或将未经证实的道听途说消息进行传播，误导他人，鱼目混珠，以达非法牟利等目的。这就要求所有投资者都要广泛听取和收集各类信息，并对这些信息进行必要的分析、加工和甄别，作出正确判断，再据以进行投资决策。

一般而言，投资者应收集和关注的各类信息概括起来，主要包括以下几类。

一、有关国际信息

目前我国已融入国际社会，并在其中发挥重要作用，国际社会的各种重大问题，都可能对我国的政治、经济和社会，以至证券交易产生影响。例如，美国股市的大幅涨跌也可能在一定程度上影响我国股市交易，这不仅由于国际资金流动此消彼长效应的影响，还在于国际市场的统一性对不同市场的关联度。例如前几年美国对我们开打贸易战几次加征关税信息就对我国股市产生巨大下拉效果，引起大跌。习总书记提出"一带一路"倡议在国际合作中的具体应用信息，同样会对市场产生相应积极影响。可见关注各类国际信息，有助于我们充分把握和理解这些信息，分析市场变化，指导自己的投资操作。

二、国内重大政治、经济与社会信息

国内重大政治、经济与社会信息本来就由我们的社会生活产生，一经形成，即会对相关活动产生影响，特别是对证券交易形成关联，就能在较大程度上影响相应证券的价格变化。例如，"两会"期间总理所作的政府工作报告，计划、预算部门领导所作的专项报告，以及有关领导和专家发言所透露的投资或社会事业发展重点等信息，往往透露出影响某种行业、事业领域和企业的重大信息，从而能引起这些公司股价的较大变化。例如，我国政府领导在国际会议承诺的碳达峰和碳中和目标和 2019 年上半年召开的"一带一路"国际峰会中国际合作信息，即对相关上市公司股价变化形成长期拉动。分析这些信息，借以指导投资操作，即能在很大程度上提高投资精准度。

三、各种金融信息

金融信息，指金融市场有关机构、业务、行为与事件所产生的信息。由于证券交易是金融业务的一种，其价格变化主要由资金所推动，资金流入多，价格就上涨，资金流出多，价格就下跌。因此，各类反映资金变化情况的金融信息都可能在某种程度上影响证券交易，比如，降低或提高存款准备金率，降低和提高银行利息，以及货币政策性质与把握力度的变化，社会资金流动的松紧程度等，都会对证券交易价格产生较大影响。然而，信息毕竟是信息，它能影响投资者的思维与行为，却不能直接决定证券交易价格，因而各种金融信息对交易形成什么影响也是不确定的。例如，2013 年和 2014 年国家发布降低存款准备金和利息的信息后，按理当即应刺激市场上涨，但有几次市场却几乎没什么反应，甚至有的在稍作上扬即转下跌。而在消息出来一两个月后，才刺激行情的大幅上涨，这里既有信息政策的滞后作用，也有机构对政策的反利用。所以对于各类金融信息也不能不加分析地简单应用，要在深入分析论证的基础上作出判断，再决定是否据以操作。

四、各种行业信息

由于经济部门与行业的划分，我国上市公司都分属不同行业，对于不同行业有行政和自然分工，形成了相应的主管部门与行业协会，这些部门和协会每年的不同时期，都会根据管理和调控需要，发布一些有关行业发展的信息和政策（包括制定规划）。这种政策规划及相关信息，对该行业的上市公司都会形成大小不一的影响，例如，行业发展规划、产业政策变化，以及本行业某种技术发展概况、产品价格的涨跌等，都可能对相关公司投资交易产生影响。例如，2019 年以来，随着 5G 技术的突破，一个全面布局 5G 业务的局面正在形成，所以 2019 年以来，凡与 5G 相关的上市公司股价都大幅上涨，再比如，手机柔性屏技术的研发，也对相关公司的股价形成推动。2019 年年初以来，猪肉市场变化也对新希望等企业股价形成正拉动。后因市场变化又出现一两年的猪肉下跌，导致相关股票下跌。基于这些情况，投资者在具体的投资操作中，必须尽可能多地了解相关行业信息，才能更好地指导自己的投资操作。

五、地方信息

我国实行中央与地方分级管理与调控体制，所有上市公司都分别在不同地方设立并注册。虽然有少数企业由中央直接管理，但绝大多数都分别隶属于地方。这些地方的经济社会发展具有相对独立性，当地政府和行业组织也会根据情况，发布一些指导当地经济、社会发展和企业运行的政策规定，例如，福建地区出台的海西政策，广东地区出台的大湾区政策，以及苏浙沪地区的相关政策等，都会在一定程度上给当地上市公司形成影响，例如上海、深圳地方的深化国企改革措施，一些机构都会利用这方面的信息进行相关股票操作。此外，国家出台的有关区域发展政策，例如，西部大开发政策、"一带一路"相关政策，一些地区出台的能源政策等，都会对有关上市公司经营形成刺激，从而影响我们的投资操作。

六、企业信息

企业信息，即有关上市公司经营发展方面的信息，包括公司发展战略、重点项目投资、当年经营业绩的增减、利润分配设想、公司并购、人事任免、企业家个人的相关信息，甚至负面信息等，这些信息分别通过四类文件，即年报、半年报、季报和特报的形式进行披露。与其他信息不同的是，企业信息由相关上市公司或相关公司产生，直接影响本公司的股票或其他证券交易价格。例如，公司业绩大幅增长和下滑，并购以及大比例分配方案都可能大幅拉升或降低它的价格。而且上市公司的部分信息还可以通过过往信息推导出来。有些公司信息还可能对其他相关公司证券交易产生影响，关注这些信息，便于对该公司及相关标的的了解，以便作出参与投资或回避风险的决策。

七、对各类信息都要甄别利用

虽然各类信息对上市公司股价都可能形成影响，但这种影响都有正面和负面两种情况，而且有些正面信息在当日交易会形成负面效果。有些负面信息可能产生正面效果。这其中虽有理解上的差别，更有一些有实力的机构在其中进行反向操作，这就要求我们的投资者，对于通过不同渠道获得的各类信息，都要进行仔细甄别和必要的研究分析。只有具有充分把握，才能据以作出判断，酌情利用，在判断不清或理解不透的情况下，宁愿不做，也不能因盲目操作而造成损失。

借鉴他人经验形成适合
自己的投资方法

　　证券投资是一种专业性很强的投资活动，它不仅要求投资者具有较强的心理素质和市场敏感度，还要求其具有坚实的专业知识，特别是形成一套适合自身特点的投资操作方法。

　　在长期的市场发展中，不少先行者积极探索，总结形成了很多好的投资经验与方法。这些方法虽然总体是有用的、有效的，但对每个投资者和具体的投资操作，似乎又不太实用。这是因为每个投资者每次操作的情况都是具体的，与别人都不一样，这就要求每个投资者要在充分学习借鉴别人经验和做法的基础上，加上自己的体会和总结，形成一套适合自己特点的投资方法。

　　下面我们对市场应用较多的投法方法作一点概括性介绍。

一、分配投资法

　　所谓分配投资法，即根据上市公司每年分红规律所形成的一种投资方法。根据上市公司监管要求，所有公司都必须在年终和年中分别发布一年或半年的经营业绩报告。该报告除披露期间经营情况外，还要就每年的分配方案提出意见，并根据方案组织实施。这样一来，上市公司的红利分配，即包括年中和年终两次，有的分一次，有的分两次。

　　分配投资法，即根据上市公司分配方案和进展情况进行投资的方法。由于股权投资的盈利方式分为持股等待分红，以及通过交易获取差价两种。而分红又包括两种：一是只分现金，二是送转股票带分现金。无论是送股或分现金都能够分得一定比例的收益，而且经分红除权，价格形成一个向下的除权落差，等这个落差填权也能为投资者带来收益，所以投资者只要把握好高分配公司的分红节奏，即可根据实际进行投资，获取两方面收益。

二、并购投资法

并购投资法，即根据上市公司开展并购的具体操作思路与过程所形成的投资方法。由于并购可能大幅提高公司收益，在并购之初买入股权，待并购资产装入公司，形成经营能力，大幅提高收益时，通过股权增值获利。这种投资方法一般分为三个阶段：一是消息朦胧期，二是收购大股东，三是装入资产后。三阶段的股价上涨少则可达到百分之三五十，多的能达若干倍。这种投资的具体操作，既可一次持股等到并购结束，装入资产产生收益退出，获取整个过程的收益，也可在三个不同阶段进行波段操作，分获三阶段的利润。

三、成交量投资法

成交量投资法，系根据某公司标的交易每日的成交量变化，分析其运行规律所形成的投资方法。由于价格的涨跌皆由资金所推动，资金大量进入即可推高价格，资金退出即致价格下跌，所以通过成交量的变化进行投资，能准确把握标的价格大体变化规律，在大资金进入时买入股权持有，待价格上涨时获利退出，从而获取较高收益。

四、波段投资法

波段投资法，系根据标的价格波动情况，在低位进入，高位退出等待价格跌下来再次进入的投资方法。由于所有证券交易运行都呈波浪形，有涨有跌，根据波浪运动规律，低位买进，高位卖出，从而获得该标的不同阶段投资收益的投资方法。波段投资法包括根据大盘运行做波段和根据个股运行做波段两种情况。波段投资法比较适合对市场比较熟悉和敏感的投资者。

五、均线投资法

均线投资法，即根据 K 线图理论中的不同线形变化进行投资的方法。波浪理论把不同时间段的 K 线记录下来并进行连接，再按不同周期的平均价格形成趋势线，根据不同标的某个时期，如 5 日、10 日、20 日、30 日、60 日等的变化情况进行投资的方法。在这种投资方法中，不同的人可根据自己的习惯，选取不同的线型进行投资。例如，有的投资者不站稳 20 日线不进，跌破此线必走，也有的人只在年线或并年线以上做投资，跌破该线即抛出等。

六、博傻法

博傻法，顾名思义，即看谁比谁更傻。一般而言，在二级市场买股票的人都是"傻子"，因为这种交易实行一种新的估值方法，导致这类公司的股票价格较一般未上市公司要高好几倍，甚至更多。以这样的价格购买股票是比较"傻"的，但问题在于，在二级市场竞价交易中，你以较高的价格买入股票看起来似乎是很"傻"，但由于竞价交易的推动它会涨得更高，所以你以十元价格买入，能再以十二元的价格卖出去，那么从你这儿买入股票的人就比你更"傻"。以此类推，直到该股下跌，持最后一棒的人才最"傻"。

七、涨停板投资法

涨停板投资法，即根据某证券标的出现涨停板的走势进行参与的投资方法。在证券交易中，由于我国对多种证券交易实行涨跌停板制度，有些标的遇有利好消息可能连续涨停板，有的标的遇利空可能出现多个跌停板。此方法就是在它第一个或第二个涨停板形成时，根据情况买入持股，在后几个涨停板获利退出的投资方法。在证券市场，由于有些游资专门追逐市场热点，寻找能聚人气的标的，找到即连拉涨停板，采用这种方法投资虽赚钱效应比较高，但同时风险也比较大。

八、右侧交易法

所谓右侧交易法，即以某个证券交易的低点为中心，左侧为下降期，怎么涨都要跌，所以基本不作，专做低点的右侧，从右侧开始，交易价格总体向上，虽有下跌，跌后仍会涨，持有到一个阶段性高点再次退出休息的投资方法。

九、追热点投资法

追热点投资法，即紧跟某个时期的交易热点进行投资的方法。由于我国股市已形成数上百万亿的市值规模，这个市场的活动资金和每天新进入的资金有限，不可能拉动所有股票上涨，一些机构只能以有限的资金对不同时段的市场热点进行参与，所以参与交易热点能获得更高收益。如2019年以来反复炒作的5G概念或科创板热点、柔性屏热点、工业大麻热点、氢能源热点，还有前两年的区块链与数字货币，最近的双碳和元宇宙等热点，每年年初一号文件确定的农业热点等，积极参与这种热点投资能为投资者带来较大收益。

十、追龙头投资法

追龙头投资法，系寻找不同时期热点板块的龙头品种进行投资的方法。由于每天几千、上万亿的交易量很难推动所有股票上涨，即使在一个板块内部，也不能推动所有股票都大幅上涨，主力只能将有限资金用在刀刃上，寻找不同热点板块内的龙头品种进行拉升，以带动人气。所以追龙头投资方法即在每个热点板块中，找到龙头品种进行投资，能获取更高收益。

此外，还有周期投资法，即根据大盘或个股运行周期，行情启动再介入的投资方法；集合竞价投资法，即在集合竞价时段，利用规则进行操作的方法；收市前半小时，投资法，即在每日收市前半小时，根据热点变化选择标的买入，次日获利卖出的投资方法；等等。

上述几种投资方法只是作者根据市场流传较广，自己体会较深的方法，结合自己经验积累所作的归纳和介绍，各位投资者可根据介绍，在深刻理解借鉴的基础上，加上自己的体会，从而形成一套适合自己的投资风格和方法。

第十六讲

资产证券化的种类

资产证券化是根据不同性质的资产标的，设计体现不同法律关系的证券种类，再将这种证券拿到公开竞价市场进行交易变现或融资的经营方法。按照不同法律关系，公司或有关资产即能设计成多种不同的证券化类别，一般来说，资产证券化主要包括以下类别。

一、股权证券化

股权证券化，即将公司全部资产经评估后分为若干股份，再将股份代表即股票拿到公开交易场所进行交易的证券化方式。我国企业约有五千万家，绝大多数为公司制，也有一些实行合伙制或是个人独资企业制度，还有一些原来的企业组织形式，如国有企业、集体企业、外商投资企业等，这类原有企业形式正在逐步按现代企业制度要求转变为公司等制度。

实行股权证券化，即依法将各类企业组织改制为股份公司，将股份转为等额证券，再按交易所要求进行发行上市。通过股权证券化上市，既使原始股东投入的资产获得一个变现的固定通道，也因上市改变股价计算方法，获得快速扩张方式，以及做品牌、完善治理结构、融入部分资金等，从而能极大促进企业的快速发展。

二、债权证券化

债权证券化，即指债务人将自己的债权设计成债券进行发行，投资者以现金购买债券，即成为债权人，依法享受债权。发债人收到转让债权的资金即成为债务人，发行期结束，债券产品可按规定拿到证券交易所进行交易的证券化方式。

在现实生活中，许多企业等主体从事生产建设和经营都需要借贷他人的资金进行使用，为此，有的企业单位便将自己的债权设计成债券产品进行销售，融入资金，这种设计成债券的债权产品一经销售，即可获得部分可观资金一定期限的使用权。发行者在使用期满，按期归还本息即可收回权利，在规定的有效期内，发行方还可以将该债券拿到交易所进行上市交易，以增加流动性。目前上市交易的债券产品主要包括国债、公司债和有关金融债以及 ABS 等种类，其本质都体现某种债权债务关系。投资者购买债券，即享有受益权，他既可将债券持有到期兑换本息，也可以在交易所参与竞价交易获得盈利。

三、期货证券化

期货证券化，就是将某种未来一个时期才能生产出来的产品，如粮食、钢材、铜材等，设计成期货证券（合约），再拿到期货交易所去交易，至交易期满予以退市，并进行实物清算交割的资产证券化方式。

期货，从一定意义上讲就是远期现货。由于在经济生活中，有些产品，特别是大宗商品，如等产出后集中上市则可能降低价格，而在此之前将其设计成期货证券，提前进行交易，既便于供方进行融资和套期保值，也可以用其进行投资投机赚取收益，并能在此发现价格。而对于买方，这种两便交易，他既可以持有该合约到规定的期限进行实物交割提货，也可以买入标的后待其增值卖出变现。不仅如此，他还可以通过做空的方式赚取差价。

四、信托证券化

信托，是基于信任的委托，指信托人为了某种目的，将自己的部分财产设计成信托并指定受益人，从而委托受托人对该资产进行专业管理，以所得收益回馈本人或指定受益人的资产管理方式。

在信托关系中，由于许多信托产品为信托公司设计的专门计划对外出售，信托人购买该计划即享有信托计划的受益权，这种权益证明本身就是一种证券。理论上和实践中这种信托凭证都可以作为证券进行交易。20世纪90年代初，我国已有多种信托收益凭证进行过上市交易，后因体制变化，信托与证券业务分由两个不同的业务监管机关主管，导致现在所有信托收益权凭证都不能交易，受益人持有的收益权凭证要变现，只能到受托人处申请赎回来实现。

近几年，由于信托改革和业务发展，一些信托机构开始参与资产证券化相关业务，作为受托人介入 ABS 发行等业务。

五、基金证券

基金，即投资基金，指由一定的机构发起，通过私募和公募的方法，向投资者募集资金，形成基金资产，交由专业人员管理，进行组合投资，以所得收益回报投资者的投资方式。它既是投资方式，也是一种证券形式，因为投资者购买基金后，即获得基金受益权凭证，该凭证可以持有至到期进行兑付，也可以按发行文件约定，在规定的场所进行相关交易，目前公募基金收益产品可以按约定在上海、深圳两家证券交易所进行上市交易，从而加大了它的流动性，也可以按规定进行申购赎回。私募基金凭证的流动性相对较差，通常只能在发行机构赎回变现。

六、物权证券化

物权证券化，即将某种商品物权设计成证券，拿到有关证券交易场所进行交易。目前将有关产品设计成证券主要是将某种实物设计成实物与证券的两便交易，通过这种类证券交易，促进实物交易与消费。例如，前几年一些地方出现的邮币卡交易，即将某些邮币卡产品的物权设计成两便交易产品。由于国家有关文件规定，文化艺术品产权交易只能交易实物，不得交易证券，为此，一些交易所便把邮币卡设计成资产包的形式上市交易，买受人买 100张邮票或 100 张卡，这本身就是物权交易，但是他买入后并不提货，提走的只是一张提货单。对这种提货单，监管机关来查时，我买的就是邮票、邮政卡，你不检查或我不着急提货，过一段时间，该产品升值了，我再把它卖掉，这就是证券交易。所以这种交易本质上应是物权与证券的两便交易。一些大宗商品交易也与此类似。

由于消费升级与结构调整，我国居民对衣食住行领域许多商品的消费大幅减少，引起这类商品的大量滞销，但这并不说明该产品没销路，而是由于人们的消费升级，过去用大量的钱消费衣食住行相关产品，现在由于住房、交通、文化、旅游以及健康消费占去了大量收入，从而大大减少了他们对衣食住行相关产品的需求。但如果把这类产品设计成物权证券或实物与证券两便交易，就可以在很大程度上促进这类产品的交易与消费，因为这种类证券产品交易增值，买方即能以增值的钱去消费相关实物。即使价格下跌，他也可以转而提取实物进行消费。

七、知识产权证券化

知识产权证券化，是将有关知识产权产品，如专利、商标、著作权权利设计成证券，并进行交易的行为。

我国科技事业与美国等发达国家相比，具有较大差距，一个重要方面是因为投入不足，而投入不足的根本原因，在于知识产权交易不充分。交易不充分，研发者投入资本难以顺利变现，导致他们不愿意将更多资本投入研发。为此，国家积极倡导进行知识产权证券化试点，以促进相关的技术研发。知识产权证券化交易，能吸收大量社会闲散资金参与该证券的投资与投机，从而能为有关知识产权的变现和融资提供极大方便，并为科技研发提供相当的资金支持。但由于人们认识局限和研究程度的限制，我们至今未能推出这类交易，前两年推出的相关产品也只是债权证券化，而非知识产权本身的证券化。近几年，国务院再次发文拟在大湾区进行知识产权证券化试点，可以相信，随着这种试点取得成功，必将极大推动我国技术研发和知识产权保护事业的发展。

八、特许权证券化

特许权证券化，即将某种依法取得的特许权，如公路收费权、某种场所进行参观的收费权，以及某种特定标志物进行复制的授权等，设计成证券，通过交易使其提前变现或进行融资的证券化方式。

所谓特许权，是指某种公共建设项目或产权，为了吸引社会资本参与，国家及相关主体将其作为特许项目，吸引社会机构前来投资。一经投资即获得国家或产权人授予的该项目建成后若干期限内的收费特许权，以回收投资和部分利润。由于这种收费的时间过长，也可将其设计成证券产品，拿去上市交易，以便提前变现或为项目建设融入部分资金。目前，这种将特许权设计成证券进行交易的情况尚未出现，但将3P建设项目的融资设计成证券交易已在上海、深圳两个交易所得到普遍应用。一些知识产权的授权复制已有所实践，尚待总结推广。

九、保险证券化

保险证券化，即指保险公司根据投保人需要，将某个险种的产品设计成证券进行发行，发行结束，即可将相关证券拿到交易所进行竞价交易的证券化方式。

保险是一种互助保障机制，保险公司以卖出保险产品，收到保险金，用于对发生保险事故的投保人进行相关保障，一方面，它们可以按传统方式销售保险产品；另一方面，也可以把某种类型的保险产品设计成证券，拿到交易所去发行，发行结束即可进行上市交易。这种保险证券本质上是一种保险受益权证券，投保人既可以通过原始发行购买保险证券，也可以在二级市场通过交易购买该证券。他购买这种证券即意味着投保，既可以持有这种产品到期享受保险保障，也可以在持有的标的交易增值后将其权利出卖，变现收益。

十、劳务证券化

劳务证券化，即将自然人身上的某种劳务设计成证券，拿到有关交易场所进行交易的证券化方式。

从一定意义上说，人也是一种财产，也能进行交易。但这种财产不可能像一般的商品那样简单地被买走。将整个人进行买卖不仅违法，而且违背被交易人的意志，买受人也无法将这种"产品"带走。要把他真正买走，就只能将他身上的某种东西分离出来，设计成证券产品。他身上能分离出什么东西呢？不可能是他的衣服或者身体器官，这些东西分离出来没有任何意义或构成违法，所以真正能分离出来的东西就是他的时间，即体现劳务的时间。据说原央视某人离职后将其说书产品设计成交易品种，拿到某交易机构上市，发行总量为几千万秒，每秒发行价为一毛，上市交易价涨至两块多，该产权人变现收入几千万。

比方说，我们可以要求一个人在未来5年拿出多少时间，如2万小时或3万小时，再把这个时间分为若干份，如10分钟1份，1分钟1份。这个单位总额即为该自然人的劳务总额，做成证券就是他的劳务证券，对这种证券按一定方式确定一个起始交易价，并拿到某个公开市场即能进行竞价交易。目前我国内已出现这种交易，标的主要为一些三四线的演员和优秀教师与设计师。

除上述证券化类别外，还可根据一些特定的交易情况设计一些特定的证券化产品，如所谓的数字货币交易本质上即属于证券交易，还可以对一些特定的提货单、经营权、收益权、承包经营权等设计成证券产品进行交易。由于存在这些种类的资产证券化，企业及有关机构完全可以根据不同产品的特点和法律性质选择不同的证券化形式，以更好发挥其促进实物交易和实体经营的目的。

当然，由于各类证券交易或两便交易都具有某种金融属性，开设这类交易场所都应依法履行相关的程序。

第十七讲

股权证券化在我国的发展

改革开放以来，我们逐步恢复引入债券股票等方式，并进一步实施多种形式的资产证券化，即探索出多种多样的资产证券化形式，促进企业经营与市场交易，极大地推动了我国经济社会的发展。

一、股票债券是我国最基本的证券化形式

由于我国资产证券化是从公司股权证券化与债权证券化发展起来的，所以股权证券化可以说是我国资产证券化的最基本形式。

旧中国也曾发展过股票交易，但那时的股票交易，一是范围小，二是影响不大。新中国成立后的很长一段时间，我们否认股份制，认为它是资本主义的东西，对其弃之不用。直到 20 世纪 80 年代初，随着改革开放的逐渐深入，为解决企业发展的融资问题，我们开始试行股份制，并于 90 年代初正式设立上海、深圳两个证券交易所，从此开启我国股权证券化的历程。

之所以在新中国成立后的一个很长时期我们否认股份制，是因为当时的主流理论认为，股份制的核心是投资入股，按股分红。这种分配模式的本质是按资分配，这是资本主义的经营制度，我国是社会主义国家，实行按劳分配制度，所以不能搞股份制。这种理念一直左右我们的思维 30 多年，直到改革开放过程中，特别是 1992 年邓小平同志南方谈话正式提出，股份制资本主义可以搞，社会主义也可以搞，股票市场也可以开这一著名论断。正是在此论断的指引下，我国股份制和股票市场才开始大规模发展起来。以前即使有

所思考或操作，也只是试点和探索。

二、有关交易机构的设立与整顿

20 世纪 80 年代中期，由于企业扩大自主权，国家将国有企业绝大部分权利都放给企业，但企业仍觉权利不足。为此，国家决定试行股份制，当时的国家体改委会同有关部门分别制定了若干规则，对股份制试点进行指导，在此基础上，一批企业为解决融资和退出问题，向职工和部分社会机构发行股票。然而，这些所谓的股东拿到股票后有的急需用钱，有的有所增值即欲变现。然而，当时无论是发行股票的企业或社会都没有正常的股票交易场所。部分持有人便将股票拿到一些城市的公园里摆地摊售卖，这种情形引起有关部门重视。故到 1990 年，上海和深圳两地政府会同央行才分别设立了两家证券交易所。

两家交易所设立后，一批企业在此发行上市起到示范效应，调动了各地积极性，多地又分别设立了两家法人股交易系统和 22 家证券交易中心，吸引有关企业发行的证券来此交易。

由于此时的证券交易所设立有一哄而起之势，而且大家都没有经验，也产生了一些问题。为此，国家决定将两家法人股交易系统与二十多家交易中心予以关闭。

在上述整顿的基础上，国家成立中国证监会，并将原两大交易所由地方与央行共管，统一改为由中国证监会主管。并在此改革基础上，于 1999 年正式出台了我国第一部证券法。从而形成目前我国证券交易监管的统一格局。

三、两家交易所与多层次资本市场改革

上海、深圳两家证券交易所设立之初只有主板股票交易，后来根据中小企业，特别是科技创业性中小企业的发展，国家决定将深圳证券交易所的主板股票停止发行，陆续推出中小板与创业板，专门针对创业中的中小企业的股票发行。在创业板交易几年后，于 2013 年国务院又批准在北京建立中小企业股权交易系统，即三板。

在上述板块股票交易运行的基础上，国家又于 2018 年年底决定在上海证

券交易所正式推出科创板交易。这是上海股票交易所在主板交易以外，再增加的一个专门针对科技创新类企业股票发行的板块，2021 年 11 月 15 日，根据习近平总书记宣布，经国务院批准，北京成立证券交易所，将原新三板的精选层平移至此交易，专门针对专精特新中小企业股票发行上市。两个新交易市场的建立，对中国资本市场和科技创新是一个巨大推动。它标志中国的股权证券化制度已经逐渐完善，我们不仅有五个不同类别的交易市场，还有五个针对不同企业股票上市的交易板块，方便不同企业根据自己的特点，在这些板块申请股票发行上市。

由于我国股票市场是在改革开放中逐步产生、发展，并循序渐进完善起来的，因此，在整个市场交易中，各种交易制度的策划设计都是一步步改革配套起来的。例如，我们早期的股权分为国有股、法人股和社会公众股，被称为股权分置，通过近十年的改革我们统一了股权设置格局。又如，我们的股票发行过去采取审批制，后来改为核准制，最近随着科创板的推出，又开始试行注册制。交易制度过去实行 T＋0 回转交易，后来为了稳定市场、减少投机，又实行 T＋1 交易制度，对于证券交易所、证券公司、上市公司的监管等，国家也根据不同时期的情况，分别进行了相应改革，使其达到目前的水平。

四、证券法的立法与修改

股权证券化是我国企业实施资产证券化的基本形式，不仅交易量大、涉及面广，而且牵涉多方面的利益关系。为此，推行股权证券化一开始就必须在法律范围内进行。对此，八十年代中期国务院有关部门联合发布了股份制改革的若干文件，在此基础上，国务院于 1993 年发布了《股票发行与交易管理暂行条例》，分别对股票发行、管理中的有关重大问题进行规范，有力促进了股权证券化的实施，在此基础上，全国人大常委会于 1998 年通过了证券法，并在以后对该法进行了多次修改。2020 年 3 月 1 日，新证券法已开始施行，必将进一步促进我国股权以及整个资产证券化事业的发展。

五、近期股票交易行情走势

实行股权证券化，公开发行股票，从国家层面来说，主要为解决原始股东退出的通道和企业变现与融资等问题，但由于这个市场主要参与者为投资者，他们是上市公司、证券公司的衣食父母，他们参与这种交易客观上能够实现多种宏观目标。但就他们本身而言，更多的还是关注市场交易行情，因为只有活跃的交易才能使他们赚到钱，但从整个市场来说，它的运行有其内在的规律，不可能因个人的好恶而改变。从我国股市建立后的运行情况来看，大体经历过四个大周期，每个周期差不多持续7年，最近的股市经过2015年到2018年的调整，从2019年开始，又进入了新的周期。新周期已持续两年多，虽指数没有上涨太大，但交易异常活跃，曾有连续二十个交易日成交超万亿的记录，不少投资者收益颇丰，但仍有很多投资者收入不及预期。相信在监管机关的精心呵护和广大投资者的踊跃参与下，一波新的行情即将到来，希望广大投资者在这轮行情中取得好的收益。

第十八讲

我国股市全景图

我国股市建立于 20 世纪 90 年代初。此前，由于认识分歧，我们不仅不理解，反而极端排斥股份制与股票交易。在改革开放过程中，国家逐渐认识到企业融资与变现的重要性，才于 20 世纪 80 年代中期开始股份制试点，直到 20 世纪 90 年代初正式设立上海、深圳两家证券交易所，并于 2021 年成立北交所进行股票的发行上市交易。

经过 30 多年的发展，目前已形成以上海、深圳、北京三家股票交易所为主，其他证券交易场所为辅的证券发行上市交易格局。这种格局又把所有的股票上市交易分为四种交易场所和五大交易板块。为便于大家学习了解和利用这些市场，我们在此对所有股票交易场所和不同交易板块做一个全景介绍。

一、主板

我国股票的主板交易分为两大类：第一类是在上海证券交易所进行的主板交易。目前这种股票分为三个模块：一是以 600 号开头的股票，如 600000 浦发银行；二是以 601 号开头的股票，如 601000 唐山港；三是以 603 号开头的股票，如 603000 人民网。这三类模块上市的股票截至 2019 年 4 月 30 日，合计 1468 支，总市值约 33 万亿元，流通市值约 30 万亿元。该板块主要针对传统优秀企业的发行上市。

在主板上市的企业应具备以下条件：一是发行人是依法设立且持续经营三年以上的股份有限公司；二是最近三个会计年度净利润均为正且累计超过

人民币 3000 万元，经营活动产生的现金流净额累计超过人民币 5000 万元或营业收入累计超过人民币 3 亿元；三是最近一期末无形资产（扣除土地使用权等）占净资产比例不超 20%；四是发行前股本总额不少于人民币 3000 万元；五是最近三年公司主营业务未发生重大变化，公司董事、管理层未发生重大变化，实际控制人未发生变更；六是最近三年无重大违法行为等。

第二类是在深圳证券交易所设立的主板交易股票。此前深交所的主板有八百多支股票交易，代码以 000 开头，如 000001 平安银行。由于 1999 年国家决定深圳证券交易所主要发行创业类的中小企业股票，深圳证券交易所终止主板股票新发业务，但继续交易，标的限于 1999 年以前上市和后来并购的股票。深市主板股票相对于创业板，是市场化蓝筹股聚集地，它积极服务供给侧结构性改革，全面服务优质产业龙头，推动一大批公司在高竞争性领域发展成为行业领袖。近年来，通过并购重组、整体上市等方式，助力更多成熟企业做大做强，支持各类市场化蓝筹公司成长，推动传统行业改造。

讲到深圳主板，我们有必要介绍一下中小板。因深圳与上海在证券交易方面分别设有一家证券交易所，两地交易所存在一定的竞争关系，当国家要求深圳证交所停止主板股票发行几年，拟开设的创业板却迟迟开不出来，为此该市主要领导指示分管领导积极做工作：或恢复主板，或推出创业板。2002 年 8 月中小企业促进法出台，深交所在国内学术界、业界对创业板纷争情况下，选择第三条路，将自己定位于为中小企业股票发行上市服务市场，采纳成思危老先生"三步走"建议，设立中小板作为过渡。

2004 年 5 月，经国务院批准，中国证监会批复同意深圳证券交易所在主板市场设立中小企业板块。6 月，深市恢复新股发行，8 只新股在中小板上市，时称中国股市"新八股"。中小板的建立是构筑多层次资本市场的重要举措，也是创业板的前奏，中小板肩负的使命使该板块在未来制度创新中显示出巨大生命力。中小板上市条件：发行前股本不少于人民币 3000 万元，发行后不少于 5000 万元；最新 3 个会计年度净利润均为正，且累计超过人民币 3000 万元；最新 3 个会计年度经营活动产生的现金流量净额累计超过人民币 5000 万元，或营业收入累计超人民币 3 亿元；近一期末无形资产占净资产比例不高于 20%，不存在未弥补亏损。经过十余年的运行，中小板完成历史使命，于 2021 年 4 月与主板正式合并。

二、创业板

创业板，也称二板，即第二股票交易板块，是与主板市场不同的一类证券市场，它专为暂时无法在主板上市的创业型企业、中小企业和高科技企业等融资和发展的企业提供融资途径和成长空间的证券交易市场。创业板是对主板市场的重要补充，在资本市场占有重要地位。创业板国际上以纳斯达克为代表，该市场出现于 20 世纪 70 年代的美国，兴起于 90 年代，各国政府对二板市场的监管更为严格。

中国发展创业板市场是为给中小企业提供更方便的融资与退出渠道，为风险资本营造正常的退出机制，同时也是中国调整产业结构、推进经济改革的重要手段。二板市场投资对象的风险承受能力与主板不同，而且由于它们的内在联系，反而会促进主板市场进一步发展壮大。对投资者来说，创业板市场风险比主板高，回报相对也大一些。

1998 年 3 月，成思危代表民建中央向"两会"提交《关于借鉴国外经验，尽快发展中国风险投资事业的提案》，此提案被认为开启中国设立创业板征程。同年，他再次提出创业板"三步走"思路：第一步在现有法律框架下成立一批风险投资公司；第二步建立风险投资基金；第三步建立包括创业板在内的风险投资体系。随着 2001 年纳斯达克神话破灭，香港创业板从1200 点跌到最低 100 多点，国内股市连续出现一些问题，成思危给时任国务院总理朱镕基写信建议缓推创业板。1999 年 12 月，全国人大常委会修改公司法，规定高新技术企业可以按国务院颁布的标准在国内股票市场上市，同时通过拟建单独高科技股票交易系统的决议。

2000 年 10 月，深市开始筹建创业板。2001 年 11 月，高层认为股市尚未成熟，须先整顿主板，创业板暂时搁置。2007 年 3 月，深交所称创业板技术准备到位；2009 年 3 月 31 日，证监会发布《首次公开发行股票并在创业板上市管理暂行办法》；7 月 1 日，证监会发布实施《创业板市场投资者适当性管理暂行规定》；10 月 23 日，创业板举行开板启动仪式，首批上市 28 家创业板公司，平均市盈率 56.7 倍，最高的宝德股份达 81.67 倍，远高于全部主板市盈率。10 月 30 日，创业板正式上市。

创业板上市公司股票代码以 300 开头，如 300000 特锐德。与主板市场相比，主要体现在成立时间、资本规模、中长期业绩等要求比较宽松，最大特点是低门槛进入，严要求运作，有助于有潜力的中小企业获得融资机会。在创业板上市的公司大多从事高科技业务，具有较高的成长性，但往往成立时间较短，规模较小，业绩不太突出，但有很大成长空间。经过十年运行，创业板于 2020 年开始推行注册制，并对投资者管理适当性进行必要调整。

三、科创板

根据习近平主席 2018 年 11 月 5 日在上海进博会开幕式讲话时的宣布，经过半年多的筹备，科创板于 2019 年 7 月 22 日正式推出，首次上市 25 只股票，当周交易量高达 1400 亿元（具体内容请参见第二十二讲）。

四、三板

所谓三板，即于 2013 年 1 月底，在北京设立的中小企业股权转让系统。在我国证券交易体系中，主板为一板，创业板为二板，故设在北京的中小企业股权转让系统排列第三，即为三板（有关三板的具体内容请参见第二十讲）。

五、北交所

即北京证券交易所，它不是一个交易板块，是 2021 年经习近平主席宣布，于 2021 年 9 月 2 日成立的专门针对中小企业股票发行的交易所，该交易所于当年 11 月 15 日开市交易，首次上市和平移交易 81 家公司。（具体内容参见第二十一讲）

六、四板及其联网与规范

所谓四板，即在主板、二板和三板市场以外，各地政府和有关机构组织投资设立的当地股票交易中心。由于各地企业发展都存在股东投入过多，一时不能变现，融资需求过大等问题，各地政府和有关机构纷纷出资建立本地股权交易中心，帮助本地企业进行股权转让。早期的股权交易中心包括北京、上海、天津、深圳、郑州等。

其实，早在20世纪90年代我国各地即根据需要，分别建立过22个股权（证券）交易中心，后因交易比较分散，陆续出现一些问题而关闭，通过近20年的发展，我国企业规模得到了很大的提高，企业市场化观念也有了很大提升，为此又陆续发展起这些地方股权交易中心，目前除个别省市外，大多数都设立了当地的交易中心。从运作情况看，全国股票交易中心发展：一是要配齐，二是要进行联网，三是须进行必要的规范，以更好地服务本地企业。

这一工作曾在郭树清任主席时作过议论，后因要全力做三板而搁置，随着资本市场改革的逐步完善，此工作可能在不久的将来再次启动。

七、不同市场的上市抉择

由于我国的资本市场由上述四种市场五个板块组成，对我国企业股票发行上市融资和制度改革发挥着重要作用。对企业来说，它们的发行上市应当到哪个市场去，就需要各拟上市企业根据本企业的不同情况作出选择。

由于不同市场股票发行上市侧重点不同，对一些传统类的企业，由于它们的规模比较大，效益相对较好，公司可到上交所、深交所两个主板发行上市。对于高科技企业，特别是那种高成长类的高科技企业，科技创新类企业中一些具备较高成长潜力而一时尚未盈利，甚至还在亏损中的企业，可选择到创业板或科创板发行上市。对于上市条件一时不太具备，又迫切需要进行融资，退出或改善治理结构的公司，可以选择到北京的三板市场上市。北交所的推出，又给广大创业中的中小企业一个新的选择，只要具有较高成长性和技术含量的中小企业具备相关条件的，可以到此上市。除此以外的其他一些企业，可以在当地的股权交易中心发行上市。

总体来说，发行上市，对于企业正面意义大于负面，能上还要尽量上，毕竟上市企业在目前还是万一挑一的"香饽饽"。

第十九讲
上不上市的选择

最近 20 多年，随着我国资本市场的发展，许多企业发行上市，使人们对股权投资，股票发行上市有了比较多的认识，一批企业与企业家萌生了发行上市的想法。但总体来说，虽然有些企业想上市，但更多的企业并没有这样的想法，甚至有些企业领导人对上市还存在模糊认识，特别是当几位著名企业家表达不上市的言论后，他们的顾虑就更大。有的企业家甚至公开表态，像任正非、宗庆后这样优秀的企业家都表示不考虑上市，我们这样的中小企业就更没必要去赶那个时髦了。那么，一般的中小企业到底有没有必要上市呢？我们就这个问题，给大家做一点深入探讨。

一、上市的概念

所谓上市，宽泛地说，是指有关机构依据法律规定，把自己的商品或其他相关产品，拿到依法设立的公开市场去进行交易的行为。一般来说，上市分产品上市和证券上市两大类别：产品上市，指有关企业把自己生产的某种大宗商品，如钢材、橡胶、小麦、玉米等拿到期货交易所或各地设立的大宗商品交易中心进行预先出售的行为；证券上市，指企业将其股权、债权、基金等产品，按规定拿到证券交易所进行竞价交易的行为。本书所讲的上市，即指证券上市，主要是股份有限公司将自己的股票进行必要的包装整合后，拿到依法设立的上海或深圳等证券交易场所进行发行上市交易等行为。

二、关于上市的争议

新中国成立后很长一个时期，我们排斥股份制，认为它是资本主义的东西，也不允许相关的证券交易。即使 20 世纪 90 年代开放股份制，建立资本市场，设立证券交易所，并陆续许可几千家公司在此进行股票上市交易后，因市场存在一些过度包装、欺诈发行等问题，导致一些人对上市仍存较大的误解，认为上市就是融资，发股就是骗钱，以至于一些著名企业家多次发声，对上市持负面态度。

其实，上市就是一种企业经营方式，它将企业的某种产品，包括证券产品拿到一个公开竞价的场所进行交易，这就和农民将自己种的粮食、蔬菜拿到集市上出卖一样，这有什么不可以呢？虽然我在这里卖出商品，变现资产，但我来此上市的目的却不完全是为融资。所以，上市就是一种交易方式，也是一种经营方式，是一个让更多人参加买卖股权等证券产品的方式。由于这种交易方式参与的人很多，有利于我们交易的变现，所以它不是什么洪水猛兽，即使存在问题，那也是执行中的问题，而不是制度设计问题，所以，无论从哪个角度来理解，排斥上市都是不理智的。

三、名人表示不上市各有原因

如上所说，由于人们对上市存在模糊认识，不少人表示坚决不上市，其实这也无可厚非，但有些名人发表类似言论，就会使一些人增加怀疑之心。例如，娃哈哈老板、华为老板以及老干妈的女掌门先后表达不上市的意思后，在许多中小企业，特别是民营企业中引起很大反响：是啊，这些头面的民企老板为啥都不想上市呢？这是不是说明什么问题呢？看来这里面肯定有什么原因。

这种顾虑同样是多余的。虽然上述有影响的民企老板表达不上市的意图是明确的，但这也不说明上市会有什么特定的大风险，这几家民企老板之所以表达这样的意见，并不都表明他们不想上，是因为他们都有各自的原因。

据了解，十多年前，娃哈哈公司就曾动过上市的念头，只是在具体实施过程中存在一些问题而中断；华为上市也面临一点制度问题，这种制度问题做起来可能难度大一点，但也是可以变通的；老干妈公司不上市是因为公司暂不缺钱，她自己还有几十亿资金在银行账户上，同时没有像其他公司那样有多种经营战略需要实现。除此以外，它们还有一个与大部分企业老板相同的理念，即认为上市的主要目的是融资。既然他们的融资需要都没有那么迫切，为什么要着急去上市呢？所以不管是普通企业与企业家，还是著名企业与企业家，他们说不上市并不意味上市本身有什么问题，而是本企业针对自己的情况而言，暂时不做或不方便上市而已，上不上市都无可指责。

四、许多企业不上市是存在误解

虽然上述几位著名企业家表达不上市，主要原因在于他们的企业都有自己的特殊情况，但也有一个重要原因是，他们都认为上市的主要目的是融资，且存在某些欺诈。这和其他许多企业的看法是相同的。其实恰恰这一点是对上市的一种最大误解，上市的主要目的并不是融资。上市的目的概括起来主要有以下几大方面：一是为原始股东的资本投入建立一个正常的退出渠道；二是改变一种股票交易计算方法；三是建立一条促进企业快速发展的途径，即并购；四是发现价格；五是做品牌；六是完善治理结构；七是融资；八是为社会提供一种新的投资工具。（这几大目的内容可参阅前面第三讲，即"资产证券化的主要目的不只是融资"的内容）如果大家都能理解这八大方面的目的，相信许多企业家就不会排斥发行上市。

五、上市对企业最重要的目的是股东变现、改变计价方法与并购扩张

虽然公司股票发行上市对企业来说有上述八大目的，但最重要的还是前三点，即为原始投资者的投资变现提供正常通道、改变股价计算方法以及寻找快速扩张的捷径，因为这几点对企业经营至关重要。

就第一点来说，原始股东为支持公司发展，将其积累一次次投入公司经营而无法回收，这既伤害他们的利益，也影响他们对公司的继续投资，如通过发行上市，能使他们过去对公司的投资退出建立一条稳定的通道，就不仅能有效保护他们的利益，更能激发他们进一步投资公司的积极性。

再从改变股价计算方法来说，由于这个市场有太多人参与交易，能使股权交易价格大幅提高，从而使股票原本价值得到充分体现，甚至能使公司获得超额利润，为下一步发展创造条件。而且由于这种变化，也为公司通过并购等方式快速扩张创造条件，这是非上市公司无论如何都无法比拟的，也是许多公司一发行上市就能飞上枝头变凤凰的根本所在。

六、能上争取上

由于股票上市不是"洪水猛兽"，而且具有全面促进企业发展的八大优势，特别是前几条优势，为我们许多企业的快速发展、做大做强创造了很好的条件。为此，对于广大具备条件或经努力能具备条件的企业，特别是中小企业中具有巨大潜力的公司来说，能上市一定要抓紧上市。在我国资本市场，由于股票发行上市推动企业快速发展的事例不是一个两个。万科公司在20年前发行股票不过2000多万股，由于改变了上述几个方面的条件，使公司快速发展，到目前已形成上万亿的市值规模，这个成长是几千倍的空间。类似的例子不胜枚举，所以对我们这些具备条件的中小企业，特别是科技类的中小企业能上市的，一定要积极争取或创造条件发行上市。

七、上市条件与程序

上市是把优秀企业的股权等证券拿到市场上去竞价交易。这种行为：一是为促进这类企业的发展；二是要为市场提供一些好的投资标的，使投资人能从公司经营中获得更大收益。所以能到市场发行上市的企业都应当是优秀企业，各交易所都不会容忍那些效益不好或弄虚作假的企业来本所发行上市。

为解决这方面问题，法律通常要对上市条件和程序作出规定。比如，我国证券法明确规定，公司首次公开发行新股，应当符合下列条件：一是具备健全且运行良好的组织机构；二是具有持续盈利能力，财务状况良好；三是最近三年财务会计报告被出具无保留意见审计报告；四是发行人及其控股股东、实际控制人，最近三年不存在贪污、贿赂、侵占财产、挪用财产、或者破坏社会主义市场经济秩序的刑事犯罪；五是经国务院批准的国务院证券监督管理机构规定的其他条件。（证券法第十二条）

对于股票发行上市程序，法律也作了相应规定。如证券法第十四条规定，公司公开发行新股，应当向国务院证券监督管理机构报送募股申请和下列文件：一是公司营业执照；二是公司章程；三是股东大会决议；四是招股说明书或者其他公开发行募集文件；五是财务会计报告；六是代收股款银行的名称及地址。依照本法规定聘请保荐人的，还应当报送保荐人出具的发行保荐书。依照本法规定实行承销的，还应当报送承销机构名称及有关的协议。除此以外，法律对相关审核等内容都作了严格规定。

八、不同市场的上市选择

目前我国企业股票发行上市，不仅需要按法定条件和程序进行相关的准备，还要根据企业的具体情况选择不同的市场或板块来上市，以更好发挥其作用。如前所述，我国股票交易已形成四个板、五个交易模块的发行上市格局，其中主板主要针对传统企业的股票上市，创业板主要针对中小型创业企业的股票上市，科创板主要针对科技创新型企业的股票上市，北交所主要针对高精特新中小企业股票上市，三板主要针对一般优秀中小企业的股票上市，四板系各地相关机构设立的针对本地企业不能通过前几个模块上市股票在该板块进行的交易。这种股票发行上市格局要求企业要结合自己的具体情况，选择不同市场与板块，才能更好地实现自己的发行上市目的。

第二十讲

三板市场沿革

一、国务院决定

原本我国的股票交易主要是上海、深圳两家交易所的相关交易。由于两个交易所的交易条件所限，难以满足更多公司发行上市要求，因而上市条件比较高，上市企业家数也比较少，从我国股票交易开设到现在 30 多年，先后上市的公司也不到 5000 家。而我们的公司总数却近 5000 万家，这些公司的相当部分需要发行上市股票，而真正能到这里上市的企业只是凤毛麟角，不到万分之一。

为了解决更多企业的发行上市和融资变现问题，国家决定大力发展多层次资本市场体系。2013 年 12 月 13 日，国务院发布《关于全国中小企业股份转让系统有关问题的决定》提出，为更好地发挥金融对经济结构调整和转型升级的支持作用，进一步拓展民间投资渠道，充分发挥全国中小企业股份转让系统（简称全国股份转让系统）功能，缓解中小微企业融资难，按照党的十八大、十八届三中全会关于多层次资本市场发展的精神和国务院第十三次常务会议的有关要求，就全国股份转让系统充分发挥服务中小微企业发展的功能、建立不同层次市场间的有机联系等六方面问题作了决定。

二、三板前身

三板正式设立之前，在深圳证券交易所即已有几类股票在此代办转让。

这种交易开始于 2001 年 7 月 16 日，开办这种交易：一是为退市的上市公司股份提供一个继续流通的场所；二是为解决原 STAQ 和 NET 两个法人股交易系统关闭后，历史遗留的数家公司法人股流通问题。这种交易的投资者须开立专门的"非上市公司股份转让账户"才能参与。

两类股票交易几年后，北京股权交易中心有关领导看到深圳证券交易所这两类股票交易，遂提出能否把北京股权交易中心交易的股票也拿到这里与两类股票联网交易，经过做工作，最后得到认可，该中心的几十只股票如愿以偿地拿到这里联网交易。三类交易统称为三板交易，其中前两类为老三板，北京股权交易中心联网交易部分称为新三板。

三、三板正式设立

2004 年，国务院发布的"国九条"文件明确提出，要建立多层次资本市场体系。根据这一要求，2010 年 10 月至 2012 年 8 月引发了一场所谓的"三板扩板"讨论，内容涉及三方面问题：一是扩板扩到哪里；二是上了三板还能不能转到其他板块进行交易；三是三板交易不活跃，要不要以及如何进行做市。

经过一段时间讨论，最后基本达成一致意见，扩板扩到四个地方而不是所有省市，四个地方：一是上海；二是北京；三是天津；四是湖北。并明确这种扩板只要求几地各报四家公司进行试点，并确定要正式建立独立的三板交易机构，地点设在北京，该机构于 2013 年 1 月底在北京正式挂牌成立。

对于三板上市后的转板，监管机关明确答复，这类公司可以进行转板交易，并提出将对互联网与高科技等公司给予优先。所谓转板，一般理解，即是在三板内建立一种通道，包括转板条件与程序，三板公司上市后，达到相关条件，即可直接通过某种程序转到主板或中小板、创业板去交易，但自那时提出转板至今，后来一段时间，并未报出进一步信息。后来的转板也只是有关公司从三板申请退市后，重新申请上主板或创业板等，虽然在程序上有所简化，但总体还是先退市再上市，而不是直接转板。直至 2021 年 11 月 15 日北交所开市，才真正实现转板。

对于做市问题，当时即明确三板交易可以做市，此后做市即成为三板的一种重要交易方式，但总体说，由于参与人数过少，加之经验不足，整体效果不太理想。为促进做市，2019年修改的证券法，专门在证券公司业务中增加了做市的职责。

四、三板定位

对于三板的定位，国务院发布的上述决定明确提出，三板是经国务院批准、依据证券法设立的全国性证券交易场所，是服务全国创新型、创业型、成长型中小微企业发展，在功能上是为企业提供公开转让股份、股权融资、债权融资、资产重组等服务的股权转让系统。

三板在投资者结构上建立了与投资者风险识别和承受能力相适应的投资者适当性管理制度。目前三板在有效提升金融服务实体经济能力、完善多层次资本市场体系、促进民间投资和中小微企业发展等方面发挥着重要作用。

五、三板上市条件

根据三板发行上市相关规定，公司申请在三板上市应具备以下五个条件：

1. 依法设立，存续期在两年以上。依法设立，指公司依公司法等法律、法规规定向公司登记机关申请登记，取得企业法人营业执照。存续期两年，指存续两个完整会计年度。

2. 业务明确，具有持续经营能力。业务明确，指公司能够明确具体阐述经营业务、产品或服务、用途及商业模式等信息。

3. 公司治理机制健全，合法规范经营。

4. 股权清晰，股票发行和转让行为合法合规。股权明晰，指公司的股权结构清晰，权属分明，真实确定，合法合规，股东特别是控股股东、实际控制人及关联股东，或实际支配股东持有本公司股份不存在权属争议或纠纷。股票发行和转让合法合规，指公司股票发行转让依法履行了必要的决议、外部审批程序符合限售规定。

5. 主办证券公司要推荐并给予持续督导。

六、三板分层

三板分层，指在三板挂牌的众多企业中，按一定的标准，将其划分为若干层次，以降低信息搜集成本，提高投资分析效率，增强风险控制能力，引导投融资精准对接的制度。通过分层可以在交易制度、发行制度、信息披露要求等方面进行差异化安排，以促进三板市场持续、健康发展。分层既是监管的需要，也是服务的要求，通过分层能更好地为中小微企业提供融资、交易、并购、发债等方面服务。

三板分层具体分为基础层和创新层，后来又分出个精选层。挂牌公司进入创新层，须满足以下条件之一：一是最近两年连续盈利，且年平均净利不少于 2000 万元（以扣除非经常性损益前后孰低者为计算依据）；最近两年加权平均净资产收益率平均不低于 10%（以扣除非经常性损益前后孰低者为计算依据）。二是最近两年营业收入连续增长，且年均复合增长率不低于 50%；最近两年营业收入平均不低于 4000 万元；股本不少于 2000 万股。三是最近有成交的 60 个做市转让日平均市值不少于 6 亿元；最近一年年末股东权益不少于 5000 万元；做市商家数不少于 6 家；合格投资者不少于 50 人。满足上述规定进入创新层的挂牌公司，还应满足其他有关条件。

精选层运行一年多时间平移至北交所交易。（参见本书第二十一讲）

七、三板投资者门槛

由于三板是面向合格投资者参与的市场，故参与三板投资必须具备一定的条件。根据目前相关规定，自然人一是账户内前一交易日资产总值（含资金、证券、基金、券商理财）在 500 万元以上；二是具有两年以上证券投资经验（含新三板交易经验）。

一般法人单位注册资本在人民币 500 万元以上或实缴出资总额在人民币 500 万元以上的合伙企业。特殊机构包括集合信托计划、证券投资基金、银行或券商理财产品、其他监管部门认可的产品或资产。

由于三板交易存在的一个较大问题是，投资者门槛过高。大家一致建议能把门槛适当降低，但监管机关一直没松口，在其答复"两会"的议案与建议中提出，已有近 200 家证券基金经营机构设立了以三板股票为主要投资标的的资管产品（包括基金公司及其子公司专户产品、证券公司资管计划），证监会还在完善 QFII、RQFII 制度规则，拟进一步扩大合格境外投资者和人民币合格境外投资者的投资范围，允许其投资三板。随着三板基础制度不断完善，相关功能不断健全，将会有越来越多的长期机构投资者布局。

降低投资者门槛，一直被认为是短期难以实现的改革，官方也一直未松口。但新三板市场已今非昔比，市场风险逐步释放，投资者越来越理性，资金向优质企业聚集。所以配合精选层的推出，适当降低准入门槛的条件已经具备。当然，新三板于 2019 年 12 月将其投资者适当性管理标准进行修改，由原来 500 万，分别降为 100 万（精选层）、150 万（创新层）和 200 万（普通层）。后配合北交所推出，精选层又降为 50 万。

八、关于交易制度

理论上说，三版的交易模式有三种：一是协议转让；二是做市；三是竞价交易。但直到目前的交易只有两种，即协议转让与做市，由于参与者过少，两种交易模式都不够活跃。为此，2018 年 1 月对部分交易实行了新的集合竞价制度，即在撮合时间内，对交易进行集合竞价成交，这种集合竞价不同于主板市场的连续竞价，这种竞价只是一次性、不连续的。从投资者角度看，这种集合竞价频次过少，能参与交易的股票数量大大下降，成交难度加大。尽管存在这些问题，但它也是三板交易制度的一次突破，较好地解决了协议转让制度下的信息不对称、价格操纵和利益输送等问题，有利于更有效地执行三板价格发现职能。随着北交所推出及北交所与三板衔接，三板交易不活跃的情况将逐步得以解决。

九、三板公司的转板

所谓转板，指已在三板上市的公司将其股票拿到国内其他交易所上市的情形。中国证监会领导和有关部门负责人多次表示，我国证券市场是统一的，在三版上市的股票符合条件的，可以转到其他市场交易，这种转板包括两种情况：一是在三板内部开设一条通道，符合条件的公司将其股票直接转到主板或创业板等去交易。二是在三板申请退市，再根据其他交易所要求分别申请。目前三板内部通向其他市场的通道仍未建立，一些公司想转其他板块仍得先退，然后按条件重新申请到其他板块上市。

北交所推出前，部分公司申请在三板退市，重新申请到其他板块上市。北交所推出后，由于限定其上市公司必须源自三板创新层，故其作用基本等同于转板。

十、三板上不上

了解了三板的发展情况和目前存在的一些问题，即面临一个问题，就是目前未上市的公司还要不要申请到三板上市。

对此，我们认为，如果公司的条件能够直接上主板、创业板或科创板，可以考虑直接申请上这几个板块。如果目前还不具备条件，或近两三年也达不到这种条件，完全可以申请上三板，其原因：一是三板上市也是上市，它的各种优惠条件并没变化。二是最新推出的北交所要求来此上市的公司必须源自三板的创新层，故不上三板即上不了北交所。三是三板同样具备上市的多种优势，只要掌握了它的特点，完全可以在这里通过并购、融资等大展身手。有鉴于此，我们说，具备条件上三板的企业还是积极争取上三板为好。

第二十一讲

北交所交易

北交所，北京证券交易所的简称，是经国务院批准，于 2021 年 9 月 3 日设立，总部位于北京的首家公司制证券交易所，其经营范围包括：依法为证券集中交易提供场所和设施、组织和监督证券交易，开展证券市场管理服务等业务。

一、设立与意义

2021 年 9 月 2 日，习近平主席在 2021 年中国国际服务贸易交易会全球服务贸易峰会致辞中宣布，继续支持中小企业创新发展，深化新三板改革，设立北京证券交易所，打造服务创新型中小企业主阵地。次日，中国证监会即就北京证券交易所有关基础制度安排向社会公开征求意见。同日，北京证券交易所有限责任公司成立，徐明任首任董事长。

北交所设立的初心，是服务创新型中小企业。中小企业是我国国民经济和社会发展的重要力量，数据显示，中小企业贡献了 60% 以上的 GDP、80% 以上的城镇就业岗位和 90% 以上的新增就业，保证了 80% 以上的市场供应。然而中小企业因企业规模、发展阶段、信用不高等先天不足因素，获取金融服务的能力相对较弱。目前我国 4000 多万家企业，95% 以上是中小企业，科技型中小企业超过 22 万家，对于这些量大面广的中小企业的融资变现需求，金融市场在扩大服务覆盖面、缓解融资变现难等方面空间广阔、责任重大。

我国虽有上交所的科创板，深交所的创业板专门服务于中小企业的融资变现，但相对中小企业的数量与需求，仍是杯水车薪。为此，北交所设立意义重大，影响深远。它将使我国中小企业金融服务事业跨上一个新的高度。对此，北交所董事长徐明表示，全国股转系统和北交所的市场建设，将紧紧围绕中小企业这个主体，突出"更早、更小、更新"，构建覆盖中小企业全链条的金融服务体系，探索资本市场发展普惠金融的"中国方案"。

二、制度安排

2021 年 9 月 2 日，中国证监会负责人表示，建设北京证券交易所的主要思路是，严格遵循《证券法》，按照分步实施、循序渐进的原则，总体平移精选层各项基础制度，坚持北京证券交易所上市公司由创新层公司产生，维持新三板基础层、创新层与北京证券交易所"层层递进"的市场结构，同步试点证券发行注册制。

9 月 3 日，中国证监会召开新闻发布会宣布，北交所坚持精选层较为灵活的交易制度，实行连续竞价交易，坚持合适的投资者适当性管理制度，促进买卖力量均衡，防范市场投机炒作。

9 月 5 日，北交所首批业务规则《北京证券交易所股票上市规则（试行)》《北京证券交易所交易规则（试行)》《北京证券交易所会员管理规则（试行)》向社会公开征求意见，11 月 12 日，正式发布《北京证券交易所合格境外机构投资者和人民币合格境外机构投资者证券交易实施细则》等 6 件业务规则，自 2021 年 11 月 15 日起施行。

9 月 10 日，北交所官方网站上线试运行。17 日发布《北京证券交易所投资者适当性管理办法（试行)》，25 日完成开市第一次全网测试。

2021 年 10 月，中国证券业协会就《向不特定合格投资者公开发行股票并在北京证券交易所上市网下投资者管理规则（试行）（征求意见稿)》向券商征求意见，以规范网下投资者参与向不特定合格投资者公开发行并在北交所上市股票的网下询价配售业务。10 月 30 日，证监会发布北交所基础制度，明确基础制度生效日为 11 月 15 日。

两个月时间，涵盖发行上市、融资并购、公司监管、证券交易、会员管理以及投资者适当性管理等 45 件业务规则相继在 9 月 17 日、10 月 30 日、11

月 2 日和 11 月 12 日集中发布，初步形成北交所自律规则体系。

11 月 12 日，北交所第一届上市委员会和并购重组委员会委员名单公布。

三、合格投资者

由于北交所上市企业有的在具备较强创新能力和发展潜力的同时，具有业绩波动大、经营风险较高等特点，易受外部环境冲击。因此，投资者进入必须具备一定的条件。对此，北交所交易以合格投资者参与为主，投资偏好和行为特征与一般散户存在较大差异，交易相对低频理性，持股期限相对较长，并更加关注企业成长带来的中长期收益。

根据《北京证券交易所投资者适当性管理办法（试行）》，机构投资者准入不设资金门槛，个人投资者准入门槛为证券资产 50 万元，同时具备 2 年以上证券投资经验。这一要求较新三板门槛大幅降低，与科创板保持一致，门槛降低或带来北交所投资者翻倍增长，流动性预期迎来提升。

据北交所官网显示，截至 2021 年 11 月 12 日，累计超过 210 万户投资者预约开通权限，开市后合计参与北交所交易投资者超 400 万户。另有 112 家证券公司获会员资格，成为北交所正式会员。专家估计，根据北交所专精特新的市场定位和吸引力，预期后续开通北交所的户数会持续增加，预计不久即可达到 800 万户左右。

四、上市条件

根据《北京证券交易所股票上市规则（试行）》，北交所上市标准是平移原新三板精选层四套"财务＋市值"条件，新增上市公司，必须是新三板连续挂牌满一年的创新层公司，同时突出专精特新的特点，设置简便、包容、精准的发行条件。具体来说，申请北交所公开发行上市需要满足以下条件：在全国股转系统连续挂牌满 12 个月的创新层挂牌公司；具备健全且运行良好的组织机构；具有持续经营能力，财务状况良好；最近三年财务会计报告无虚假记载，被出具无保留意见审计报告；依法规范经营等。并可对以下四套条件选择一套进行申报：一是市值≥2 亿元，最近两年净利润均≥1500 万元，并且加权平均 ROE≥8%，或者最近一年净利润≥2500 万元，且加权平均

ROE≥8%；二是市值≥4亿元，近两年营业收入平均≥1亿元，且最近一年营业收入增长率≥30%，最近一年经营活动净现金流为正；三是市值≥8亿元，近一年营业收入≥2亿元，近两年研发投入累计占比≥8%；四是市值≥15亿元，最近两年研发投入累计不低于5000万元。

五、定价方式

根据北交所上市规则，其股票发行采取多元化定价方式，为创新型中小企业提供更多选择，提高定价和融资效率。北交所服务的中小企业多数具有公司体量小、融资规模小、融资时效强特点，因此直接定价发行更能满足中小企业需要。同时因这些企业业务结构和逻辑相对简单，直接定价更能体现交易效率。创新型中小企业在发展阶段、经营规模、股本规模以及融资需求等方面具有明显差异，北交所沿袭精选层多样化发行定价方式，发行人和承销商可根据发行人基本情况和市场环境合理选择定价方式，能有效提高发行效率，更好实现市场化定价。据东方财富数据统计，截至11月1日，68家精选层挂牌企业中，采取网下询价发行的为38家，占比55.88%；采取直接定价发行的为30家，占比44.12%，二者占比相差不大。2021年以来新挂牌的27家精选层企业中，仅5家采取网下询价发行，占比18.52%，平均发行市盈率22.42倍；采取直接定价发行的22家，占比81.48%，平均发行市盈率仅19.26倍。

六、申报流程

整体来说，精选层企业直接平移北交所上市，其他新三板创新层企业须在此运行满12个月，方可申请进入北交所上市。非三板企业可以选择在基础层或创新层挂牌一年，再申请进入北交所实现上市。

从新三板创新层企业看，公司须召开股东大会对公司在北交所上市进行审议表决，并经董监高等人员对上市具体方案作出决议和审核通过，则可通过保荐人向北交所申报上市。

北交所收到企业发行上市申请文件后的5个工作日内，作出是否受理的决定。随后将在两个月内进行审核，出具符合发行条件、上市条件和信息披露要求的审核意见或作出终止发行上市审核的决定。中国证监会在 20 个工作日内作出注册与否的决定。

整体看，在企业申报上市中，审核流程、审核结果等关键点的信息，交易所问询等审核意见全面向市场公开，充分接受社会监督。北交所总体平移精选层各项基础制度，IPO 审核难度低于科创板与创业板，且在当前的政策预期下，确定性更强；此外，非新三板公司通过直接挂牌创新层满 12 个月，也可申请北交所 IPO，这样整体 IPO 时间约需 2 年，虽然与其他板块比审核时间相当，但确定性更强。

同时，北交所上市规则明确了主动退市与强制退市安排，强制退市分为交易类、财务类、规范类和重大违法类四种情形，构建了多元的指标组合。其中，财务类强制退市考察期为 2 年，明确了退市决定的严肃性和审核性：一方面，规则规定了退市风险警示，作为强制退市的先导制度，既向市场揭示风险，也保障投资者的交易权利；另一方面，北交所上市企业退市后，符合条件的，可退至创新层或基础层交易，存在重大违法违规的，直接退出市场。

七、税收政策

根据 2021 年 11 月 14 日，财政部网站消息，财政部、税务总局发布关于北京证券交易所税收政策适用问题的公告，明确为支持进一步深化全国中小企业股份转让系统（以下称新三板）改革，将精选层变更设立为北京证券交易所（以下称北交所），按照平稳转换、有效衔接的原则，将北交所税收政策适用问题明确如下：新三板精选层公司转为北交所上市公司，以及创新层挂牌公司通过公开发行股票进入北交所上市后，投资北交所上市公司涉及的个人所得税、印花税相关政策，暂按现行新三板适用的税收规定执行。涉及企业所得税、增值税相关政策，按企业所得税法及其实施条例、《财政部国家税务总局关于全面推开营业税改征增值税试点的通知》（财税〔2016〕36号）及有关规定执行。

八、交易方式

根据北交所交易规则，北交所整体延续精选层以连续竞价为核心的交易制度，涨跌幅限制、申报规则、价格稳定机制等主要规定均保持不变，不改变投资者交易习惯，不增加市场负担，体现中小企业股票交易特点，确保市场交易的稳定性和连续性。

与精选层交易制度相比，北交所交易规则作了发布主体等适应性调整，内容没有变化。主要包括：一是实行30%的价格涨跌限制，给市场充分的价格博弈空间。二是上市首日不设涨跌幅限制，实施临时停牌机制，即当盘中成交价格较开盘价首次上涨或下跌达到或超过30%、60%时，盘中要临时停牌10分钟，复牌时进行集合竞价。三是连续竞价期间，对限价申报设置基准价格±5%的申报有效价格范围，对市价申报采取限价保护措施。四是买卖申报最低数量为100股，每笔申报可以1股为单位递增。五是单笔申报数量不低于10万股或成交金额不低于100万元的，可以进行大宗交易。同时为引入做市机制，实行混合交易预留了制度空间。

九、开市交易

通过上述工作，北交所于11月15日正式开市交易，首次上市公司包括汉鑫科技、中设咨询、中寰股份、晶赛科技、科达自控、同心传动、大地电气、志晟信息、广道高新、恒合股份10家公司，连同新三板精选层71家挂牌公司平移，合计上市交易81家公司。

数据显示，开市前两日，81只股票交易总体平稳，合计成交额达140.72亿元。其中，10只新股交投活跃，平均上涨175.01%，平均换手率89.22%，成交额达58.95亿元。68只平移股票（不包括停牌的3只）涨跌互现，成交额达81.77亿元。68只平移股票开市两日小幅盘整后股价逐渐企稳，平均换手率为13.17%。同时，随新开户投资者数量增加，投资者呈加速入市之势，更多的公募基金也逐渐建仓，进一步提升了投资者信心。

十、上市后备

与沪深两个交易所不同，北交所有一个强大的上市后备，根据上市规则，新三板创新层、基础层挂牌公司是北交所上市公司的来源，北交所更加高效的公开市场交易服务，对创新层、基础层形成示范引领和"反哺"。目前新三板创新层挂牌企业 1239 家，基础层 5862 家，合计约七千家，而且还有许多新的企业将进入两个层级。北交所开市交易后，它们中的优秀者许多都希望"转板"来此上市。自 9 月北交所官宣以来，三板公司上市节奏加快，仅 9 月过会家数即达 16 家。对此有专家表示："根据前期发行节奏，预计 2021 年底，北交所上市公司数有望达到 100 家，如果拉长时间看，2022 至 2023 年底，北交所上市公司有望分别达到 250—300 家、400—500 家。"

第二十二讲

科创板与注册制

一、科创板概念与设立

科创板（Science and technology innovation board）是由国家主席习近平于 2018 年 11 月 5 日在首届中国国际进口商品博览会开幕式上宣布设立，独立于现有证券交易所主板和其他板块，面向科技创新类企业股票发行上市的专门股票交易板块。设立科创板并试点注册制是证券市场提升服务科技创新企业能力、增强市场包容性、强化市场功能的一项重大改革。

2019 年 1 月 23 日，习主席主持召开中央全面深化改革委员会第六次会议并发表重要讲话，会议审议通过《在上海证券交易所设立科创板并试点注册制的实施意见》。

为了落实习主席指示和深改委会议精神，中国证监会于 2019 年 1 月 30 日发布《关于在上海证券交易所设立科创板并试点注册制的实施意见》，又于 3 月 1 日发布《科创板首次公开发行股票注册管理办法（试行）》和《科创板上市公司持续监管办法（试行）》。2019 年 3 月 4 日，上海证券交易所发布《科创板股票发行上市审核问答》，科创板配套规则进一步明晰。

2019 年 3 月 15 日，上交所进一步发布《保荐人通过上海证券交易所科创板股票发行上市审核系统办理业务指南》与《科创板创新试点红筹企业财务报告信息披露指引》。当月 18 日，科创板发审系统正式上线，开始接受申报。7 月 22 日，首批 25 家科创板上市公司上市交易，一周成交 1400 亿元人民币。

二、市场定位

科技创新离不开长期资本的引领和催化。资本市场对于促进科技和资本融合、加速创新资本形成和有效循环，具有至关重要的作用。这些年，中国资本市场在加大支持企业科技创新力度上，有了很多探索和努力，但因多种原因，二者对接还是有不少"差距"。很多发展良好的创新企业远赴境外上市，说明我们在这方面仍有很大空间。

设立科创板为有效化解这个问题提供了更大可能。补齐资本市场服务科技创新短板，是科创板肩负的重要使命。从市场发展看，科创板应成为资本市场基础制度改革创新"试验田"。为此，科创板是资本市场的增量改革，这种改革能有效避免对存量市场的影响，在一片新天地下"试水"改革举措，快速积累经验，从而助推资本市场基础制度的不断完善。从市场生态看，科创板体现更加包容、平衡理念，通过对盈利状况、股权结构等方面的差异化安排，增强对创新企业的包容性和适应性。

与此同时，在投资者权益保护上，一方面，针对创新企业特点，从资产、投资经验、风险承受能力等方面加强适当性管理，引导其理性参与。另一方面，通过发行、交易、退市、证券公司资本约束等制度以及引入中长期资金等配套措施，让新增资金与试点进展同步匹配，力争在科创板实现投融资平衡、一二级市场平衡、公司新老股东利益平衡，促进市场形成良好预期。

三、注册制改革

习主席在宣布设立科创版的同时提出，对科创版的股票发行实行注册制。所谓注册制，就是在证券发行上市中，由法律法规规定证券发行上市的条件和程序，拟发行企业根据条件做相应准备，当认为条件基本具备时，按规定的程序，向注册机构申请股票注册发行的制度。

实行注册制改革，对于提高证券发行上市的效率，防范审核中的腐败，促进企业发行上市效率，具有十分重要的意义。最近十多年，国家一直在研究推行注册制，但因实行注册制，符合条件的企业都应能注册发行。但我国约有 5000 万家企业，有多少符合条件，这个条件应该怎么定，不管怎么定都面临大量企业符合条件，让不让上的问题。比如说，符合条件的有 1%，就是 50 多万家，即使万分之一也有 5000 多家，我国证券市场设立 30 多年，两家交易所合计才发行上市不到 5000 家，实行注册制一年就上 5000 家，这也不可能。所以，在现有交易板块实行注册制，面临一个如何确定上市比例的问题。

2015 年 10 月底，当时的中国证券监会主要领导宣布，2016 年 3 月 1 日正式实行注册制。由于当时提出这一措施脱离实际，宣布当时即存在法律问题，又难执行，所以措施一宣布便引起市场恐慌性下跌，从当年 10 月宣布，市场一直跌到次年 1 月，因新任领导宣布无限期推迟注册制，下跌势头才得以中止。

又经过三年的研究准备，国家经过缜密考虑，决定在推出科创板的同时，推出注册制改革，也就是说，这一改革率先从科创板的发行上市开始，在这里试行取得经验后再向其他板块逐步推开。这不仅解决了现有市场试行注册制的难点问题，也为科创板提供了一个良好的试点机会。随着科创板试点积累起经验，创业板也于 2020 年进行了注册制改革，新推出的北交所交易也实行了注册制。2021 年 12 月 8 至 10 日召开的中央经济工作会议提出，改革开放政策要激活发展动力。要抓好要素市场化配置综合改革试点，全面实行股票发行注册制。这一重要决定意味着沪深两所主板的注册制改革即将全面启动。

四、行业要求与上市条件

科创板建设坚持面向世界科技前沿、面向经济主战场、面向国家重大需求，主要服务于符合国家战略、突破关键核心技术、市场认可度高的科技创新企业。重点支持新一代信息技术、高端装备、新材料、新能源、节能环保，以及生物医药等高新技术产业和战略性新兴产业，推动互联网、大数据、云计算、人工智能和制造业深度融合，引领中高端消费，推动质量变革、效率变革、动力变革。

根据《科创板首次公开发行股票注册管理办法（试行）》和《科创板上

市公司持续监管办法（试行）》规定，发行人申请在科创板上市，应当符合下列条件：一是符合中国证监会规定的发行条件；二是发行后股本总额不低于人民币 3000 万元；三是首次公开发行股份达到公司股份总数的 25% 以上，公司股本总额超过人民币 4 亿元的，首次公开发行股份比例为 10% 以上；四是市值及财务指标满足规则规定标准；五是交易所规定的其他上市条件。

发行人申请股票首次发行上市的，应符合《上海证券交易所科创板股票上市规则》规定的上市条件，即至少符合下列上市标准中的一项（发行人的招股说明书和保荐人上市保荐书应明确说明所选择的具体标准）：一是预计市值不低于人民币 10 亿元，最近两年净利润均为正且累计净利润不低于人民币 5000 万元，或者预计市值不低于人民币 10 亿元，最近一年净利润为正且营业收入不低于人民币 1 亿元；二是预计市值不低于人民币 15 亿元，最近一年营业收入不低于人民币 2 亿元，且最近三年研发投入合计占最近三年营业收入比例不低于 15%；三是预计市值不低于人民币 20 亿元，最近一年营业收入不低于人民币 3 亿元，且最近三年经营活动产生的现金流量净额累计不低于人民币 1 亿元；四是预计市值不低于人民币 30 亿元，且最近一年营业收入不低于人民币 3 亿元；五是预计市值不低于人民币 40 亿元，主要业务或产品需经国家有关部门批准，市场空间大，目前已取得阶段性成果，并获得知名投资机构一定金额的投资。医药行业企业需取得至少一项一类新药二期临床试验批件，其他符合科创板定位的企业需具备明显的技术优势并满足相应条件。此项净利润以扣除非经常性损益前后的孰低者为准，所称净利润、营业收入、经营活动产生的现金流量净额均指经审计的数值。

五、投资者条件

由于科创板兼顾融资投资两方面利益平衡，故在上交所适当放松科创板发行上市条件的同时，加大对投资者的保护力度。为限制对风险认知和承受能力较弱的投资者入市，上交所专门制定了投资者适当性管理文件，要求参与科创板投资的个人投资者必须符合下列条件：申请权限开通前 20 个交易日证券账户及资金账户内的资产日均不低于人民币 50 万元（不包括该投资者通过融资融券融入资金和证券）；参与证券交易 24 个月以上。文件还对这种资产和参与证券交易经验的认定提出了具体要求。同时规定，证券公司应对个人投资者的资产状况、投资经验、风险承受能力和诚信状况等进行综合评估，将评估结果及适当性匹配意见告知投资者，并对上述结果和告知情况进行记录、留存，根据《上交所科创板股票交易风险揭示书必备条款》制定《科创板股票交易风险揭示书》，提醒投资者关注投资风险，并签署《科创板股票交易风险揭示书》。文件还对投资者适当性管理其他内容作了规定。

六、创造条件争上科创板

由于科创板的推出是我国资本市场改革的一个最新尝试，它的发行、交易和投资者适当性管理制度都具有一定的探索性，特别是对发行上市条件的规定，也比以前更为灵活。这对广大科技创新企业：一是一个新机遇；二是基本不用排队（据东方财富网报道，截至 2021 年 9 月 27 日，科创板待审企业 97 家）；三在条件上有特殊安排；四是发行实行注册制，在操作上已大为简化，所以对科技创新类企业，包括一些设立时间不太长，甚至经营还没盈利，但只要是创新类，具有重大市场潜力和发展前途，特别是对弥补国内某些领域科技空白具有重大引领作用的公司，完全可以借助科创板推出的机遇作个尝试，通过申请直接发行上市，成了，加快企业发展和技术研发；不成，也是一次很好的演练和检阅，同时为下次申请积累经验。自科创板开市以来，已有 313 家企业成功上市（截至 2021 年 7 月 22 日）。

七、科创板的风险与机遇

既然科创板是一个新兴的资本市场交易板块，它虽具有较大的创新内容，但同时仍是证券交易，具有投资与投机双重性质，特别是在这个市场着重注意融资和投资平衡，从而对一些公司发行上市条件比传统的几个板块更为灵活，包括一些没有盈利的公司也可以发行上市，因此，科创板同样存在市场风险，而且相对来说，机会更大，风险也会更大一些，为此，国家和交易所，都明确要求只有合格投资者方能进场参与交易。由于合格投资者条件也是相对的，即使符合条件的人，有的经验和财力也不一定很充分，同时，科创板交易是一个新型板块，有一些新的制度设计，大家经验都不足，为此，所有市场参与者都要在把握机遇的同时，积极防范可能存在的风险。即使是符合投资者适当性条件进入市场的投资者，也应时刻把风险防范放在首位。

八、科创板将引发市场行情与改革

我国资本市场建立已三十年，在此过程中，进行过一系列改革，包括发行制度改革、交易制度改革、股权分置改革、投资者保护以及监管体制改革等，这种改革都是在原有制度基础上进行的，虽然力度也比较大，但总体来说，还是存量的改革。这次科创板的推出却是一种增量的改革，要建立的是一种完全新型的市场板块，特别是推出科创板的同时，实行注册制改革，要把上市公司审核完全交给市场，监管机关在此过程中只担任监督角色，而且要配合进行交易制度、投资者适当性管理制度等改革，相信这种改革取得成功，必将推动整个资本市场改革和更好地活跃市场，这一点已从2019年以来的市场反应和科创板推出后受到的热捧得到充分体现。

九、交易规则

根据科创板交易规则，科创板股票上市后前5个交易日不设涨跌幅限制，5个交易日后，日涨跌幅为20%。科创板交易单笔申报数量不小于200股，可接1股为单位进行递增。申报价格按股价所处高低档位，实施不同的申报价格最小变动单位，且引入盘后固定价格交易。

十、运行情况

自2019年7月22日，科创板首批25家公司上市敲钟，至今（2021年11月20日）已两年多时间，已有313家公司在此挂牌上市，总共募集资金3858亿元，交易市值已达5.38万亿。虽然该板块在我国沪深股市占比还比较小，但从数据来看，其上市和交易都十分活跃。以上市为例，2021年上半年，科创板共有86家公司挂牌，占上半年两市全部挂牌总数的35%，从募资总额看，科创板募资也达692亿，占上半年两市募资总额的33%。这一数据表明，科创板上市数量和募资总量占整个A股的比例都在不断增加，有力促进了科创企业的成长壮大。

第二十三讲
股市新周期及其应对

一、股市的周期性特点

周期是一个汉语词汇，指一组事件或现象按同样的时间或空间间隔顺序重复出现的情形。自然界万事万物都在运动，各种事务在运动中会多次重复出现某些特征，周期理论将连续两次以上出现的时间现象叫做"周期"，如我们熟知的春夏秋冬就是典型的季节周期。把握周期运行规律，有利于我们根据周期的发展变化，对某些未来的事物作出判断，以便采取有效的应对措施，避免负面因素造成的损失，或引导事物向有利的方向发展。

把周期理论应用到股票与期货交易的第一人是美国人杜威，他统计美国有历史以来的诸多事件，发现一些看上去风马牛不相及的事情竟然有着共同的周期长度。例如，美国土狼生长周期高峰和波谷与美国离婚率同步，而且与毛毛虫生长周期、太阳黑子爆发周期同步，由此得出股市同样具有周期性的结论。而将周期理论推向极端的两个代表人物，一是江恩，二是詹姆斯·赫斯特。两人利用周期理论在期货和股票交易中获得了惊人成绩。前者曾提前把道·琼斯未来一年周期性走势图绘出，预测与实际走势相差无几。后者则在公开测试的交易系统——薛斯通道中的胜率高达90%。

了解股市的周期性特点，就能深刻理解那句股市名言"没有只涨不跌的股票，也没有只跌不涨的股票"，任何股票有涨必有跌，有跌必有涨。业绩再好的绩优股也有下跌的时候，买在高位照样会被套牢；业绩亏损甚至资不抵债的"垃圾股"，买入时机恰当也能获得丰厚利润。虽然构成股价涨跌的因素有很多，包括政治、经济、业绩以及人为因素变化都能促成股价的短期涨跌，却无法左右长期运行规律，在长期统计和归纳之后，就会发现股价的涨跌具有规则的周期性，把这些周期循环原则应用到股票交易操作上，做到有的放矢，尽可能减少操作失误，就会减少损失，提高收益。

二、美国股市的十余年大牛

2008 年的全球经济危机，转眼过去了十余年，在那个恐慌岁月，世界经济充满寒意，美国是次债危机，欧洲是欧债危机，中国经济增速放缓。随着时间推移，各国逐渐走出危机影响，美国却从危机中快速复苏，特别是美股从 2008 年的最低 6500 点，持续上涨了十年多，涨到最高时的 35000 多点。

对于美国股市的十年大牛，按照价值估值，许多人越来越觉得泡沫太大，牛市即将结束，本人也一再说美国股市要大跌，事实上它也跌了，而且跌了两次稍大幅度，但随后又被拉起，远没有跌到预期的点位。

美国牛市持续这么长时间，虽有其科学管理的原因，更有其充分运用与协调各项政策的原因，其中最直接的就是四次 QE 操作，前三次直接就是砸重金救市，而且这笔钱直到现在只是少部分得以退出，再加上大幅减税和吸引投资政策，都在延长周期中发挥了重要作用。目前许多人都在谈论美国股市何时下跌，该周期无论如何都要跌了。但由于新冠肺炎疫情应对中采取的一系列应对政策使行情仍在延续。

三、我国股市同样存在周期

既然股市有周期，周期形成规律，这对我国股市也是一样的道理，只不过周期波幅的长短和影响原因有所不同。以此分析，我国股市从 1990 年开始设立自今将近三十多年时间，运行轨迹大体经历了四个长度相近的轮回，即周期：第一次是 1990—1994 年，这是一波起始上涨，在 1994 年当年经历了从最高点到最低点的惨烈下跌；第二次是 1994—2001 年；第三次是 2001—2008 年；第四次是 2008—2015 年。从这四次周期的运行轨迹看，其周期波长大体为七年，七年中往往是在前期从最高点开始，先跌四年左右，再震荡上涨三年左右到最高点，又开始进入下一个周期。当然，因各人研究方向和方法的差别，还有不少人以三年五年或十年为周期进行研究。方法不同，结论也有所差异。

在上述四个周期中，以上交所上证综指的走势看，有两个最低点的出现属于例外，应予排除：第一次是 2005 年下跌到 998 点，那是因为当时国家实施股权分置改革，这是一种超市场运行轨迹的改革，实施之初市场不适应，导致迅即击穿前低，市场理解后随即适应并回归正常。第二次意外是 2018 年的两次下跌，本来前期低位应是 2015 年的低点，因"熔断"措施将其延到 2016 年 1 月的 2638 点，后反弹至近 3600 点附近，又因 2018 年美国对我们发起贸易战，导致前低被击穿，一次跌到 2449 点，二次再跌到 2440 点。

四、2015 年股市周期的影响

在上述四次股市波动周期中，以 2015 年开始至 2019 年结束的这个下跌周期离我们最近，而且影响最大并感受最深。这轮周期起涨自 2012 年，至 2015 年 5 月终止，大盘最高涨到 5178 点，随即开始下跌。整个下跌造成的损失：一是跌到前低跌幅达 49%，跌到后低跌幅高达约 52%；二是市值由最高时的 74 万亿元跌到最低时的 40 万亿元，约 34 万亿元市值被蒸发；三是平均每位投资者损失 20 万元；四是有 25 万"中产阶级"就此消失；五是危机中停发约 500 只股票；六是推迟国企混改至少 5 年；七是对整个投资者的信心影响至少 5 年。

在一轮新行情到来之际，回顾上轮股市下跌周期情况及所造成的损失，对于我们在新的周期中理性操作，时刻防范风险，以及提请监管层理性对待市场，减少人为因素对市场的负面影响意义重大。

五、股市新周期的到来

通过对上轮周期的回顾和对当前行情的观察，我们说股市已经迎来了新的上涨周期。这一说法不是主观臆断，除了对行情走势的现实反馈，更有以下原因可资判断：一是从上面四个周期看，平均每个周期运行 7 年，一般是先跌约 4 年，再涨约 3 年，本轮周期从前期的最高点 5178 点开始下跌至 2018

年底差不多近 4 年，从 2019 年年初起涨，涨到 3288 点，因未回到去年最高点，仍应属下跌中的反弹，从 3288 点再跌回 3000 点以下，甚至创出 2440 点的新低属回踩，从这次反弹冲过去年高点算起，未来应该有 3 年左右的振荡上涨期。由此可认为周期规律的时间已至。

二是根据周期理论，股市有涨就有跌，前有 4 年的下跌，后即应有近 3 年的上涨，否则不符合规律要求。

三是尽管现在大家都在说，经济不好，这只是大家的一种感觉，虽然现实中确实也有一批企业效益大幅下降，但这反映的只是一个侧面，而且不是本质。目前经济的本质是消费升级，导致低消费阶段的一些产业与企业经营大幅下滑，但总体来看，我国经济增长仍能达到 6% 左右，表现在股市是 60% 以上的上市公司业绩增长，还有不少业绩翻倍，甚至一年增长几十、上百倍。

四是如前所说，美国股市连涨 10 年，即将进入下跌周期，股市下跌钱就要外逃。这些外流出去的资金一定要找价值低洼地。而从全球来看，股市价值最低的低洼地应是中国股市，我们股市 10 年前 2600 多点，10 年后规模扩大了一倍，指数开涨点位还只是 2440 点。

五是在本轮周期上涨启动前，国家推出科创板，同时对股票发行试行注册制。最近又推出北交所交易，这是我国资本市场一次大的改革，必将对这一轮行情起到引领和助力作用。

六、本轮周期可能有 3 年左右的上涨

根据前面的分析，我们判断，第一，本轮行情有 3 年左右的上涨时间，既然行情的前半段已持续下跌了近 4 年，按照股市"横有多长竖有多高"的说法，它也应该持续振荡上涨 3 年。第二，目前的资金面也比较宽松。股市上涨的直接推动力是资金，由于去杠杆和金融风险防范，使大量体外循环的资金回流体内，以至 M2 的增长率由过去的百分之十一左右大幅下降到八点多，反而银行给企业的贷款却有较大增长。第三，国家实施大规模的减税，2017 年减税 6000 亿，2018 年减税 6000 亿，2019 年、2020 年减税 2 万亿以上，2021 年减税也超万亿。税收的减免也使投资主体有更多资金参与投资，

推涨股市。第四，国家宏观金融政策有所微调，由原来的稳健中性的货币政策去掉了"中性"提法，对企业，特别是中小企业的金融扶持力度更直接，由此可能导致企业投资和效益增长的集中爆发。

根据以上原因，我们认为，这轮股市上涨期大概还能够持续一两年左右。虽然由于政策和规律的作用，这个期间会有所变化，但我们认为，这个周期可能会在下个下跌开始及幅度上来体现，时间周期上不会有太大的差异。

七、以健康心态迎接新周期

尽管判断本轮行情大概会有一两年左右的振荡上涨，但我们也不能像赌徒那样不顾一切，而要以平常的心态来对待，一般而言，中小散户还是要尽可能回避这个市场，分享股市新周期的成果可以通过购买基金等方式来实现。也就是说，从现在起，认真研究琢磨出基金，特别是与大盘指数上涨同步的基金，低点买入，持有一两年，以获得一个好的收益。

真正进入股市或重新入市的投资者，特别是新入市者，一定要做好准备，练好内功，再择机入市。从2019年年初，市场已经持续上涨了近两年，行情也由前期最低的2440点涨到3700多点，市场已经上涨了40%的幅度，就像一个人走路累了要休息一样，大盘也需要有所调整，然后积蓄能量向更高点位进军。在这个时候进入市场的投资者，特别不能有赌徒和踏空心态，要静心选择一个低的点位，找到好的标的从容介入。

对于科创板和北交所交易，由于两市对进入的投资者都进行适当性管理，必须符合相关条件方可进入，不符条件的人千万不要贸然投机或借钱入市。

八、时刻注意防范风险

虽然股市上涨周期的到来，给投资者带来更多的盈利机会，但就像再差的行情都有人盈利一样，由于市场规律的作用，再好的行情也会有人亏损，所以参与市场的人任何时候都要把风险防范放在首位。只有做好了风险防范，做好了充分的准备和应对，我们才会在股市泛舟，游刃有余，尽可能地获取多一些的收益，减少各种失误所造成的损失。

第二十四讲
信贷资产证券化 （一）

信贷资产证券化，是整个资产证券化的一个特殊类别，它将银行有关信贷资产分离出来，组成资产池，再以此为基础发行证券并上市交易，从而有效促进信贷资产的流动。这一证券经营模式由于较好地解决了商业银行信贷资产的流动性问题，一经产生，即在国际上得到快速发展，引入我国后对我国商业银行盘活信贷资产也发挥了很好的作用，故也得到积极应用。

一、概念与发展

信贷资产证券化，是将原本不能流通的信贷资产，转换成可流通资产证券的操作过程。信贷资产证券化概念也有广义与狭义之分。广义上说，信贷资产证券化是以各类信贷资产为基础资产进行的证券化，包括住房抵押贷款、汽车贷款、消费信贷、信用卡账款、企业贷款等信贷资产的证券化；狭义的信贷资产证券化，主要指针对商业银行某一类专门贷款，如房贷或企业贷款资产的证券化。

银行信贷资产是具有一定价值并具有生息能力的货币资产（性质为债权），具备转化为证券化金融工具的可能性。在银行经营业务中，常常有存款期限短而贷款期限长或资产业务扩张需求快于负债业务等情况，这样就产生了银行流动性安排和资产负债管理等新业务的需求，为此产生了信贷资产的证券化需求。

美国是最早实行信贷资产证券化的国家，实行这种模式与其特殊的时代背景密切相关。20 世纪 20 年代末大萧条后，在凯恩斯主义影响下，美国政府大力推动住房金融发展，以达到刺激经济复苏的目标。在"居者有其屋"理念的推动下，房贷市场迅速膨胀，在为银行和非银行储蓄机构带来可观利润的同时，也使资产负债期限结构扭曲。在 20 世纪 60 年代高通胀背景下，以美联储一系列金融条例中第 Q 项规定为代表的利率管制，使储蓄存款吸引力不断下降，存款流失与战后婴儿潮一代成年带来的房贷需求激增叠加，使原本以短期存款滚动对接长期贷款的盈利模式陷入流动性紧张困境。加之两次石油危机爆发引发的经济滞涨又加快了存款流失的步伐，导致储贷协会危机和大萧条后最大规模的银行倒闭潮。为解此困境，一些银行开始发行信贷资产证券化产品。为解决储贷危机，三大政府背景的房贷机构也大量购买住房抵押贷款打包发售抵押证券，为银行和储贷协会注入流动性。

不同于政府背景专业机构大力推动模式，欧洲信贷资产证券化发展更多的是市场驱动的自发行为。英国是欧洲国家中最早发行信贷资产证券的国家，20 世纪 70 年代末，住房抵押贷款市场规模扩张同样造成了英国银行业的资金困境，现实需求使资产证券化传入欧洲，后迅速催生英国住房抵押贷款证券化发展，也使其成为欧洲市场份额最大的国家。欧洲国家在借鉴美国经验的同时，根据自身法律和市场特点，发展出一系列具有本土特色的证券化产品，如中小企业贷款证券化产品、整体业务证券化产品和担保债权证券化产品等。

二、融资特点

融资分为直接融资和间接融资两大类，直接融资包括由借款人发行债券给投资者，直接获取资金的融资形式。该模式对借款人减少了交易环节，直接面向市场，能降低融资成本或在无法获得贷款情况下获得融资，对投资者却风险较大，风险评审和管理主要依赖自己。间接融资即投资人将钱存于银行，银行向借款人放贷，在此过程中，银行负责对贷款项目的评审和贷后管理，承担贷款违约风险。该模式资金募集成本低，投资者面临的风险小，但银行集中大量风险。信贷资产证券化是银行向借款人发放贷款，再将这部分贷款转为资产支持证券出售给投资者。在这种模式下，银行不承担贷款风险，只负责贷款评审和贷后管理，能将信贷管理能力和市场风险承担能力充分结合，提高融资效率。

三、意义

实施信贷资产证券化的意义：一是提高直接融资比例，优化融资结构。我国金融体系中银行贷款占比过高，通过证券化可将贷款转化为证券向市场再融资，分散银行体系信贷风险，优化金融市场融资结构，实现信贷体系与证券市场的无缝对接，发挥市场价格发现功能和监督约束机制，提高金融资源配置效率。

二是引入市场约束机制，提升银行运营效率。信贷资产证券化为银行引入外部约束，通过严格信息披露，市场化资产定价，有效提高信贷业务透明度，促使银行加强风险管理，提升运营效率。

三是拓宽融资渠道，支持经济瓶颈领域建设。通过证券化可盘活存量信贷资产，引导社会资金投入基础领域，特别是其中的瓶颈领域建设，拓宽开发性金融融资渠道，提高资金运用效率。

四是优化银行资产结构，为其业务开展提供更多出口。商业银行信贷资产存在长期、大额、集中的特点，证券化可以优化其结构，运用市场机制合理分配资产风险与收益，促其经营良性循环。

五是丰富资本市场投资品种。一个时期以来，我国投资领域出现较大程度的"资产荒"，不少机构持币待投。《国务院关于推进资本市场改革开放和稳定发展的若干意见》明确提出，加大风险较低的固定收益类证券产品的开发力度，为投资者提供储蓄替代型证券投资品种，积极探索并开发资产证券化品种。将优质中长期基础设施贷款进行证券化，形成一种具有稳定现金流的固定收益类产品，能为投资者提供参与国家重大项目建设的渠道，分享经济快速发展带来的收益。

四、我国信贷资产证券化试点与发展

我国信贷资产证券化试点始于 2005 年，当时国家开发银行、中国建设银行、中国工商银行等专业银行探索发行多款信贷资产证券化产品。

为支持并规范这一工作，中国人民银行、中国银监会于 2005 年 4 月联合发布《信贷资产证券化试点管理办法》，将信贷资产证券化明确定义为，银行业金融机构作为发起机构，将信贷资产信托给受托机构，由受托机构以资产支持证券形式向投资机构发行受益证券，以该资产产生的现金支付资产支持证券收益的结构性融资活动。中国银监会于同年 11 月发布《金融机构信贷资产证券化监督管理办法》，国家税务总局等机构也出台了与信贷资产证券化相关的文件，对其进行规范。

2008 年全球金融危机爆发，试点陷入停滞，2012 年 9 月试点重启，仅几个月时间，各金融机构发行信贷资产证券化产品即超过 1000 亿元。2013 年 11 月 18 日，国家开发银行在银行间债券市场成功发行"第一期开元铁路专项信贷资产支持证券"，该券为一档优先资产支持证券，发行总额 80 亿元，基础资产为国家开发银行向中国铁路总公司发放的中期流动资金贷款。

经过再次试点取得经验，银监会于 2015 年 1 月发布《关于中信银行等 27 家银行开办信贷资产证券化业务资格的批复》，使 27 家股份制银行和城商行获得开办信贷资产证券化业务的资格。业内人士普遍认为，该文下发标志信贷资产证券化备案制的实质启动，获开办资格的机构不再就单笔产品报批，只须在产品发行前进行备案即可。

为深化金融创新，盘活存量资金，促进多层次资本市场建设，更好支持实体经济发展，2015 年 5 月 13 日召开的国务院常务会议决定，新增 5000 亿元信贷资产证券化试点规模，继续完善制度、简化程序，鼓励一次注册自主分期发行，规范信息披露，支持证券化产品在交易所上市。试点银行腾出的资金要用在刀刃上，重点支持棚改、水利、中西部铁路等领域建设。

第二十五讲
信贷资产证券化（二）

前一讲我们介绍了信贷资产证券化的前四个问题，下面继续介绍几个问题。

五、交易结构与操作程序

信贷资产证券化的实施程序：一是进行资产池的组建；二是进行交易结构的安排；三是设计证券并发行；四是发行后的管理；五是证券上市交易等。通过这个过程，使信贷资产形态发生转化，从原始的贷款转化为系列的证券形式。整个过程可以描述为：银行将贷款打包，拆分为标准化证券进行出售，既提高资产的流动性，通过证券结构划分满足不同的投资需求，并有效分散单个贷款的特定风险。

六、实施要求

首先是法律要求。对证券化标的实行有限追索，即对证券投资者的追索权仅限于被证券化的资产及该资产的相关权益，将其与发起人和发行人（信托公司）其他资产实行风险隔离。该证券经营与交易中产生的各种风险，都与发起人（有关商业银行）和发行人（承办的信托公司）的其他资产隔离开来。

其次是会计要求。对商业银行而言，实行证券化的资产必须是表外资产，即表外证券化，要符合国际会计准则 IAS39R 关于资产终止确认标准，满足风险、收益和控制权的实质转移要求，从而将被证券化信贷资产移出发起人（商业银行）的资产负债表。

最后是市场要求。对证券化产品的发行应采取公募发行模式并上市流通，符合证券公开发行与上市规则与监管要求，切合市场需求并保护投资者利益。根据目标，交易结构设计的基本思路是：利用信托财产独立性的法律特征，将信贷资产设立成他益信托，通过信托公司发行受益权证券，指定信托财产受益人，在法律上实现风险隔离和有限追索，并符合国际会计准则关于资产终止确认的标准，实现表外证券化。

信贷资产证券化初始阶段，主要从存量信贷资产入手，设立证券化资产池。今后还可以与增量信贷资产证券化结合，即从证券化目标出发，评审发放新增贷款，构建增量资产池，在发放之日同时实现证券化操作。这样能够实现客户与市场的直接对接，不占用银行信贷额度，解决存量资源对不同资产管理渠道的供给矛盾，做大表外管理资产规模。

七、监管意图

为了保证信贷资产证券化试点的成功和成效，增强投资者信心，并强化发起人责任，2012年5月，央行、银监会、财政部联合发布《关于进一步扩大信贷资产证券化试点有关事项的通知》，文件要求发起机构应持有每一单资产证券化中的最低档次比例，原则上不低于每一单全部证券发行规模的5%。

随后，中国人民银行与银监会联合发布公告，为规范证券化发起机构风险自留行为，要求发起机构应按规定保留部分基础资产的信用风险：一是持有其发起证券化产品的比例不得低于该产品全部发行规模的5%；二是持有最低档次证券比例不低于该档发行规模的5%；三是持有除最低档次之外的证券，各档次证券均应持有，且应以占各档次证券发行规模的相同比例；四是持有期限不低于各档次证券的存续期限。

这一公告给予发行机构风险自留行为以较大灵活度，可以各档证券均持有，且占各档次证券发行规模的相同比例持有，总量不低于发行规模的5%。这样一来，能够使发起机构通过证券化风险缓释效果大增，使制约发展的障碍得以消除，风险缓释效果得到大大提升。

也有人认为，限制持优先级证券比例其实起不到多大风险共担、风险自留作用，对约束发起机构行为意义不大。建议对这种要求实行更合理的做法，即将风险共担机制交由市场去实现，或约定较低档证券的持有比率，如持有次级证券占发行规模的2%等。目前次级档证券是发起机构获得留存收益的主要途径，自身也有动力持有部分次级档证券，但5%的总持仓限制还是会让发起机构比较纠结，全部持有将降低风险缓释效果，而按比率持有各档证券降低留存收益和融资效果，尤其是二级市场收益率曲线平坦、信用利差很窄，资产池利率不足以支撑优先级证券融资成本开始成为新难题。

八、发展前景

随着金融改革的深化，信贷资产证券化发展将更多取决于市场运行规律，国家也将继续在制度和法律层面给予支持。

由于我国资本市场发展不够完善，间接融资比重虽有下降，但总体仍在80%以上，现在缺乏多元化的融资体系对银行过度依赖，不可避免地会导致信贷资产规模扩张，社会融资需求的增长给银行信贷空间形成的巨大压力都为信贷资产证券化提供了巨大的原始动力。

参考美国市场住房抵押贷款相关证券发行规模，仅房贷资产即可支撑超6万亿美元证券化产品的发行。考虑目前我国房贷资产质量较高，城镇化进程推进仍将对住房刚需起稳定支撑作用，未来银行房贷业务发展主要受资本充足率限制，这些因素都会对房贷资产证券化发展提供长期动力。与此同时，中小企业融资困境逐渐成制约我国经济发展的重要因素，凸显银行信贷能力不足。这些特点也为我国信贷资产证券化发展奠定了坚实基础。

此外，我国信贷资产证券化借鉴美国"表外模式"，在巴塞尔协议框架下，银行有动机通过真实出售将原本持有到期的信贷资产转为流动资金，在增强流动性的同时，将监管评级中风险高的企业债券由表内转到表外，对安全投资资产需求和释放信贷空间的激励也成为信贷资产证券化发展的动力。

参考美欧市场信贷资产证券化产品占同期债务市场规模比重，比较我国与欧美证券化环境，未来我国存量信贷资产证券化比重有望达到1/3以上，如以 2018 年 136.3 万亿元贷款余额计，未来我国信贷资产证券发行空间可达 45 万亿元的规模。据统计，2019 年，35 家信托公司参与资产证券化业务，共发行相关产品 249 支，发行规模 2893.77 亿，其中最大发行方华能贵诚信托发行 40 笔，规模 637.89 亿。2020 年，37 家信托公司参与，发行产品 477 支，规模 5106.27 亿，这还是在疫情冲击下取得的业绩。

当然也应看到，长期以来非市场因素作用下投资者的非理性对证券化发展的负面影响。经历 2014 年 "首单效应" 下的爆发式增长后，目前产品发行有后继乏力现象，诸多因素制约着证券化市场发展规模。随着资管新规的实施，刚性兑付被打破，基础资产优质证券化产品开始受到欢迎，这为信贷资产证券化的进一步发展创造了极为有利的条件。

第二十六讲
房地产证券化

一、我国房地产市场及其证券化发展

改革开放以来，随着各类改革措施的推进，国家为快速解决居民居住水平低、住房供应远不能满足需要的问题，通过建立房地产市场、实行土地拍卖，以及大力推进住房制度改革，仅用了三十年的时间，即基本解决了我国居民的住房问题，使百分之九十以上的居民拥有了自己的住房，城镇居民人均居住面积达 43 平方米，农村居民人均已达 65 平方米的水平。由于房地产市场的快速发展，引起房价暴涨，导致一些低收入者产生不满，形成对政府的较大压力。为了促进房地产市场健康稳定发展，遏制房价的过快上涨，国家对房地产实施持续调控政策，甚至对房地产建设信贷融资实施严格的限制。

同时，伴随房地产市场与建设的发展，为解决房地产市场融资和为广大投资者分享房地产市场发展成果，国家及相关机构积极发展多种形式的房地产证券化，使其成为目前房地产市场资金来源的一个重要渠道；同时，也为投资者资产增值提供了一批很好的工具。

二、房地产证券化的概念

房地产证券化，是将房地产的物权或其他资产交易转变成证券进行交易的交易方式。理论上说，房地产证券化是对传统房地产资产交易的一种变革。它的实现与发展，是因房地产和有价证券可以有机结合。房地产证券化实质上是以房地产物权等资产做担保，将房地产有关投资权益予以证券化，其操作形式可以是股票、可转换债券、单位信托、基金或其他受益权凭证等。

房地产证券化实质是不同投资者获得房地产投资收益的一种权利分配。因房地产本身的特殊性，原有融资方式单一，实行证券化即将投资者对物权的占有和收益权转化为债权或股权等，实质是对物权进行的股权或债权性扩张，它体现的是资产收入导向型融资。

传统融资方式凭资金需求者本身的资信能力进行。证券化则是凭原始权益人一部分资产的未来收益能力来融资，资产本身偿付能力与原始权益人的资信水平被彻底割裂。与其他证券化相比，房地产证券化的范围更广，贷款证券化的对象为贷款本身，投资人获得的只是贷款净利息，而房地产投资的参与形式多种多样，如股权式、抵押式等，其证券化方式也因此而丰富多彩。只有以抵押贷款形式参与的房地产投资证券化才与贷款证券化相似，其他形式的证券化对象均不是贷款，而是具体的房地产项目。所以，房地产证券化包括房地产抵押贷款债权证券化和房地产投资的权益证券化两类。

房地产证券化的两大类别，从银行角度出发，金融机构将其拥有的房地产债权分割成小面值证券出售，从而在资本市场筹集资金，用以再发放房地产贷款；从非金融机构出发，房地产经营机构将房地产价值由固定资本形态转化为具有流动功能的证券商品，通过发售这种证券在资本市场筹集资金。

概言之，房地产证券化是一种以房地产抵押贷款债券为核心的多元化融投资体系，其宗旨是将巨额价值的房地产动产化、细分化，利用证券功能，实现资本大众化、经营专业化及风险分散化，为房地产市场提供充足资金，为投资者提供多元投资机会，以推动房地产业与金融业快速结合的经营模式，既是金融创新，更是投融资方式改革。

三、意义

第一，房地产证券化有助于构建良好的房地产产权运行机制。当前，房地产市场积聚了大量社会资金，流动性差，容易带来风险。实行证券化可利用证券流通性，将房地产这种长期资产同市场短期资金相联系，增强资产的流动性。

第二，证券化使资产持有者分散，如允许保险公司、投资基金、住房公积金等参与，能使整个房地产风险由更多主体来承担，从而大大提高相关主体的风险承受能力。

第三，拓宽房地产建设融资渠道。由于房地产市场快速发展，导致房价过快上涨，国家对房地产进行必要调控，特别对房地产信贷融资从严限制。但房地产市场仍要发展，这里的企业要生存，要进行建设，就必须解决融资问题，当银行信贷资产不能满足融资要求时，就需要通过多种方式解决融资渠道。房地产资产证券化发展为它们提供了多种选择。

第四，为各类不同投资者提供多种不同的投资选择，以分享房地产市场发展带来的成果。

四、房地产信贷资产证券化

房地产信贷资产证券化主要是房地产抵押贷款债权的证券化，这种证券化是以一级市场发行抵押贷款证券的结构性融资行为。

从银行角度看，它表现为单纯为融资拥有的房地产抵押权即债权分割成证券，面向公众出售，以筹集资金，由此形成资金流通市场。从我国目前情况看，抵押债权证券化的发展主要表现：一是规模小，如中国建设银行房地产信贷部经办的抵押贷款业务仅占房贷部贷款总额的 10% 左右，占总行总额比例也不高。没有相当规模的抵押贷款积累，抵押债权证券化难以推行。二是我国住房抵押贷款市场只有一级市场，基本不存在二级市场，由此决定抵押贷款资金流动性比较差。

五、PPP 证券化

近十年来，由于我国公共投资体制变化，为解决政府与公共投资资金不足和民间投资渠道单一等问题，国家已对某些政府与公共投资项目实施 PPP模式，由政府投资机构、社会投资机构共同组成项目建设机构，负责项目融资和具体的投资经营。为解决这种投资项目的资金来源，国家允许这种投资模式在发行基金、债券证券与银行贷款的同时，可以把项目收益权设计成证券化产品在上海、深圳等证券交易所上市交易。根据中国资产证券分析网统计，截至 2018 年 3 月 12 日，全国共有 16 单 PPP 资产证券化产品为两家交易所受理，存续期产品发行规模达 92 亿元，发行期产品规模约 16.8 亿元。

六、权益证券化

房地产投资权益证券化，又称商业性房地产投资证券化，是指以房地产投资信托为基础，将房地产直接投资转化为有价证券，使投资者与投资标的物之间的物权关系转变为债权关系。改革开放以来，伴随资本市场发展，房地产投资权益证券化得到一定程度发展，成为我国房地产证券化发展的主体格局。主要表现在两方面：一是房地产股票市场发展，我国股票市场上市公司几乎 80% 发股票筹集的资金均有一部分流入房地产业。有条件的房地产企业除在两家证券交易所发行上市外，还可在其他场外交易系统上市。这为房地产融资业务进一步扩展创造了条件。二是房地产债券市场发展，我国目前债券市场为房地产开发发行债券有两种，即房地产投资债券和受益债券。由于房地产价格暴涨和随之而来的房地产调控，以及体制变化，这类债券目前已停发。

七、瑞兹证券化

瑞兹是一种基金运作形式，指某基金管理人设计一种基金产品，面向投资者发行，再以集中的资金购买某种商业地产持有，以出租该地产项目所获租金向持有人支付收益的投资方式。根据我国基金业和商业地产发展，2008年，建设部即会同中国证监会组织机构就瑞兹基金问题进行研究，制定出相关的管理规范，拟征求意见后发布实施。因当年国际金融危机爆发，导致此事被搁置，2020 年 6 月 29 日，国家发改委制定《关于进一步做好基础设施领域不动产信托基金（REITs）试点工作的通知》，将保障房（包括各直辖市及人口净流入大城市的保障性租赁住房项目）纳入试点范围。

八、关于房地产资产直接证券化的探讨

前面分别介绍了目前房地产证券化的几种主要形式，包括信贷资产证券化、瑞兹证券化、股权证券化、基金证券化等，这些都是房地产间接证券化。

其实房地产物权本身也可以证券化，即由一定的机构将某种房地产资产的物权，经评估后，分成等额的物权证券，经发行后，再拿到专门的交易场所进行交易。由于这种证券化的操作目前尚无先例，且需要专门的交易场所，故须作进一步研究。

九、积极创造条件进一步发展房地产证券化

随着我国经济社会发展，我国房地产还有较大的发展空间。房地产证券化是发达国家金融创新的产物，在我国也有充分的实施经验。由于目前我国还不能将大量资金投资于房地产，要优先用于农业、能源、交通、原材料、高科技等短线部门，这就决定了我国实施房地产证券化有一定的范围限制。

为了在有限范围内实施房地产证券化，一要通过立法，完善法律环境。如通过修改企业破产法和信托法或制定相关细则隔离证券化资产与发起人、承办人其他资产的关系。

二要做大证券市场规模。我国证券市场虽然发展迅速，但容量和规模还很有限。房地产证券化工具要依赖证券交易所进行交易，房地产证券流通要承受证券市场与房地产市场双重风险，使其在流通中受阻。要通过相关政策发展这种证券的二级市场，解决一级市场发展中面临的流动性、资金来源、信贷集中性等矛盾，通过二级市场促进一级市场发展。

三是我国目前尚无完整意义上的个人信用制度，银行很难对借款人资信状况作准确判断，对个人信贷的贷前调查和对风险评价显得困难。由于个人流动性大、财务收支状况难以确定，银行为减少风险，只好在方式上严控，从而制约了业务规模的扩展。要通过信用立法强化个人信用管理，扩大抵押贷款初级市场，为证券化创造条件。

四是房地产证券化实施难点很多。如会计与税收处理规定不能满足房地产证券化需要等，要通过深化研究，完善制度，避免双重征税，使会计处理保证不同证券化成本与收益。

五是我国房地产证券化研究刚起步，缺乏相关人才，这都成为制约房地产证券化进程的重要因素。要通过相关政策，培养和引进专业人才，并激发他们研究开发房地产证券化的实施模式。

第二十七讲

保障房证券化

一、保障房概念

实行房地产与住房制度改革，从根本上改变了我国居民的住房条件，使大多数居民都能从市场途径满足住房需求，改善住房条件。但也有少数中低收入者难以完全通过市场解决住房问题。为此，国家在放开搞活房地产市场的同时，对部分中低收入者进行住房保障，通过政策引导企业建设部分保障房，解决中低收入居民的居住问题。为此，加快建设保障性安居工程，包括推进城镇棚户区改造等，有利于稳增长，有效改善困难群众的住房条件，促进社会和谐稳定。

保障房即保障性住房，指政府直接组织建设或通过政策引导企业建设的，为中低收入住房困难家庭提供的限定标准、限定价格或租金的住房，一般由廉租住房、经济适用房、政策性租赁住房、定向安置房等构成。

二、有关政策

近二十年来，由于房价的过快上涨，对政府及舆论形成较大压力，为缓解这种压力，转换经济增长动能，国家采取多种措施，特别是金融信贷措施，对整个房地产业进行必要的调控。保障房属房地产业，调控对其也形成较大负面影响，为进一步做好保障房建设，政府及有关部门出台一系列政策，积极支持保障房事业发展，在城投公司融资渠道受限的情况下，引导有关企业实施保障房证券化，使其成为符合国家政策导向的替代性融资渠道。根据中国基金业协会发布的《资产证券化业务基础资产负面清单》（以下简称《负面清单》），列入国家计划且已开工建设的保障房可作为基础资产发行证券化产品，从而使这种保障房证券化成为符合国家政策导向的重要替代融资渠道。

三、保障房作基础资产的要求

保障房证券化有多种概念，此处是指基于保障房未来销售收入产生的现金流作为资产支持证券还本付息来源的债券证券化项目。

由于有关文件将用于证券化的基础资产定义为"符合法律法规规定，权属明确，可以产生独立、可预测现金流且可特定化的财产权或者财产"，因保障房销售本身无法特定化，它未来的销售收入不能直接作为证券化的基础资产。

目前可直接作为基础资产的大类资产分为债权、收益权、信托受益权、门票等权益凭证，其他有关资产需要嵌套于信托受益权模式，方能纳入基础资产。为此，深圳证券交易所对收益权作为基础资产严格规定为高速公路收费收益权、电力收益权、污水处理收益权；债权作为基础资产分为已存在债权债务关系的债权和未来债权，均需要债权有效存在且有合同作依据；门票等权利凭证作为基础资产，则需要采取出售票证形式进行经营，并有明确的法律依据，特定化手段具有可操作性（包括有票号编码、销售记录等）。鉴于此，保障房未来销售收入需要作为底层资产转化为信托受益权方式方能纳入基础资产。

四、项目选择标准

为了保证证券化产品的发行成功，承办单位对项目选择须坚持较高标准：

1. 项目必须四证齐全，最好已办完销售许可证。因为纳入证券化的保障房最终需通过信托贷款给持有保障房的借款人放款，只有四证齐全的项目才能满足信托放款的要求。而且保障房项目最好在半年或一年内开始销售，这样回收的现金才能覆盖项目每年要支付的利息。

2. 项目必须进行市场销售。纳入证券化的保障房项目须向购房者收款或实质向其收款，不能由政府部门或平台回购分配购买。否则该项目就会因符合《负面清单》规定的"以地方政府为直接或间接债务人的基础资产或以地方融资平台公司为债务人的基础资产"条件而被排除进入基础资产。

3. 项目土地、在建工程、受益权及现金流等未设抵押、质押等权利限制。由于这类限制会影响到证券化操作，故存在这些担保要通过专项计划安排，在原始权益人向专项计划转移基础资产时解除相关担保负担和其他权利限制。

4. 纳入证券化的保障房项目还必须是已开发或建成比例超过90%，列入国家保障房计划省级指标的可豁免，因为只有这样的项目可行性才更高。

五、交易结构

由于保障房证券化多采用信托受益权作为基础资产模式，资产支持证券的偿债资金来自计划存续期内的信托收益，实际还款来源为保障房项目未来的销售收入。这种模式既解决了基础资产特定化的问题，又将不确定的未来保障房销售收入转化为确定金额的信托贷款，从而增强了基础资产的稳定性。

同时，由计划管理人设立资产支持专项计划（证券）募集资金，用于向原始权益人购买基础资产，基础资产为原始权益人在专项计划成立之日转让给计划管理人的信托收益权，并以基础资产形成的属于本专项计划的全部资产和收益，向证券持有人还本付息。原始权益人委托信托受托人设立资金信托，从而享有信托收益权。资金信托向借款人发放信托贷款，借款人以其持有的保障房未来的销售收入质押给资金信托，该信托再以质押财产收入作为第一还款来源。

六、增信措施

由于保障房用于对中低收入居民的住房保障，利润空间有限，对这种证券化产品的发行应进行必要的增信。这类措施主要包括两个方面：

1. 对资金信托的增信。一是内部增信——即对应收账款进行质押，即以保障房在特定期间的销售形成的应收账款作为质押，为资金信托提供一定的偿债保障。二是外部增信——即对资金信托提供连带责任担保。担保人为资金信托提供不可撤销的连带责任担保，这种担保具有较强的增信作用。

2. 对专项证券的增信。内部增信分为优先级与次级分层结构。证券也分为优先级资产支持证券和次级资产支持证券，回收现金在优先偿付优先级证券本息，使其依次得到完全偿付后，当期存在剩余现金时，才用于次级证券分配。通过这种分层结构，降低了优先级证券的风险，即以次级证券对优先级证券提供一定的内部信用支持。

再就是以现金流进行超额覆盖，即以各期质押财产现金流对优先级证券本息形成超额覆盖，对优先级证券的兑付形成较好保障，从而降低其信用风险。此外，对专项计划优先级证券本息提供差额补足，差额支付承诺人对优先档资产支持证券的各期预期收益和全部未偿本金的差额部分承担不可撤销及无条件补足义务。若专项计划账户未能按期足额收到信托贷款本息兑付现金款项，计划管理人应于兑付日前的第 8 个工作日向差额支付承诺人发出履行差额支付义务通知，该承诺人应自通知日（不含该日）后的两个工作日内，根据通知要求将相应款项划入专项计划账户。

七、操作实务

1. 发行主体必须是区级及以上城投公司。从目前成功发行案例看，最低级别的发行主体为区级保障房建设公司。

2. 可发证券化产品的保障房类别。保障房一般包括公共租赁房、廉租房、经济适用房和限价商品房等。目前成功发行资产支持证券的保障房类型主要有安置房、限价商品房、棚户区改造房和经济适用房四种。

3. 纳入省级及以上保障房项目目录。发行保障房证券化的项目须纳入国家保障房项目目录，操作中往往纳入省级保障房项目目录即可操作（即以省级住建厅下发文件规定的保障房片区为准，保障房所在地地方政府需对保障房建设有相关批示），项目中有部分商品房的也可纳入基础资产范围。

4. 结构性封顶。证券化操作在向交易所申报前，保障房项目建设进度已达 90% 以上，即大部分项目已结构性封顶。

5. 退出原融资平台。保障房证券化属证监会主管业务，申报这种证券化项目的主体不能同时保留地方政府融资平台地位，为此，该主体须由有关银行申报退出"地方政府融资平台名单",方可申报发行证券化产品。

6. 增信措施。信托本息覆盖专项计划本息应设计为 1.05 倍;资金信托规模与专项计划规模要一致。销售收入现金流对优先级资产支持证券各期本息覆盖倍数通常要在 1.3 倍以上,截至目前已发行的能公开获取数据的案例中,各期本息覆盖倍数约在 1.11 至 1.88 倍之间,平均为 1.19 倍。

7. 销售收入支付本息。保障房证券的偿债资金来源于保障房销售回款。这与城投公司建设保障房获取收入方式不同,原收入方式为 BT 代建收入,保障房证券化中的现金流来源于保障房未来的销售收入,即政府将保障房相关事宜委托给安置服务等公司,该公司与拆迁或其他购房户签订协议,并负责资金的管理和代付,公司再与城投或有关建设公司签订《保障房服务协议》,约定房款支付计划,据此收入房款,再以回收的现金支付证券本息。

八、产品发行情况

由于国家对资产证券化管理分别经历过审批制与备案制,对保障房的证券化产品发行也分为两个阶段。在审批制条件下,总共只有两单保障房证券获批发行,其基础资产为 BT 债权。由于 2014 年年底,上述《负面清单》将以地方政府为直接或间接债务人的基础资产和以地方融资平台公司为债务人的基础资产列入负面清单,BT 债权不能再作为证券化项目的基础资产。此后的 BT 债权类证券化产品发行申请均被驳回。

2014 年年底实行备案制后,根据上述清单,列入负面清单的基础资产包括"待开发或在建占比超过 10% 的基础设施、商业物业、居民住宅等不动产或相关不动产收益权。当地政府证明已列入国家保障房计划并已开工建设项目除外"的要求,保障房作为基础资产的证券化项目得到认可,保障房证券化再次兴起,2018 年房地产行业共发行证券化产品 161 支,规模达 1173 亿元,保障房证券化约占总规模的 42%;2019 年一季度,房企共发行 57 支证券化产品,规模达 429.55 亿元,保障房占比达 55.04%。

根据上述证券化实施情况,保障房证券化对于各地保障房建设融资发挥了重要作用,而且在整个融资中的占比也进一步提高,未来保障房证券化将随保障房建设的发展而具有很大的上升空间。

第二十八讲

基础设施建设瑞兹基金

瑞兹，是英文 REITs（Real Estate Investment Trusts），即不动产投资信托基金的音译，是基金证券化的一种具体形式。瑞兹产生于 20 世纪 60 年代的美国，是一种向投资者公开发行收益凭证，募集资金投资不动产，由专门机构进行管理，投向房地产及相关基础设施项目，并将收益分配给投资者的一种投资方式。其底层资产包括：基础设施、民用住宅、工业、零售、数据中心、医疗、写字楼、仓储、单一或多元经营、木材和度假村等多个领域。

一、必要性

与国外瑞兹不同，我国公募瑞兹的推出，主要基于以下两方面的背景或必要性：

一方面，瑞兹起源于房地产领域，但逐渐延伸到整个基础设施领域，全球瑞兹在基础设施建设领域占比超过 30%，美国占比接近 40%。我国当下发展基础设施建设瑞兹，是经济发展和改革创新的迫切需要，也是中国特色社会主义审时度势的选择。发展瑞兹有利于集中社会资金投向符合产业政策的基础设施项目。

另一方面，由于经济起飞，我国经济已从增量时代步入存量时代，基础设施体系规模庞大，存量资产远超 150 万亿，适合瑞兹投资标的的资产规模超 50 万亿元，基础设施资产类别全、规模大、收益好，具备区域一体化联动和集聚优势。我们探寻瑞兹十余年，因受限于政策、法律滞后，迟迟未能出台。证券投资基金法修改生效，增加私募基金后，房地产基金虽可设立，也主要限于企业私募发行，应用范围较窄，规模也很小。一直无法与国际上标准的瑞兹相提并论。瑞兹由于公募发行，具有广泛群众基础，是防风险、去杠杆、稳投资、补短板的有效政策工具，是投融资机制的重大创新，既有助于盘活存量资产，形成存量和新增投资的良性循环，也能有效促进基础设施建设发展。

二、法律依据

依据证券投资基金法，中国证监会会同国家发改委于 2020 年 4 月 24 日发布《关于推进基础设施领域不动产投资信托基金（REITs）试点相关工作的通知》，2021 年 8 月 19 日再发《公开募集基础设施证券投资基金指引（试行）》，分别就瑞兹发行管理的相关问题作出规定。2021 年 6 月 29 日国家发改委发布《关于进一步做好基础设施领域不动产投资信托基金（REITs）试点工作的通知》，就做好基础设施领域不动产投资信托基金试点项目申报等工作作出具体部署。

2021 年 1 月 29 日，上海证券交易所发布《公开募集基础设施证券投资基金（REITs）业务办法（试行）》《公开募集基础设施证券投资基金（REITs）规则适用指引第 1 号——审核关注事项（试行）》《公开募集基础设施证券投资基金（REITs）规则适用指引第 2 号——发售业务（试行）》；2021 年 4 月 30 日发布《公开募集基础设施证券投资基金（REITs）业务指南第 1 号——发售上市业务办理》《投资者风险揭示书必备条款指南第 4 号——公开募集基础设施证券投资基金（REITs）》。深圳证券交易所同时发布相应的瑞兹发行交易规则。这些文件的发布实施，共同构成瑞兹试点的法律框架。

三、审核发行

上述文件对瑞兹操作的基础资产、土地性质、份额发行、权属转让、资产规模、现金流稳定与收益等，以及原始权益人的资质、运营条件等均作了严格限定。无论是国企民企，均可进行相关项目申报，最根本的要求，是底层资产现金流稳定和项目权属清晰合规。审核程序一般由省级发改委对项目出具专项意见后，将项目推荐给中国证监会，由证监会审核后，转沪深证券交易所履行注册程序。然后由企业负责发行、交易和项目实施。在整个程序中，项目能否能否顺利实施主要尺度掌握在发改委环节。

四、产品结构

首批公募瑞兹整体框架结构比较规范，均实行"封闭式公募基金—资产支持专项计划—项目公司—项目"的结构，本架构借鉴类瑞兹的双 SPV 框架，以符合法律的相关要求。这种产品结构涉六类主体：一是原始权益人（基础设施项目的原发起人），二是基金管理人（负责设立公募基金产品，对基础资产进行尽调及运营管理），三是资产支持证券管理人（设立资产支持专项计划），四是托管人，五是运营管理机构（基金管理人或委托专门的运营管理公司），六是有关中介机构（财务顾问、会计师事务所、律所、评估机构等）。

根据上述架构，基金和资产支持证券管理人必须为同一控制方下属的具有公募牌照的基金管理公司和证券公司，托管人须为同一家机构，运营管理机构由管理人负责，首批 9 只公募 REITs 的运营管理机构均为原始权益人或其关联方，此举确保项目运营稳定。

五、发行情况

2021 年 6 月 21 日，首批 9 只瑞兹基金在沪深交易所发行上市，标志着我国瑞兹基金正式启动。9 只产品上市除首日外，其余时间价格整体表现平稳，波动较小，成交量和换手率维持在较低水平。11 月 12 日，又有两只瑞兹获批发行，分别是建信中关村产业园封闭式基础设施证券投资基金、华夏越秀高速公路封闭式基础设施证券投资基金。其中前者属于产业园类，合同期限 45 年，募集份额 9 亿份，交行为其基金托管人。标的资产包含 3 栋物业，均位于北京海淀区中关村软件园。

后者为特许经营类资产，合同期 50 年，募集份额 3 亿份，中信银行为托管人，标的资产为汉孝高速（全长 35.996km）及相关构筑物资产组的收费权，该项目为湖北武汉至十堰高速公路起点段，是福银高速（G70）的重要组成部分。

事实上，第二批共申报 4 只基金。除上述两只外，还有华夏中国交建高速公路、国泰君安临港东久智能制造产业园还未获批。

六、运行稳健

首批 9 只瑞兹发行，机构投资者与公众投资者参与热情高，9 只产品当时均触发超额配售，共募集资金 314 亿元。从市场表现看，首批瑞兹产品上市首日均高开收涨，平均涨幅 5.21%。截至 11 月 17 日，9 只产品收盘价较发行价平均涨幅为 17.7%，其中中航首钢绿能 REIT 和富国首创水务 REIT 分别涨 30.9% 和 27.46%。上市 5 个月，底层资产运行平稳，二级市场表现良好，其原因有三：一是首批基金底层资产均为成熟优质基础设施，投资人认识其资产的稀缺性。二是市场投资需求旺盛，9 只产品有 2 只认购倍数在 10 倍以上，平均认购倍数为 7.89 倍，私募基金，商业银行、券商等资管机构均有参与。三是在目前稳健收益优质资产稀缺的背景下，瑞兹除底层资产强制分红收益外，收益还包括资产增值和二级市场交易流动性溢价，风险收益比具较大吸引力。

除走势良好，9 只瑞兹中已有部分产品开启 2021 年度首次分红。11 月 11 日，中航基金披露中航首钢绿能 REIT 分红公告称，此次分红采用现金分红方式，分红方案为 5.1541 元/10 份基金；同日，中金基金发布中金普洛斯 REIT 第一次分红公告称，此次分红采用现金分红方式，分红方案为 0.5220 元/10 份基金。

七、政策支持

为了促进瑞兹事业发展，政府相关部门陆续出台措施予以扶持。2021 年 11 月 17 日，银保监会发文同意保险资金投资公募 REITs。11 月 5 日，工信部、中国人民银行、银保监会、证监会四部门联合发布《关于加强产融合作推动工业绿色发展的指导意见》提出，支持在绿色低碳园区审慎稳妥推动基础设施领域不动产投资信托基金试点。此外，国家发改委表示，将协调推进一批具有吸引力的交通运输领域 PPP 项目、REITs 项目，吸引和撬动社会资本，充分发挥铁路建设项目前期工作等机制作用，协调解决用地、环保、资金等重点难点问题，保障项目要素需求。随着这此配套政策的实施，瑞兹事业将呈爆发之势。

八、存在的问题

通过半年运行，瑞兹呈现快速增长态势，但也暴露一些问题。归纳起来主要包括以下几点：

一是优质资产仍显不足，虽然整体看，我们的优质资产很多，但匹配到具体项目，往往因主体限制，能用作基础资产的优质资产还显不足。上市种类也比较单一。

二是社会公众投资者的参与程度较低，虽有不少机构参与，但因散户参与不多，导致产品的流动性较弱。

三是回收资金用途不明确区分，扩募机制不完善，使有关主体参与积极性不是很高。

此外，还有税收政策不匹配；管理人管理要求高，专业运营管理水平不足等。这些问题都需要在试点过程中逐步研究解决，以更好发挥其促进投资体制改革和公共基础设施建设的作用。

第二十九讲
艺术品拆分交易的本质

一、背景

2008 年 10 月 12 日，国务院办公厅印发《文化体制改革中经营性文化事业单位转制为企业的规定》和《进一步支持文化企业发展的规定》，两份文件规定的文化体制改革中经营性文化事业单位转制为企业和支持文化企业发展的精神，极大地激发了有关主体和市场的积极性，从而引爆了文化艺术品市场的一波暴涨行情。

与此同时，市场上有关机构关于艺术品份额化交易的探讨与方案设计，又为一些机构进行这种份额化交易的试点提供了理论支持，为此，天津文化艺术品产权交易所和一批交易机构开始了这种文化艺术品拆分交易的试点。

二、乱象

所谓艺术品拆分交易，指某一件艺术品价值太大，不方便进行一次性转让，例如，一幅齐白石或李可染大师的画作，估值一两个亿，这种艺术品尽管有很多人欣赏，愿意收藏或购买，但真正能够买得起或实际购买的人却很少。为此，便有机构根据上述设计，把这种艺术品经过评估，如评估两个亿，再将该估值拆分成 2 元或 1 元一份，即一亿或两亿份，做成一个资产包，再将该资产包拿到文化艺术品产权交易所进行竞价交易的交易模式。在 2011 年前后，不少国内文化艺术品产权交易所都开展有这种艺术品拆分交易。

最早开展艺术品拆分交易的交易场所是天津文化艺术品产权交易所。该所开设的艺术品拆分交易曾经异常火爆，据称有标的价格最高炒涨两千倍。

三、关于拆分交易的性质探讨

文化艺术品拆分交易的标的原本为艺术品本身，因其价格太高而拆分为等量的份额，经这种拆分，用于交易的标的即不再是艺术品本身，而是它的拆分价值总量和拆分份额。买方买到的也只是该艺术品份额的代表，即艺术品部分物权与知识产权的价值份额，这种份额代表的本质属性应为证券。

所谓证券，即指一定机构发行的，能够证明某种财产价值，并能用于转让或交易的票券。艺术品拆分份额，即由该上市机构发行的，能够证明其艺术品份额财产价值，并拿到某交易所进行竞价交易的票券，它的本质即为该艺术品物权与知识产权证券。

由于艺术品物权与知识产权证券所对应的艺术品在交易中处于静止状态，不像公司股权能够通过生产经营获得增值，有学者认为，这种艺术品不能创造价值，没有现金流，因而不能进行拆分交易。故在2011—2013年国家对艺术品交易等进行的清理整顿中，明文禁止这种艺术品的拆分交易。

事实上，艺术品本身虽然不产生价值，但在收藏或交易中，因时间的延续，数量的减少和人们的追逐，同样会增值，既然能整体转让或交易就应该能进行拆分交易。通过近十年比特币的产生与交易以及暴涨，人们即能清晰地看到，在证券交易中，不仅艺术品，任何有形产品，甚至虚构产品都能将其设计成证券进行拆分，只要能迎合人们的某种需求，就能进行交易，包括进行连续竞价交易。

四、交易乱象与清理整顿

由于当时的艺术品拆分交易与其他产权交易各地一哄而起，没有统一的规则，加之投机气氛过浓，产生了诸多问题，如国务院发布文件指出的，一些地区为推进权益（如股权、产权等）和商品市场发展，陆续批准设立了一些从事产权交易、文化艺术品交易和大宗商品中远期交易等多种类型的交易场所。由于缺乏规范管理，在交易场所设立和交易活动中违法违规问题日益突出，风险不断暴露，导致群体事件，从而引起社会广泛关注。为此，国务院于 2011 年发布《关于清理整顿各类交易场所切实防范金融风险的决定》（简称 38 号文），明确各省级地方政府作为省内交易平台的清理整顿监管主体。

38 号文作为清理整顿的纲领性文件，主要明确与规范内容包括：一些交易场所未经批准违法开展证券期货交易活动，有的存在严重投机和价格操纵，这些问题必须及早采取措施坚决予以纠正。除依法设立的证券交易所或国务院批准的从事金融产品交易的交易场所外，任何交易场所均不得将任何权益拆分为均等份额公开发行，不得采取集中竞价、做市商等集中交易方式进行交易；不得将权益按照标准化交易单位持续挂牌交易，任何投资者买入后卖出或卖出后买入同一交易品种的时间间隔不得少于 5 个交易日；除法律、行政法规另有规定外，权益持有人累计不得超过 200 人。各省级人民政府要对本地区各类交易场所，进行一次集中清理整顿，其中重点是坚决纠正违法证券期货交易活动。

根据 38 号文，国务院办公厅发出第 37 号文，对上文要求进行了细化。在接下来的清理整顿中，中国证监会、商务部等多个部门机构均出台了细化文件，对相关交易场所进行全面清理整顿。

五、文交所存在问题探讨

经过整顿，一批非法设立的交易场所被取缔，一批场所得以存续并规范，过度炒作交易得到纠正。事后分析，艺术品拆分交易无疑是一种创新，但因市场孕育程度和认识方面的原因，也存在不少问题，以最早开展拆分交易的天津文交所拆分交易分析，作者认为主要存在以下问题：一是组织者自己都不太清楚交易标的是什么，有人问："你们交易的标的是什么？"答曰："艺术品。"再问："你们的艺术品不是在陈列室吗，那这里交易的是什么？"再答："是艺术品拆分单位。"艺术品拆分单位代表的就是一种权利，既然是权利代表的就应是证券或类证券，这种交易就应是证券交易。二是由于不知道交易标的是什么，便找错了主管机构。一般说，普通交易场所和产品的监管应由地方政府负责。但根据法律，如果是证券交易，其主管部门应是证监会，而不应是当地政府，当地政府主管的一个最大问题是强调扶持会多一些，而在专业监管方面会有所忽视。三是交易机构缺乏公信力。该交易所当时只是一个普通的交易企业，是一家私营控股公司，前两大股东均为地产开发商，公司成立后一直未开展业务，股东之间关系也比较暧昧。虽经地方政府有关部门批准，但地方部门与中央部门对此问题有所分歧。只是普通企业组织公开连续竞价交易公允性受质疑。四是规则变化太快。据称该交易所交易规则几个月内多次变化，开始规定每天涨跌不超15%，后改为不超10%，再后来又规定每天不超1%，最后改到每月合计不超过20%，这种公开竞价交易规则一经确定，不到万不得已不能随意更改，多次更改即会引起混乱。五是进入资金太多，产品太少。资金进入过多，产品数量过少必致爆炒。六是"得罪了人"，据称由于当时这种交易异常火爆，导致一些拍卖公司经营困难，难以为继，所以有人据此向有关方面进行投诉和举报。

六、整顿很有必要，"一刀切"也有问题

通过上述分析，我们认为，从2011—2013年进行的艺术品和其他交易场所的整顿是非常必要的。但在整顿过程中，有些具体政策规定也存在问题，需要研究和探讨，例如，"一刀切"地要求整顿后的交易机构只能进行现货交易，而当时的现货交易因前期市场暴涨后回落，仅做现货，这些机构大多难以为继。

又如，整顿要求不得将权益按标准化交易单位持续挂牌交易，任何投资者买入后卖出或卖出后买入同一交易品种时间间隔不得少于5个交易日；除法律、行政法规另有规定外，权益持有人累计不得超过200人。这些规定事后看都出了问题，例如，要求"不得将权益按照标准化交易单位持续挂牌交易"，许多机构都做不到，事后不得不重开或变相开展这类交易。规定"任何投资者买入后卖出或卖出后买入同一品种的时间间隔不少于5个交易日"，这样的规定即所谓的T+5，严格来说，这种做法就是"拍脑袋"，违背市场规律。因为艺术品拆分交易既然作为一种连续竞价交易，它就是一种投资工具，就不应该限定它的持有时间，为降低投机程度可以限定当天买入不能当天卖出，但规定T+5却有问题，事实证明这样的规定基本行不通。

七、艺术品拆分交易有市场

从 2011—2013 年，包括后来一些地方进行艺术品拆分交易的经验来看，艺术品拆分交易有着广阔的市场。一是我们有很多产品，特别是一些大宗产品，价格很高，超出大多数人的购买能力，他们想买又没有那么多钱买下整个产品；二是很多人愿意收藏大师的作品，但该作品数量有限；三是许多人看到一些艺术精品的增值潜力，想参与买卖分享增值收益，所以把这种产品拿来进行评估，再进行拆分交易，或进行授权复制交易，具有比较大的市场，国家应对这种交易模式进行必要研究，形成一套健全和规范的做法，以便更多的人能参与交易，分享它的增值。

八、应对艺术品拆分证券交易模式进行必要发展和监管

既然艺术品拆分交易有着广泛的市场需求，消费升级又导致居民消费欲望的大幅增加，赶不上他们收入增长的矛盾，迫切需要市场为他们提供一种新的连接投资和消费的工具。把艺术品和其他一些消费品设计成证券与实务两便交易，即能在很大程度上满足不同投资与消费者的需求，为他们提供新的投资选择。为此，建议监管机关把艺术品拆分交易作为一种新型证券交易或证券与实物两便交易进行深入研究，适时出台一套有效的规范和监管方法，从而推出这种规范的交易市场和产品，为投资和消费者提供更多的交易选择。

第三十讲

邮币卡交易事实上
是一种两便交易模式

一、邮币卡交易的由来

2011 年前后，由于国家大力倡导发展文化事业，并对艺术品等公开交易市场进行清理整顿持续三年多，整顿结束，相关文件明确禁止艺术品证券交易，规定经整顿后存续的艺术品交易场所只能进行艺术品现货交易。

然而，经过 2011 年前后的艺术品价格暴涨，市场理性回归，除极少数高档精品还能稳中有升外，许多艺术品市场价格大幅下跌，有的跌幅高达 90% 以上，多数艺术品经营机构难以为继。

为了在这种国家禁止做证券，市场不接受一般艺术品现货交易的夹缝中生存，有的艺术品交易机构尝试开展所谓的邮币卡交易。

邮币卡交易中的邮，即邮票，指国家邮政机构若干年前按规定发行的邮票，尘封一定期限后，把它拿来做成资产包进行交易。币，即为各种形式不同的纪念币，指国家相关机构过去一定期限前为纪念某种事件或人物等而发行的纪念币，经过一定期限，再把这种纪念币拿到有关交易所来交易。卡，即邮政卡，指由邮政部门印制的各类电话卡、体验卡、首日封等，将其拿到交易所上市交易。这三类产品的交易统称邮币卡交易。其实在开设邮币卡交易的同时，这些交易场所还连带推出了陈香、南红、粮票、茶叶等艺术品资产包交易。

将邮币卡产品做成资产包进行交易，由于包内产品都是单体的，既可以批量交易，也可以直接交割提货，而且这些产品本身就是具有收藏和使用价值的实物，即使监管机关来查，交易的也实实在在是邮币卡等实物，不检查时，购买者买入后既可提货，也可不提货而取走提货单，待一段时间后，该标的增值，卖出提货单回收本利。不增值也可再提现货。这种交易从整顿后的监管要求看，标的本身是符合文件要求的。

二、邮币卡能不能交易

邮币卡能不能交易，这个问题问得似乎很荒唐，但它又实实在在的存有争议。某权威人士提出，邮票就是印刷符号，怎么能进行交易呢？他的原意可能是想说，邮票这种印刷品不宜进行连续的竞价交易。结果说话一省略，就变成了邮票是印刷符号不能交易。印刷符号不能交易，那为什么人民币可以交易，能够用于购买任何商品的支付工具呢？所以我们有些领导或权威讲话本身就不够严谨。

三、三种交易结果都不理想

邮币卡交易最早从南京文交所做起来，后漫延到数十个交易场所都有交易。总体看，交易效果都不太好。由于这种市场是不完全竞价的小众交易市场，参与交易的投资者有限，操作机构本身对此也不太熟悉。最后交易结果大体形成三种情况：

一是发行者上市很少数量的标的产品，通过做市把标的价格炒高，在炒作过程中吸引散户介入，再在高位时把筹码逐步全部卖给他们，自己全身而退，从而把散户都关到山顶上。

二是发行人前次赚钱后，又带一批人如法炮制，另找交易所上新产品，但由于散户之间互通信息，在新市场为避免再次被关，待行情走到一多半甚至只有一半时，他们就自行卖票走人，发行人本来还在奋力做市并吸引散户进场，但先进的散户却卖票走人，新人也不再进入，从而把这些发行人，即庄家给关在半山腰里。

三是一些机构和散户互帮互助，推升价格，把标的产品价格炒到一两百倍，指望以此吸引更多新人入场，再把筹码倒给他们，但因监管趋严，散户学精，新人不进，从而使原有的发行人和散户共同把自己关到山顶上，谁都下不来，不管谁下来，都会引起整个交易的崩盘。

可见以上三种结果，对发行人机构来说，都是既损人又不利己。

四、问题出在做市没经验

上述三种结果表明，邮币卡电子交易是一种小众型的有限竞价交易，这种交易，因参与人员有限，交易不活跃，经常出现有人卖无人买，有人买无人卖，或一段时间无人买也无人卖的情况。故对这样的交易必须有机构来做市，而且这类做市机构和人员还需要有较高的技巧能力和职业道德。

然而，由于我国证券市场发展时间不长，加之我们所有证券交易几乎都是公开竞价的大众交易，很少有邮币卡这样的小众化竞价交易市场，三板开设有了这样的市场，也有了这方面的实践，但还没积累起类似经验，而且整体看，三板的做市也不算成功，因此目前对做市大家都没有经验。

所以，整体看，大家对小众化的连续竞价交易做市都不熟悉，都缺乏经验，所以邮币卡交易出事也在情理之中，根本原因不在市场本身，而在做市机制不健全，当然还有理论和制度方面的原因。

五、关于邮币卡交易的性质

毫无疑问，邮币卡交易本身是一种实物交易。但从另一个角度，以至于后来的交易情况来看，它远不止实物交易这么简单。因为在这种交易中，我购买 100 张邮票，当时确实可以把它作为实物付款提走，但也可以买了不提走。不提，就需要交易所付给一个凭据，以证明我当时已购买了 100 张邮票，并已付足全款。事后的任何时候，我本人或我委托的代理人都可以持该凭证（或提货单）来此提取实物。

如果当时不提实物，事后也没提，过了一段时间，这种交易标的价格上涨，我又可以把该凭证拿去卖掉，回收本利。这时我卖掉的是什么呢？显然不是邮币卡实物本身，而是提货单。但提货单又是什么，它为什么能出卖？原因在于，它是 100 张邮票的代表，严格来说，它就是这种邮票的证明票券，简称证券。

由此可见，这种邮币卡交易就是一种两便交易，也就是说，我在交易中，或事后一段时期内，既可以提取邮币卡实物，也可以根据交易行情变化决定到底是提取现货，还是卖出证券，即这是一种具有两种方便选择的交易模式。

六、两便交易开启一种新模式

本质上说，邮币卡交易是一种两便交易，是有关交易机构应对市场和监管要求过程中，无意中发现的一种新的交易模式。在这种交易中，投资或购买者随时可以根据需要，提取邮币卡实物，进行使用或收藏，他也可以持有提货凭证不动，过一段时间，待标的增值而将其卖出获利。

这种两便交易模式一旦产生，就注定要在很大程度上改变我们的生活。当前我国经济生活由于消费升级，使消费已由过去单一的衣食消费阶段，逐渐发展到目前衣食、住行、文游和康寿四个阶段并列。与此同时，我们的收入虽然有较多增长，但增长比例远赶不上消费升级的变化速度，因此不得不把过去80%用于衣食消费的收入比例分配到各不同的消费类别中，从而使衣食消费比例大大缩小，导致那些与衣食消费相关的生产领域产品大量积压，效益大幅下降。

然而，从消费者的实际消费情况看，他们对衣食住行的消费并非没有或不需要，只是由于消费种类增加而收入赶不上这种需要导致的对衣食住行等消费的减少。如能通过邮币卡类的两便交易，把衣食住行相关产品设计成两便交易，就可以吸引大量的居民参与交易，并可以所赚的钱扩大衣食类产品的消费，赔钱也可以直接提货消费，而不致发生实在的亏损。以此模式开展交易，即能在较大程度上促进实体经济和产品交易。

七、对邮币卡交易进行整顿是必要的

通过上面的分析可以看出，邮币卡交易是在对艺术品等交易市场进行清理整顿过程中产生的一种交易模式。这种交易总体来说，由于制度缺陷和机制欠缺，对这种交易进行清理整顿是必要的。通过整顿，对于一些确有潜力并能促进实体经济和消费的交易品种，可以在整顿规范后允许继续交易，而对于在此过程中产生的两便交易模式，则建议在对其进行认真研究总结提升的基础上，应用到其他商品交易中，以便推动和活跃整个商品交易，以此促进实体经济和大众消费的发展。

第三十一讲

期货证券化为供求双方提供
价格发现与套期保值服务

一、概念

期货交易（Futures），现货交易的对称，指以某种大众产品，如棉花、大豆、小麦、石油、橡胶、钢材、铜铝等及金融资产，如股票、债券、股指等为标的设计的标准化合约，而以保证金方式进行交易的交易模式。

期货交易实行保证金模式，交易者只要支付足额保证金，即可买入或卖出标的合约，但要交割提货则必须等到交易期满，并足额支付保证金与结算价之间的差额方能进行。正常交易期间，如遇价格下跌或上涨致保证金不足时，持仓者必须追加保证金，否则，经纪人有权强制平仓；反之，遇价格上涨或下跌产生利润，持仓者也可以卖出持仓，变现本利。

虽然期货交易标的是各类大宗商品，但由于它已从这些商品种类中分离出期货合约，所以实际交易的就是合约，即使合约代表的是商品，但直接交易的也是合约，它本质上是一种证券，故而期货也是资产证券化的一种特殊形式。

二、产生与沿革

期货萌芽于欧洲，最初的交易是从现货远期买卖发展而来的。而最早的期货市场则是江户幕府时代的日本。由于当时的米价对经济及军事活动形成重大影响，米商会根据食米生产及市场对食米的期待而决定库存食米的买卖。

第一家现代意义的期货交易所是 1848 年成立的美国芝加哥交易所，该所 1865 年确立标准合约交易模式。20 世纪 70 年代，芝加哥 CME 与 CBOT 两家交易所进行多项产品创新，推出金融期货品种，令金融期货成为期货市场的主流产品。80 年代，芝加哥交易所推出电子交易平台。进入 90 年代末，各国交易所出现收购合并趋势。

中国古代有粮栈、粮市构成的商品信贷及远期合约制度。在民国时期，上海设过多家期货交易所，市场一度疯狂热炒。伪满政府也曾在大连、营口、奉天等 15 个城市设立期货交易所，主要经营大豆、豆饼、豆油期货。

新中国成立后，期货交易绝迹几十年，至 1992 年郑州设立期货交易所展开热炒，引爆新时期期货交易。当时各省同时开设 50 家以上的期货交易所，经过 1994 年与 1998 年两次整顿，保留的期货交易所只有上海、大连和郑州期货交易所三家，其中上海期货交易所经营能源与金属期货，后两家交易所主要经营农产品期货。

2006 年 9 月 8 日，中国金融期货交易所在上海设立，首项推出沪深 300 股指期货，后陆续增加多种交易。目前，四家交易所上市品种价格变化对国内外相关产品交易产生深远影响。

三、功能

期货交易作为一种特殊的交易模式，具有以下功能：

1. 发现价格。期货交易是公开进行的远期交割商品合约交易，参加交易者来自全国各地，甚至包括海外客户，他们依据对各种信息的不同理解，通过公开竞价参与交易，形成不同时期的交易价格，这种交易形成（发现）的价格具有连续性、公开性和预期性特点，对未来的现货和期货交易都会形成直接影响。

2. 套期保值。即在现货市场买进或卖出一定量现货，同时在期货市场上卖出或买进与现货品种相同、数量相当，但方向相反的期货商品，以一个市场的盈利弥补另一市场的亏损，达到规避价格风险的目的。期货交易之所以能保值，是因为某一特定商品期现货价格同时受共同经济因素影响，两者价格变动方向一般是一致的，但由于交割机制的存在，远离交割期的期现价差距较大，临近交割期，两价又具趋同性。通过两货间不同时段的价差可以有效进行期限套利，保值利益。

3. 回避风险。期货交易的产生，为现货市场提供了一个回避价格风险的手段，其原理是利用期现货两个市场进行套期保值交易。在实际生产中，为避免价格变化导致成本上升利润下降，生产者可在期货市场买进或卖出与现货市场数量相等但交易方向相反的合约，使期现货市场交易损益相互抵补，锁定成本或价格，保住既定利润，回避下跌风险。

4. 融资。对于大宗商品消费者而言，为了回避未来价格上涨风险，他可以保证金方式购入期货商品，由于保证金只占全部价款的零头，购买必要的期货商品，只要支付少量保证金即可，相对购货价值总量，它与保证金之间的差额即等同他获取的融资额，而且通过这种交易，赶上价格上涨，还能获得一笔不小的收益。

四、交易特点

1. 保证金交易。期货交易要求交易者必须在账户存入足额初始保证金方能参与交易。初始保证金是交易者开仓所需交纳的资金。它根据交易额和保证金比率确定，我国现行保证金比率为交易金额的 5%—20%，国际上一般在 3%—8% 之间。

2. 双向交易。期货与股票交易一个最大区别在于，期货的一个产品可以同时进行双向交易，可以买多也可卖空。价格上涨时可低买高卖，下跌时可高卖低买。做多可以赚钱，做空同样可以赚钱，所以说期货无熊市，熊市股市会萧条，而期货却仍充满机会。

3. 费用低。国家对期货交易不收印花税等税费，唯一费用是交易手续费。目前三家国内交易所手续费都在万分之二三，加上经纪公司的附加费用，单边手续费不足交易额的 1‰。

4. 多倍杠杆。期货交易保证金制度使交易者无需支付全部资金，即能购货，国内期货交易最低只须支付 5% 的保证金，即可获得未来交易的权利，使交易者资金量最多被放大 20 倍。假如某日铜价涨停，操作方向正确，资金利润即高达60%，是股市涨停板的6倍。

5. 实行"T+0"交易模式，当日买入可以当日卖出，这样能使交易者资金应用达到极致，把握趋势可以随时交易，随时平仓。

五、保证金比例

期货保证金交易要求交易者必须在账户存入足额初始保证金，此资金为交易开仓所需资金。数量根据交易额和保证金比率确定，如大连商品交易所大豆保证金比率为5%，如客户以2700元/吨的价格买入5手大豆合约（每手10吨），他须向交易所支付6750元初始保证金。他在持仓中会因行情变化而产生浮动盈亏，因而账户实际用来弥补亏损和提供担保的资金可能随时增减，浮动盈利增加保证金余额，亏损则减少余额。

当保证金余额低于维持持仓保证金时，交易者必须在规定时间内补充，否则在下一交易日，经纪机构有权予以强行平仓。

六、产品分类

期货交易品种总体分两大类：一是商品期货，具体分为工业品（包括金属商品与非贵金属商品、能源商品）、农产品以及其他商品。二是金融期货，主要为传统的金融商品，如股指期货、利率期货、汇率期货以及各类期权等。

按照上述分类，目前国内交易所开展的商品期货主要包括农产品期货，如大豆、豆油、豆粕、籼稻、小麦、玉米、棉花、白糖、咖啡、猪肉、菜籽油、棕榈油等；金属期货，如铜、铝、锡、铅、锌、镍、黄金、白银等；非金属期货，如橡胶、PTA等。金融期货包括部分股指期货与外汇期权等品种。

七、结算与交割

结算，指根据期货交易所公布的结算价格对交易双方的交易盈亏状况进行的资金清算。

交割，指期货合约到期，根据交易所规则和程序，交易双方了结到期末平仓合约的过程。期货交易的了结（即平仓）方式通常有两种：一是对冲平仓。对冲平仓经清算抵销双方权利义务。二是实物交割。实物交割即以实物交收方式履行交易责任。因此，期货交割是交易双方在合约到期时，对各自持有的未平仓合约按规定履行实物交割，了结其交易的行为。实物交割在期货合约总量中占比很小，但正是因为实物交割机制的存在，才使期货价格变动与现货价格变动具有同步性，并随合约到期日临近而逐步趋近。

实物交割就其性质来说，是一种现货交易行为，但在期货交易中发生的实物交割则是期货交易的延续，它处于期货市场与现货市场交接点，是两市连接的纽带，所以，实物交割是期货市场存在的基础，也是该市场两大功能充分发挥的前提。

八、基本制度

期货交易是一种风险收益比较高的交易方式，为了保证交易双方的利益并防范风险，交易所对其实施一系列交易制度，主要包括：

一是持仓限额制度，指期货交易所为防范操纵市场和防止风险过度集中于少数投资者，对会员及客户持仓数量进行限制的制度。超过限额，交易所即可按规定强行平仓或提高保证金比例。

二是大户报告制度，指会员或客户某品种持仓投机头寸达到交易所限量80%以上（含本数）时，会员或客户应通过经纪会员向交易所报告其资金、头寸情况等。大户报告制度是与持仓限额制度紧密相关的又一防止操纵价格、控制市场风险的制度。

三是实物交割制度，指交易所制定的，当合约到期时交易双方将合约所载商品所有权按规定进行转移，了结未平仓合约的制度。

四是每日结算制度，期货交易所实行每日无负债结算制度，要求每日交易结束，交易所要按当日结算价结算所有合约的盈亏、对各交易方的交易保证金及手续费、税金等费用进行清算，就应收应付款项同时划转，相应增加或减少会员结算准备金的制度。

五是涨跌停板制度，指期货合约在一个交易日中的交易价格波动不得高于或低于规定的涨跌幅度，超过该幅度的报价被视为无效，不能成交的制度。

六是强行平仓制度，指会员或客户的交易保证金不足，并未在规定时间内补足，或者会员或客户持仓超出规定限额，以及会员或客户违规时，交易所为防止风险进一步扩大，实行强行平仓的制度，包括对违规者有关持仓实行平仓的一种强制措施。

七是风险准备金制度，指期货交易所从收取的交易手续费中提取一定比例，作为确保交易所担保履约备付金制度。风险准备金设立的目的，是为维护期货市场正常运转而提供财务担保和弥补因不可预见风险带来的亏损。

八是信息披露制度，即为保障投资者利益、接受社会公众监督，要求经营者依法将自身财务变化、经营状况等信息和资料向监管部门和交易所报告，并向社会公开或公告，以便投资者充分了解情况并进行监督的制度。

第三十二讲
大宗商品现货交易

一、概念

大宗商品现货交易，特指通过电子网络进行的大宗商品批发交易模式。在经济生活中，大量大宗商品因季节、供求或突发事件等因素影响，会发生价格的剧烈波动，为平抑这种波动，引导价格变化，并指导生产厂家的生产经营。国家或有关机构依法设有期货交易所，交易相关期货品种，引导厂家进行价格发现和套期保值经营。

然而，国家设立的期货交易所数量有限，上市品种与数量也比较局限，很难满足整个社会对各类大宗商品的套期保值和价格发现等需求。为了指导本地某些大宗商品，特别是有地方特色的大宗商品的生产经营和交易，各地陆续设立了若干种专业的大宗商品交易所或交易场所，如上海钻石交易所、广州农村产权交易所、天津渤海商品交易所等。这些大宗商品的现货交易机构，推出各类大宗商品现货交易，对于指导生产，发现价格，引导消费发挥了重要作用。

二、交易机构

专业从事大宗商品现货批发交易的市场，即为大宗商品交易市场，也称现货市场，它是由有关企业组织经地方政府有关部门（金融办和商务局）批准设立，并依法注册的企业机构，如中国花生商务网，即由市级政府职能部门批准设立，并由商务部与发改委等职能部门机构进行业务指导的花生产品网上交易场所。这类机构的宗旨是，组织有关大宗商品现货批发交易，特别是电子交易，以帮助企业与客户、供货商及合作伙伴间建立密切的合作关系，发展会员来市场上市产品或参与投资交易等，在增加收入的同时，培养客户的忠诚度，通过提高订单处理效率等降低成本。

三、乱象与整顿

2010 年以来，随着各地文化艺术品交易、贵金属交易和大宗商品现货交易的兴起，各地陆续设立了一大批各种类型的交易所和交易场所，总数近千家。这些交易所或交易场所开设的大宗商品现货交易，虽然对本地经济发展和商品交易发挥了巨大的促进作用，但也存在一哄而起、鱼龙混杂、投机过度、市场操纵、金融诈骗等现象。也有一些交易借鉴期货模式实行保证金制度，但在资金存管、货物交接、物流运输等方面存在较多问题。故在 2011—2013 年的交易场所清理整顿中，对这类交易场所一并进行了整顿。

经过清理整顿，各级政府批准的大宗商品交易所或交易场所仍有数百家，包括北京市 35 家，上海市 38 家，广东省暨深圳市 113 家，浙江省 65 家，江苏省 48 家，山东省 22 家，河南省 18 家等。这些交易所或交易场所有的是部际联席会议予以备案的交易事场所，如中国技术交易所有限公司，有的是按新设交易场所程序通过审批备案予以保留，如北京大宗商品交易所有限公司，以及其他交易场所。这些机构在以后的清理整顿中又有不小变化。

四、关于期货与现货的讨论

多年以来，对于大宗商品现货交易存在较大争议。由于这种交易许多采用保证金或定金交易制度，与期货交易具有较大的相似性，为此，有人将其视为变相期货。

由于我国期货交易所数量和交易品种十分有限，不可能辐射全国所有种类的产品和数量，各地根据本地情况必须开设多种多样的这类市场，而这些市场交易很难完全按照现货交易一手交钱一手交货的做法，在许多情况下都只能做远期现货，而远期现货交易若都实行全额付款订货，又会加大买方负担，从而影响交易的活跃性。为此，许多地方这类交易只能在夹缝中寻求出路。经过探索，为与期货交易相区别，他们提出了将保证金或定金定在20%以上，与期货5%—20%的做法相区别。

另外，国家对期货交易暂不征收相关税收，而地方这种大宗商品交易需要征收增值税等税收，为回避这样的矛盾，地方商品交易往往采取当月交易当月平仓的做法，以此回避相关税收。通过这类探索，暂时平息争议。

五、大宗商品现货交易性质

既然大宗商品现货交易在交易当时不可能提取现实货物，只能在交易后一段时间进行货物交割，这样一来，交易当时支付的就只能是相关合约或合同。这种合约或合同体现的虽然是大宗商品现货，如煤炭、铁矿石、玉米、苹果等，真正交付货物也是几个月或半年、一年以后，当时交付的就只能是合同或合约即提货单。毫无疑问，这种合同或合约是某种商品的代表，所以从本质上说，这种合同或合约仍是一种证券或类证券。区块链交易的出现，又使他们获得一个新的名称，即"通证"。既然是证券或类证券，那么这种交易方式也是资产证券化的一种普遍方式。

六、大宗商品现货交易的一般做法

大宗商品现货交易市场由各地政府及职能部门根据本地实际和特点自行审批设立，因各自的地理位置、产品特点、所处环境不同，做法都不一样，大体说来，对以下一些方面的做法大同小异：

1. 交易原则。各地商品交易在当地政府及业务主管部门的领导和支持下，贯彻"公平、公正、公开"的交易原则，为商品生产贸易企业和合格投资者提供相应的商品交易服务，包括为交易商提供开户、实物交收、融资融货、产品上市等服务，致力打造大宗商品定价中心、信息发布中心、商品交易中心和物流配送中心，从而取得大宗商品现货市场的定价和话语权。

2. 交易方式。各地交易多以双向 T + 0 模式进行，可做多也可做空，资金当天交易，可反复使用。入市资金多采用20%或更高比例保证金交易方式，门槛相对较低，手续费适中。也有进行全价交易。

3. 资金结算与托管。经清理整顿后的大宗商品电子交易，大多与全国性大型商业银行或本地主要商业银行合作，能为交易商提供资金结算和第三方存管服务，有的还开发有独创性的保证金托管划转系统，能有效实现交易商自有账户和交易所保证金清算专户间的无缝对接，既能保证交易商资金安全存放，又能实现保证金的方便进出。

4. 物流运输。大多数交易场所围绕上市品种，建有多家遍布产地、销地和集散地的交割仓库网络，能为客户提供高效、安全的实物交割运输服务。有的交易机构为增强国际贸易功能，还建立了国际物流中心。

5. 价格发布。不少交易场所通过主流媒体，如新华社、中央电视台、人民网、中央人民广播电台的本地机构，以及第一财经、和讯网、东方财富网等媒体采集并发布相关价格信息。

6. 上市品种。根据各交易场所的不同情况，分别上市交易有关金属、非金属产品、农副产品、中药材原料等。并根据当地需要和市场需求，不断适时推出新的上市品种。

7. 交易群体。包括相关现货商、批发商、金融投资人士，特别是白天工作忙没时间盯市的投资人士和一些散户。

七、大宗商品现货交易也是两便交易

前面谈到大宗商品现货电子交易，因为交易当时不能提取现货，能提走的只能是凭证，这样一来，这种交易同样具有艺术品或邮币卡等交易标的相类似的情况，买入人需要消费或需要经营的，他就可以持有筹码等到期提取现货，如果他不是中间商或不等标的商品消费使用的，也完全可以等待增值或赚取差价。从这种意义上说，这种交易同样具有一些两便交易的特征。这类产品在地方交易中，如果能有比较好的规范和指导，就可以在很大程度上促进当地经济的活跃度和消费，从而促进实体企业和经济的发展。

八、适用电子商务法

大宗商品现货电子交易从平台角度看，就是一种电子商务业务，无论该平台是交易所还是交易中心，其法律地位都是电子商务运行平台。2018 年 8

月31日，全国人大常委会审议通过了电子商务法，该法对电子商务交易平台经营者的职责和权利义务等内容作了相应规定，该法第二条第一、二款规定，中华人民共和国境内的电子商务活动，适用本法。本法所称电子商务，是指通过互联网等信息网络销售商品或者提供服务的经营活动。但第三款注明，"金融类产品和服务，……不适用本法"。据此我们理解，大宗商品电子化交易总体应适用本法，如把交易做成金融产品就应排除适用。但如前所说，有些大宗商品做成准证券类是否适用，就有待法律解释进一步明确了。

九、有关探讨

2020年"两会"期间，习总书记提出要逐步形成以内循环为主，内循环与外循环相互促进的新发展格局。新格局要求，新增产能要更多地销往国内，即由国内消化。国内消化面临两个问题，一是居民有无消费欲望，二是有无那个财力。对于前者，我们勿需担心，随着消费升级，人们的消费欲望快速增长，大大超过了可支配财力的增长，为此国家要采取有效措施提高居民收入水平。

通过研究我们发现，目前所有的实物交易都是在产品成本价以上进行的，由此形成批发价与市场价，从而使交易成为消费性交易，低于成本价销售即造成企业亏损。如果我们将交易前移，将产品的形成过程拿来交易，即能使该产品从"0"或"1"开始，这样就能使我们的交易扩大几倍甚至几十倍。而且所有交易的赚钱机制都是前面赚后面人的钱，如能使一个产品的交易量扩大几倍、几十倍，即可形成巨大的利润空间，从而使交易参与者获取较大的收益，他们完全可以以这种增加的收益来消费交易标的。交易组织者也完全可以强制参与者以一定收益比例来提取实物。目前笔者已进行过这方面的尝试，并已收到成效。还在进行进一步试验，而且这种交易可将原批发价作为交易的提货价作为这种前期交易的结算，而吸引原批发商来此提货继续他们传统的交易，从而实现整个交易的闭环。这种前移的交易可称之为投资性交易，而与原消费性交易相对应。

第三十三讲
数字货币交易的本质是证券交易

一、从区块链说起

互联网与物联网的产生、发展与广泛应用，从根本上改变了人们的生活，提高了社会生产效率。通过"两网"，企业产品与服务能瞬间卖到世界各地，消费者也可以便利地买到世界各地的产品或服务，并能通过区块链进行产品溯源、保质、防伪、传播。但即便如此，现实中的人、财、物也不能直接进入互联网或物联网。任何产品或资产，以及每个人的采购与交易信息进入"两网"，都必须先变成数字信息，再通过设备输入网络，瞬间传到各方，实现交易。虽然"两网"如此"神通"，它们也只是设备和网络构成的系统。伴随"两网"的发展，陆续产生了一批专门从事网络数据运营业务的企业和机构，例如淘宝和腾讯等公司的相关部门。

它们通过一定的设备与系统，在网络中把不同主体生成并传入的信息接收下来，进行登记、分类、整理、保管、加工、传输、溯源、交易与保密等。这类对各种上传数据进行接受、登记和管理的机构与系统，对数据信息进行存储的介质，即为区块，这种区块根据一定的链接进行存入与调用即为区域链。它本质上属于分布式网络数字资产的记账、登记和管理库。由于这种区块是分散的，去中心化的，它接收存储的数据总体包括两大类：一是底部计算数据，专门用于与其他区块的计算链接；二是应用数据，用于面向客户的具体应用。

159

二、数字货币的必要性与产生

随着网络数字资产管理与交易的产生和发展，客观上需要一种专门的网络货币作为支付工具，以便进行计价与交易支付。而网络性货币最好由某个大国或国际组织出面，组织若干国家的央行共同设计。但在当今社会，无论由谁出面组织，新产生的货币都会对现有各国主权货币产生冲击。所以至今都没有，也很难有一个主权国家或国际机构愿意出面做这样的事。

正是在这种背景下，一个叫中本聪（音译）的美国人完全出于推出独立于政府与社会组织的现金系统，以回避货币超发与通胀目的设计出一个程序，然后将其散落于网络系统，让人们上网去通过计算进行"挖矿"，谁挖到归谁。这位传说中的设计者到底是一个人，还是一个小组不得而知。而这个由大家自行挖掘，后来被火爆交易的程序即为比特币。

在比特币之前，人们只是以普通视角看待网络数字运营系统。而在比特币等数字货币交易日益热络甚至疯狂后，人们才以异样眼光对待它，并通过对它的研究了解，从而认识区块链，将其作为"两网"中的一种特殊事物与技术，专门运营该技术的企业机构也开始得到人们的关注与青睐。

三、暴涨

经过十余年的发展，比特币的交易总量已由最初的几万美元，上涨到最高时的上万亿美元，价格也由最初不到一分钱人民币一枚，涨到最高时达到近七万美元。数字货币的种类也陆续发展到数千种，在一些国家引发监管机关的强烈关注与严格整顿。在美欧等国家和地区也可以直接用于交易的支付。

四、关于数字货币性质的争论

如上所说，比特币原本就是一种游戏。网络现金系统，由于完全产自网络，没有发行主体，没有资产锚定，从而也基本没有价值。但随着近十年的交易与炒作，它的地位已发生重大变化。现在如再说它不是"币"，恐怕许多人都不大认同。因为马克思在《资本论》中论述货币属性时提出，货币是一种特殊商品，它是随着商品交换的产生而产生和发展起来的，作为货币，它具有五大功能：一是价值尺度；二是支付手段；三是流通手段；四是储备手段；五是世界货币。按此功能衡量，比特币似乎都已具备，因而简单否认其货币属性恐怕不太客观。

当然，说比特币是货币，也不能把它与各国主权货币相提并论。它虽具备一些货币功能，在一些国家能兑换各种货币，甚至直接购买商品，但仍不能作为大多数国家的主权货币（萨尔瓦多政府将其作为法定货币除外）。它虽能在一些国家或地区直接用于购买商品，也不能把它与该国的主权货币相混淆。

五、数字货币的两功能

在十多年的发展中，数字货币逐渐形成了两大功能：一是支付功能；二是交易功能。

从支付功能来说，由于比特币交易由冷到热，有人开始考虑它的将来，为它找出路。他们先是找到一些中小商店或超市，建议对方在日常交易中试着接收比特币。这样的建议自然会遭拒，但如果有人能定期来回收他们收取的比特币，这些商家们何乐而不为呢。通过这样的工作，使比特币等数字货币慢慢落实了应用场景，逐渐发展成为实际的商品交易支付手段，在一定范围成为一般等价物。特别是经过 2008 年前后的金融危机和近两年新冠肺炎疫情中的表现，比特币不仅一直上涨，而且许多知名企业也参与其中，从而使其供不应求。随着应用范围的扩大，这种功能也逐渐扩大。

无论是比特币或是其他虚拟币的最初功能除了游戏与支付，就是交易。但虚拟的数字货币为什么能交易，而且能被炒到那么高，它有价值吗？很多人都会这样问。事实上最开始的比特币等虚拟币几乎是没有价值的，即使有，这个价值也是微乎其微，所以最初的交易一分钱能买好几个。可见当时的价值可以忽略不计。为什么可以忽略不计的价值又能被炒上千万倍？这得从它的性质说起。

严格来说，比特币等几无价值的虚拟币能被炒高，就因为它被当做证券。只有证券这种东西才能被炒成千上万倍。尽管有不少人刻意回避数字货币交易的证券性质，将其称之为通证或托肯，都不能掩盖这种交易的证券性质，因为只有证券交易才能吸引无数的人以其暂时不用的钱来此博一个机会，从而将其炒到极致。如果我们从证券的角度来审视，即从本质上认识数字货币交易，从而采取相应措施对其进行规范，并纳入相关的监管，即能使其更好地发挥作用。

六、数币四种类

随着比特币与其他数字货币的产生、发展与应用场景变化，它已逐渐分离出四种不同的类别，并各自发挥不同的作用。一是政府发行的数字货币；二是企业内部的数字货币；三是虚拟币，即互联网发展初期，一些机构出于游戏等定位进行设计的虚拟程序，如早期的比特币，后来的莱特币、怀特币、以太坊等；四是对应资产或交易的数字货币。（具体参见下一讲）

七、各国政府的监管探索

随着数字货币的产生与发展，日本、印度、英国、美国、俄罗斯等国家和我国央行都已开始对它进行关注、研究和进行监管尝试。

日本基于对比特币等数字货币的认识：一是许可数字货币交易所的设立与运营；二是由政府支持的多家银行拟联合发行第一个虚拟币（但至今仍未发出）；三是针对第一例盗窃巨额比特币恶性犯罪进行侦查，强化对投资者的保护；四是于2016年修改资金结算法，将虚拟币规定为一种支付手段，修法的最大目的主要是"反洗钱"，列入监管对象的是虚拟货币交易机构。为划定监管范围，该法给"虚拟货币"进行定义，但在定义中也特别强调其不是"货币"。

俄罗斯政府对数字货币交易比较宽容，不仅不禁止，而且许可设立相关交易所，从而使这类交易快速发展。这在一定程度上对冲减轻了西方国家对其进行制裁的压力。

美国政府对数字货币的态度开始比较暧昧，既没明确禁止，也没承认合法。虽如此，它仍许可了比特币的期货交易。同时，美国政府也在密切关注整个数字货币的发展动向，2018年2月，众院两次召开会议对其进行听证，并对 Facebook 公司拟发币行为进行临时叫停。

八、我国对数币的整顿与禁止

目前我国对整个虚拟数字货币实行的是完全禁止的政策，这种态度是经多年关注，并针对某些特定问题采取措施后逐步形成的。

对于虚拟币与 ICO 代币的发行与交易经历了一个由关注到禁止的过程。2017 年 8 月以前，国家对比特币等交易总体态度是观察。到 2017 年 1 月，由于比特币等数字货币交易快速发展，在较大程度上被一些人用于套汇，对外汇流出等起到推波助澜的作用，国家一度默认其交易而限其暂停提现，3 月开禁提现却禁提外币。至 9 月 4 日，央行等六部门又根据虚拟币交易与 ICO 代币发行中的乱象，公告对其全面禁止。

九、央行正在研究法币数字货币

中国人民银行早在 2013 年即会同有关部门提出防范比特币等交易风险的意见，并于次年开始进行相关研究。2016 年初又召开数字货币研讨会，明确央行研发人民币数字货币的战略目标。当时提出先筹备央行数字货币研究所，负责数字货币技术和应用研究。该所当年年中挂牌，内设七个部门。研究所挂牌意味着我国央行开始研究法币性质的数字货币，经过几年的研究设计，人民币数字货币已逐渐完善，正在全国十几个地方进行试点。

十、等待法币数字货币

既然数字货币是"双网"发展的客观需要，央行也已研究出实施方案，现在的一切就等该方案的出台实施。一俟方案试行取得成果，就可能确定相关的数字货币能否发展的政策定性。如果允许这类数字货币及其交易和融资方式的存在和发展，那就将为我国企业和经济发展提供一种新的融资和交易工具。当然，这一切都必须纳入严格的监管之下。

在 2019 年 8 月举行的一个学术研讨会上，中国人民银行研究局局长王信透露，近年来，全球很多央行都在研究中央银行数字货币，即法定数字货币。6 月中旬 Facebook 发布加密货币项目 Libra 白皮书，加强了一些央行官员的紧迫感。我国央行对法定数字货币的研究已经有颇多成果，现已明确央行数字货币功能设定是取代 M0（即现金），实行双层运营模式和技术中性等设计。这与其他很多央行的目标具有一致性。我国目前现金使用越来越少，由于信用卡等支付工具的普及，特别是微信、支付宝被广泛使用，我国货币数字化的程度已经非常高。2008 年年末，流通中的现金（M0）余额为 3.4 万亿元，相当于当年 GDP 的 11%；而 2018 年年末，M0 余额为 7.3 万亿元，相当于当年 GDP 的 8%。作为比较，2018 年 12 月美国 M0 余额相当于当年 GDP 的 7.9%。这种支付环境使我国发行法定数字货币具有较好的基础，同时说明我国目前发行法定数字货币可以更加从容。为此，我们首先需要明确，发行法定数字货币要实现什么目的。在此基础上，再确定法定数字货币的基本运行框架以及与其他数字货币的关系。

第三十四讲
数字货币四种类及其未来前景

区块链与数字货币的发展在很大程度上刺激着人们的敏感神经，并已开始影响和改变人们的生产与生活，但多数人对此并无所知，也存在不少误解。上一讲我们已对数字货币的发展情况，各国的监管探索和我国目前采取的禁止性措施等政策作了大体介绍，并谈到了数字货币的四个类别，但对其性质、作用、法律属性以及未来的发展并未涉及。本讲拟就此作出简要介绍和探讨。

一、政府发行的数字货币

数字货币是未来网络交易的一种必需的支付手段，政府作为国家管理机器和货币发行与货币政策实施主体，出于领导和监管网络发展运行的目的，既有必要，也有权力发行数字货币，而且根据政府职能和权力，它可以发行三类不同类型的数字货币：

一种是主权货币的辅币或称数字化。即将每年新增加的法定货币的一部分放进区块链，作为法定数字货币，用于网络交易的支付。目前我国 M2 的总量大体为 230 多万亿元，每年增长率在 8％ 左右，可将这个增加量的一定比例，例如 20％—30％，或者再多一点，放到区块链中，作为数字货币支付工具。对于主权货币的数字化，目前国际上许多国家都在积极部署中。

二是可以参照比特币的做法，发行一种虚拟数字货币。2017 年下半年，日本有关银行即在政府支持下拟发行一种叫 J 币的虚拟币，并限定它与日元本币按 1:1 兑换，但该币直到今天也没发出来。

三是以某种国有资源，例如石油或黄金等为基础，发行一种数字货币，如委内瑞拉发行的石油币。

三种数字货币形式，我国国家及政府部门均可发行，但从操作可行性来看，还是以发行第一种更为有利，因为人们更为熟悉，文化也更为接近。即使需要发行后两类，也宜在第一类数字货币发行运行平稳后再考虑。

二、企业内部的数字货币

一些企业除内部员工外，还有大量客户或消费者。这些企业与客户的业务交易频繁，如完全用法币交易，会出现因资金占用量大，企业没有足够货币资金用于周转，和因成本过高而导致的经营困难。为解决这一问题并活跃交易，它们便对企业内部或会员的某些交易实行代币支付，即以发行企业内部货币（代币）或积分的方式用于内部交易。例如，腾讯公司内部实行的 Q 币交易，以及一些航空公司或银行实行的飞行与信用卡积分。还有微信、支付宝等第三方支付中使用的支付工具都具有这样的性质。

由于这些企业的客户或消费者遍及全球，这种企业将内部货币或积分放入区块链，从而成为用于本企业内部支付的数字货币。当然，这种企业内部的数字货币只能在本企业内部应用，不得扩大应用到本企业范围以外。

对于企业内部数字货币的开发及应用，目前国家总体上既不倡导，也不明确禁止，而由有关企业根据自身情况自行研究与开发利用。经国家核准用于相关支付的范围可适当扩大。

三、虚拟币

即互联网发展初期，一些机构出于游戏等定位进行设计，但慢慢也能进行交易的程序，如早期的比特币，后来的莱特币、怀特币、维卡币，以及一些被称为"山寨币"的虚拟数字货币。随着数字资产管理与交易的发展，有的虚拟币逐渐对应了实体交易，成为某些交易的一般等价物。一旦出现这种情形，这种数字货币即不再属于虚拟币。反之，所有虚拟币如果不能做实，不能对应实体交易或资产，在其运行一段时间后，当参与者失去兴趣，就必然会消亡，绝大多数虚拟币的最终命运必然如此。

四、对应资产的数字货币

前面说到一些虚拟币经过一段时间的发展和创新，特别是由有关机构做工作，一些实体企业开始接受某种虚拟币作为支付手段，甚至慢慢适应其作为一般交易的等价物，如现在的比特币可以在许多国家直接兑换美元、欧元、日元、澳元等主权货币，在若干国家或地区，也可以拿它直接购买商品和用于其他消费，自此，这种能兑换主权货币并能直接用于消费的虚拟币即不再是虚拟币，而变成了"实币"。

当然，无论在哪个国家，它都不属于主权货币，除非政府或该国央行发行或认可的虚拟币才可能有这样的地位。日本政府通过修改《结算法》，把比特币等虚拟币作为一种特殊的支付手段加以认可的做法，超出了大多数人的认知范围，从实施两年多的效果看，也没引起太大的实施问题，这一点可能会引起世界多数国家及研究机构的思考。

除此以外，由于虚拟币开始做实，能用于支付，特别是火爆的交易，引起一些企业的思考：自己何不以其股权、债权、物权、收益权、经营权等资产为基础，发行部分数字货币，进行融资，以解自己企业的资金困境呢？基于这样的思考，不少企业付诸行动，即将本企业股权、债权、收益权、经营权、物权、知识产权等权益设计为数字货币，拿到有关交易场所进行交易，从而形成了以这种实际资产为基础而发行的数字货币（即 ICO），使其成为一种新的融资手段。

此做法一经成形，即得到企业界，特别是一些文化类企业的积极效仿，在美国等一些国家的企业机构也有这样的尝试。我国企业反应快的纷纷开始以本企业某种资产发行数字货币，融入比特币、以太坊等数字货币，再以这种数字货币兑换本币，解决本企业的经营资金需要，在 2017 年三季度前后，仅我国各类企业发行的这种 ICO 代币即达几千种，有一个临时设立的文化企业即发行近十种这类代币。

五、国家对虚拟数字货币的禁止

正是由于 ICO 代币发行与交易的火爆，导致部分参与者近乎疯狂，各种欺诈、狂炒、操纵、违规融资等违法活动泛滥成灾，为遏制这种无序等违法犯罪活动的漫延，中国人民银行、中央网信办、工业和信息化部、国家工商总局、中国银监会、中国证监会和中国保监会联合发布《关于防范代币发行融资风险的公告》，公告明确指出：近期，国内通过发行代币形式，包括 ICO 进行融资的活动大量涌现，投机炒作盛行，涉嫌从事非法金融活动，严重扰乱了经济、金融秩序。公告要求准确认识代币发行融资活动的本质属性，并明确指出："代币发行融资是指融资主体通过代币的违规发售、流通，向投资者筹集比特币、以太币等所谓的'虚拟货币'，本质上是一种未经批准非法公开融资的行为，涉嫌非法发售代币票券、非法发行证券以及非法集资、金融诈骗、传销等违法犯罪活动。"有关部门将密切监测有关动态，加强与司法部门和地方政府的工作协同，按照现行工作机制，严格执法，坚决治理市场乱象，发现涉嫌犯罪问题，将移送司法机关。

公告同时申明，代币发行融资中使用的代币或"虚拟货币"不由货币当局发行，不具有法偿性与强制性等货币属性，不具有与货币等同的法律地位，不能也不应作为货币在市场上流通使用。任何组织和个人不得非法从事代币发行融资活动。自公告发布之日起，各类代币发行融资活动应当立即停止。已完成代币发行融资的组织和个人应当做出清退等安排，合理保护投资者权益，妥善处置风险。有关部门将依法严肃查处拒不停止的代币发行融资活动以及已完成的代币发行融资项目中的违法违规行为。

自此，上述代币发行与交易以及整个虚拟数字货币的交易活动被全面禁止。

六、关于数字货币未来的探讨

随着"两网"技术的发展，数字货币将在很大程度上取代纸质货币，这是一种网络经济社会发展的客观必然。这样一来，数字货币的发展前景就成为人们极为关注的焦点。

毫无疑问，各主权国家的央行大多都在关注和研究数字货币，特别是主权货币的数字化问题，因而它的发展与运用将会对各国及世界经济的未来产生深远影响。

法定货币实行数字货币形式不仅节省发行与流通成本，还能提高交易或投资效率，提升交易活动的便利性和透明度。因此，未来数字货币的主体肯定是由各国央行发行的法币数字货币，它不仅能保证各国金融政策的连贯性和货币政策的完整性，对货币交易安全也会起到重大保障作用。数字货币的"留痕性"和"可追踪性"还能提升各类交易活动的便利和透明度。同时，随着区块链技术的广泛应用，全国甚至全世界统一的账本将畅行其道，每笔交易都能得到追溯，各类逃漏税、洗钱等违法行为将能有效纳入监管。

当然，央行发行数字货币的运行模式可能还是有中心的分布式体系。央行作为法币发行主体，要控制货币发行以及组建区块链清算体系。以前央行只与商业银行发生业务，由商业银行与企业和个人打交道。实行数字货币交易，央行可能要与所有企业和个人打交道。央行控制自己的区块链，负责调整货币供应量和系统维护。不仅如此，还可以以区块链设计云存储式分布账本，作为所有资金转账清算依据，所有人都能在央行开户，个人、企业与商业银行间的转账可能多以区块链清算，这样能摆脱很多传统业务的局限，极大提高运行效率。得到授权的商业银行将负责区块链系统的写入信息，业务限于理财、保险、存贷款等服务，相应的清算功能也可能不再保留而发生相应改变。

随着人民币数字货币的推出并得到稳定运行，国家将进一步考虑其他数字货币，包括 ICO 代币发行融资问题，根据实际需要，适时作出相关决策。

经过 2017 年以来的数字货币的发行与交易情况，国家进一步看清了虚拟币的危害，在前次全面禁止的条件下，于 2021 年强化执法，将以前禁止后移至国外并通过互联网延伸到国内的各种虚拟币交易作出进一步禁止，并于 2021 年 5 月中旬再明确对各类虚拟币的"挖矿"也予以禁止。当年 9 月 24 日，央行、网信办、最高法、最高检、工信部、市场监管总局、银保监会、证监会、国家外汇局联合发布《关于进一步防范和处置虚拟货币交易炒作风险的通知》，依据有关法律，对虚拟币和相关业务活动的本质属性，建立健全应对虚拟币交易炒作风险工作机制，加强虚拟币交易炒作风险监测预警，构建多维度、多层次风险防范和处置体系，强化组织实施方面的十六个方面的问题作了规定。通知的发布表明我国禁止虚拟币交易工作进入新的阶段，如果说此前对此类活动还有所"放任"的话，自此以后所有相关行为全部纳入打击和禁止之列。

第三十五讲
关于劳务证券化的探讨

一、顶级人才劳务定价难点

党的十八届三中全会《中共中央关于全面深化改革若干重大问题的决定》要求，在市场经济条件下，所有的生产要素，包括劳动、知识、技术、管理、资本和商品都要进入市场，进行交易和资源配置，以充分发挥其效率。在所有生产要素中，包括劳动、知识、技术、管理和商品，都与人相联系，生产要素进入市场，即意味着人也要进入市场。

初入社会的年轻人进入市场找工作，谋职业，社会观念和环境都给予积极支持和鼓励。但除普通人外，还有一些高端人才，包括部分职业经理人、模式设计师、演员等，他们如何进入市场，进行资源配置，是一个比较复杂的问题。

目前，高端人才进市场主要通过两种途径：一是招聘；二是猎头举荐。但这两种方式用人，招聘单位都只能从被聘者的自我介绍和猎头举荐了解被聘者，一是信息很难全面；二是有些介绍难免夸大；三是对一些顶级人才的薪资无法准确评定或者较难满足被聘者的要求，这样就很难充分发挥顶级人才的终极潜能。

二、劳务证券化

在实体经济中，企业将产品投放市场，如果该产品未产出或运输提货不便等，可以将其设计成证券或两便交易模式进行交易，买方当时如不提货，可以当时付款取单，而在事后任何营业时间，自己或委托他人持单提货。更重要的是，对这种交易实行竞价模式，价格随行就市，通过竞价过程有助于发现价格。

这样一来，一个产品如果对它的价值或市场价格没把握，即可通过竞价最终发现其中枢价和终极价。实物交易如此，顶级人才的劳务呢？既然所有生产要素都要进入市场，是不是人的劳务，特别是顶级人才的劳务也能进入市场，做成证券进行交易呢？回答是肯定的。因为所有价格都是无效的，无论你说它怎么合理怎么超值，无人认可都是空的，它只有得到买者的认可，真正拿钱购买才是实在的。通过竞价交易有利于价格实现或被发现。

三、劳务分拆的是时间

劳务进入竞价交易市场，即劳务证券化，是把一个特定人才的某种劳务进行评估后，分拆成等额的交易单位。作为一个特定人才，他身上有什么东西能分离出来进行分拆呢？不可能是器官，也不可能是他的服饰或其他东西，最后能分拆的只能是他的时间，只有时间可以既分离成证券去交易，又不影响他的行动自由。事后他只要根据合同与证券成交买入方意愿安排活动，履行义务即可。

四、影视演员证券化信息披露的借鉴

深圳证券交易所 2013 年 1 月发布《创业板行业信息披露指引第 1 号——上市公司从事广播电影电视业务》，并于 2015 年 2 月作了修订，该文件对影视演员劳务证券作价的信息披露提出要求。文件提出，上市公司与演职人员的合作往往会对公司的未来经营及财务报表产生一定影响。2015 年修订要求公司披露来源于高额票房电影的营业收入区间，对票房收入与公司实际可确认营业收入之间的差异进行强调，要求公司提示相关风险。同时，对上市公司与演职人员的合作提出了具体的披露要求，包括双方具体的合作方式、授权事项、排他性条款等。对于市场普遍关注的明星证券化事项，2015 年修订要求公司除披露估值基础、业绩承诺等情况外，还需对演职人员入股时的出资作价依据进行说明，与其他投资者的入股价格进行对比，并说明演职人员是否有具体的合作安排。

文件要求披露信息应为演职员劳务作价入股的信息，包括合作方式、授权事项、排他性条款，特别是估值基础、业绩承诺等，对此文件并无具体规定，只要求按规定披露信息。至于这种劳务入股后的竞价交易因并入股价故无特别之处。

五、劳务证券化的定价

证券公开竞价交易的特点，是交易的所有产品必须是等额的，而且价格随行就市，有涨跌变化，为此在上市交易前，必须确定一个起始交易价。

股票交易起始交易价，通常按每股收益乘以市盈率加供求形成。这里的每股收益是确定的，市盈率根据交易价格涨跌变化确定，供求往往体现在市盈率中，而且上市后，市场也会有一个自然形成价格的过程。

劳务证券起始交易价的确定比股票难度大。为解决这个问题，可以通过三种价格的比较来确定：一是请当事人自己确定一个价格；二是请某公认的评估机构确定一个评估价；三是由上市机构和承销人共同协商一个起始交易价。然后根据三种价格进行比较形成。

六、劳务方自报价与评估价

第一是自报价。现实生活中，几乎所有人的自报价都不太客观，既有人定得过高，也有人定得过低。我几次讲课时问台下的某学员，把她拆成份额，比方说要她5年内拿出3万个小时去上市，把这3万个小时拆成180万分钟，我问该女士，如果上市标的是你，你觉得自己一分钟交易价应定多少，她开口就说1万块，也有别人说100块。

先不说她值不值1万块，就说这个价格，谁会掏一万块去买她的一分钟？即使有，又会有几个人去参与呢？参与人不多，交易能做得起来吗？我们把你设计成证券是要交易，你报出的价格根本没人参与能成功吗？报价高不行，低同样不行，因为当事人会觉得价格太低丢不起人。

第二是公允的评估价。这个价格只是为了给市场提供一个参考，也就是说，确定交易价时的一个参考因素，比方说某人的一分钟专家评估价大概值多少钱，专家往往按他的工资用时间来除，再加一个权数，当然这是一种计算方法，这样折算的价格具有一定的可行性。

七、发行方定价

前述那位女士所以报出 1 万块一分钟的价格，是因为她混淆了起始交易价与实际价值的概念。对发行方来说，我不管你一分钟要多少或实际值多少钱，那要通过交易去确定。我关心的只是起始交易价。如果你起始交易价定到 1 万块，还有多大交易空间呢？人家用 1 万块买你一分钟，他再按多少钱卖出去，炒一倍就是两万块，市场上有谁愿意拿两万块去买你一分钟呢？如果大家都不买，你的交易目的就达不到，所以这个价钱一定不能定得很高。

既然我们确定劳务证券起始价的目的是交易，是要吸引更多的人参与，通过交易逐渐增值，在过程中发现价格，所以价格定得就是越低越能吸引人，故在当时我给那位学员每分钟一分钱的价格。

当然一分钱并不是她劳务的实际价格，这不过是一个起始价。定这个价只是为了更好地吸引人们的参与。对于这个价格，许多人一看，100 块就能买 1 万份，那就买 1 万或 10 万吧。这样你 1 万，他 10 万，很快就能把全部筹码卖出去。一卖火，别人都想买，但我已卖完，怎么办？要买只能出高价，这就是市场规律。我 1 分钱买的，肯定不可能 1 分或 2 分卖给你，可能 3 分 5 分，甚至可能更高。比特币就是这样被炒起来的。它从最初的不到一分钱、几分钱一枚被炒到最高时近七万美元一枚，就是因为它的起始价定得很低，这样非常有利于交易和炒作，经过一轮一轮的上涨，就可能达到它的本来价值和极限价格，然后再波动形成稳定价格。

八、劳务方对分成证券可待价而沽

劳务证券化交易只能是小众市场交易，这种交易不可能把首次发行费用让劳务人全部拿走。对他的报酬计付往往是支付一个小比例的现金，并支付一定比例筹码的分配方式，比如分配总筹码的百分之十作为报酬或权益，其他筹码作为向市场发行的比例，售出所得也主要用于做市。

对于劳务提供方，发行价定得过低，他可能觉得心理不平衡。由于他分得的筹码不等于他的劳务价值，真实价值要让市场去发现，让竞争作判断。由于价格越低越有利于交易，而定得太低，劳务提供人会觉得价值被低估，利益受损，怎么办？对此他完全可以持筹不卖，任凭价格波动，当其价值和价格上涨到与他的心理价位相当时，再予卖出或分批卖出变现，这时的价格可能比起初始发行价增值若干倍。

第三十六讲
知识产权证券化的探讨与实践

一、概念

知识产权资产证券化概念有广义与狭义之分。广义证券化，指某一知识产权资产或资产组合采取证券形态的资产运营方式；狭义证券化，指以基础资产未来产生的现金流为支持，通过结构化设计进行信用增级，在此基础上发行资产支持证券（ABS），或以知识产权本身经评估后，再拆成等份直接上市交易的经营或交易模式，即用以支持证券的基础资产或上市证券对应的资产不再是实物，而是知识产权。

知识产权证券化实现了知识产权在资本市场中的价值转化，为资本"脱虚入实"，直接进入创新领域打开一条通道，这对于建设多层次金融市场、发展自主知识产权具有重要意义。

二、国外知识产权证券化发展

国际上公认的最早发行知识产权证券化产品的，是美国著名摇滚歌星大卫·鲍伊，他因短期缺少流动资金，于1997年1月通过美国金融市场抵押其音乐作品版权，向社会公众发行为期10年，利率为7.9%的债券，为个人音乐发展募集资金5500万美元，后发行大获成功。

此后，知识产权证券化逐渐延伸至电影、音乐、专利、商标等领域。2003年年初，服饰品牌Guess以14件商标许可使用合同为基础发行总额为

7500 万美元、为期 8 年的债券，由 JP 摩根公司负责包销。

2005 年，哥伦比亚大学与美国知名生物制药公司 Pharma 合作，将该公司研发的 13 种药品专利作为资产池，在资本市场发债筹资 2.27 亿美元。

数据显示，从 1997 年到 2010 年，美国通过知识产权证券化进行融资成交金额高达 420 亿美元，年均增长超 12%。

三、我国发展知识产权证券化的必要性

我国发展知识产权证券化的必要性，可以从以下几方面来理解：一是我国各类知识产权数量越来越大，如何有效运营成为重要课题，迫切需要探索新的运营方式；二是中小企业融资难一直没解决，知识产权融资作为一种新的融资手段需要进一步发挥作用；三是广大企业，特别是中小科技文化类企业知识产权投入变现要求十分迫切，希望在实物转让艰难的同时，有一种其他更有效的选择；四是无形资产在企业资产价值中的比重由过去约占 20% 上升至目前的近 70%，成为企业核心竞争力，需要探索新的经营方式；五是我国科技投入占 GDP 的比重总体较低，根本原因在于成本回收太慢，要通过活跃交易和交易方式，促使市场主体扩大投入。

此外，欧美等国知识产权证券化主要集中在商标、版权等领域，专利方面实践较少，这是由于这些国家科技型中小企业资金来源主要是风投，专利运营方式更多，更灵活。我国国情不同，基本没有这样的优势，因此在知识产权，特别是专利的证券化方面需求更为迫切。

四、中央与地方政府大力推进

早在 2013 年，中共中央、国务院即发布《关于深化体制机制改革加快实施创新驱动发展战略的若干意见》，提出要"在有条件省（自治区、直辖市）系统推进全面创新改革试验，授权开展知识产权、科研院所、高等教育、人才流动、国际合作、金融创新、激励机制、市场准入等改革试验，努力在重要领域和关键环节取得新突破，及时总结、推广经验，发挥示范和带动作用，促进创新驱动发展战略的深入实施"。

中共中央办公厅、国务院办公厅印发的《深化科技体制改革实施方案》

以及国务院发布的《"十三五"国家科技创新规划》直接提出，要"推动修订相关法律法规，开展知识产权证券化试点"。

许多地方政府也出台文件，对此进行大力推动，如广东省《支持自由贸易试验区深化改革创新若干措施分工方案的通知》明确提出，支持在有条件的自贸试验区开展知识产权证券化试点。

在中央与地方政府的积极推动下，资产证券化试点工作逐步展开。

五、我国发展知识产权证券化的探索

早在 2015 年 9 月，北京市文化科技融资租赁公司即作为发起人，在全国首创知识产权融资租赁，即以文化科技企业的专利权、著作权、商标权等无形资产作为租赁标的物，向企业提供资金支持，盘活企业知识产权。三年多来，通过知识产权融资租赁，直接为 400 余家文化科技企业提供超 80 亿元的融资支持，其中中小企业项目占比超过 75%，民营企业项目占比 92%。这种证券化能解决企业租赁的融资，但标的和证券本身却不能交易。

2018 年 12 月 21 日，奇艺世纪知识产权供应链金融资产支持专项计划在上交所成功发行，发行规模 4.7 亿元。项目原始权益人为天津聚量商业保理有限公司，核心债务人是北京奇艺世纪科技有限公司，基础资产为上游合作方与奇艺世纪进行知识产权交易形成的对奇艺实际的应收账款债权。

2019 年 3 月 28 日，在国家知识产权局、中国证监会等部门的指导下，首支知识产权证券化标准化债券产品"第一创业－文科租赁一期资产支持专项计划"在深圳证券交易所成功发行。这是根据中共中央、国务院印发的《粤港澳大湾区发展规划纲要》提出的，要"开展知识产权证券化试点"的要求，以知识产权未来经营现金流为偿付基础而发行的知识产权债券。本产品的成功上市为更多类似产品的发行与上市交易提供有益的经验。

六、关于其他形式证券化探讨

目前国际上知识产权证券化的主要形式是比较传统的 ABS 方式，这种形式对应的证券化资产未来会有预期较稳定的收益，在知识产权领域，它比较适合商标、版权等类别，对专利的操作性不太强，因为专利收益没法预期和稳定。

有专家认为，相比 ABS，知识产权资产更适合发行整体业务资产支持债券（WBS），这种模式将企业整体运营资产作为基础资产，以其产生的现金流作为支持证券化的基础资产。这种想法简单说来，就是将某公司知识产权打包上市，将这部分资产与公司整体收益挂钩，解决稳定的现金流问题。但这种证券操作起来需要一系列制度设计。

横琴国际知识产权交易中心承担着国家知识产权运营公共服务平台建设及金融创新试点平台的建设运行任务，其已在设计知识产权证券化 WBS 产品方面探索了多年。

作者认为，除上述两种证券化类别外，还可以尝试把某种专利权等知识产权经评估后，直接拆分设计成证券，拿到交易所进行上市交易。该知识产权在交易中，既可以接受厂家的使用许可，也可以将产权进行整体转让，以收取转让款或使用费用于支付投资者的收益或对价。还可以将依据该知识产权生产的产品作为提货标的，作这种产品在融资的基础上，还能进行相关的变现。

七、关于上市知识产权的评估增信

实施知识产权证券化的一个难题，是对进行证券化知识产权的价值评估。为更好推进证券化，当务之急是要建立一套比较科学的知识产权价值评估体系，做好评估相关人员的培训工作。随着监管标准、规则的逐渐明晰和配套措施落地，会有越来越多的知识产权实施证券化，为此，需要进行上市前的评估与信息披露等工作。

第三十七讲
关于旅游证券化的探讨与落地

一、概念

旅游证券化，即旅游资产证券化，它是一个由多类别证券化组合的概念，具体指由监管部门主导，证券公司承销，以旅游企业本身或其相关资产为基础，在证券交易所发行有关证券，进行融资并交易的经营模式。因法律关系不同，旅游证券化种类与方法也有较大差别。

目前，做得最多的是旅游企业整体上市的股权证券化，和以旅游企业某种资产为基础发行债券的债权证券化。

此外，还有旅游产品物权证券化、旅游品牌知识产权证券化和旅游线路与景点，以及旅游代言人和导游劳务证券化等证券化品种尚未开发。

旅游企业整体上市是广义的旅游证券化，人们较为熟悉，其他的证券化产品尚未开发，故此处所述主要是以旅游企业某种资产为基础，发行债券的证券化。最近几年，这类证券化发展很快，自2014年到2017年上半年，全国发行总额已突破1万亿元，在银行间债券市场也有1万多亿元的产品。这种证券化是所有狭义证券化产品中增长最快的。

二、意义

2017年9月8—9日，广东旅游产业投融资对接会在广州召开。本次对接会由广东省旅游局、广东省人民政府金融办主办，广东省旅游发展促进中心、广东省旅游控股集团投资有限公司、新旅界杂志社承办。会上，中信证券公司资产证券化业务总经理以《旅游资产证券化路径与要点》为题作了分享发言。

他的发言就旅游证券化的必要性和意义作了论述，认为其必要性主要有以下几点：首先，是拓展融资渠道，从少到多地解决企业融资问题的需要。其次，是实现企业资产评级由低到高的升级需要，如八达岭索道，在公司整体尚未达上市资质前，可先依托基础资产部分实现证券化。再次，是实现公司资产财务报表从劣到优提升的需要，例如，碧桂园公司 2017 年 6 月将所属 14 家酒店打包做成资产证券化产品，实现盘活存量资产，降低负债的目标。最后，通过证券化，撬动社会资本，输出管理，让成熟景区方便进行轻资产输出，实现从低到高，从少到多，从劣到优，从重到轻的经营模式转换。

此外，旅游资产证券化，有些基础资产由多个企业资产构成，分散在多地，涉及多个监管部门，通过证券化能达到监管集中、减少环节的目的，2012 年年底，中信证券公司协助华侨城公司发行的门票证券化，就因涉及北京、上海、深圳三个欢乐谷项目资产，是 2006 年后第一单由多企业资产打包的产品，原始权利人很分散，监管部门也较多，通过证券化实现了集中监管、减少中间环节的目标。

三、基础资产

就目前实施较多的债权证券化而言，它要以某种资产为基础发行债券，对于旅游企业而言，用于这种基础的资产有很多，无论门票，还是酒店资产，或者是特色小镇或 PPP 项目资产，均可纳入其中。由于这种资产本身在证券化过程中并不上市，它只是作为上市债券的基础资产，发挥着担保与增信作用。

四、镜泊湖景区票证证券化案例

2017 年 4 月 27 日，由华泰证券（上海）资产管理有限公司作为计划管理人，东方花旗证券和诚泰仁和公司担任财务顾问的镜泊湖景区观光车乘坐凭证证券产品——镜泊湖景区观光车船乘坐凭证资产支持专项计划，经过 5

轮"博弈",最终在上海证券交易所获得通过。10 月 26 日,该计划第一期证券成功发行,发行规模为 2.611 亿元。该证券以镜泊湖景区未来 7 年运营特定数量的观光车船乘坐凭证为基础资产发行,为当时东北区域首单景区票证 ABS 证券。

本证券的原始权利人为成立于 2008 年 4 月的牡丹江镜泊湖旅游集团有限公司(下称旅游集团),其主营业务包括旅游客运、住宿餐饮、旅行社、旅游纪念品、物业服务,以及部分景点旅游门票(火山口森林公园、镜泊峡谷)等,具有完整的业务链,可为游客提供"食住行游购娱"在内的整体服务,各项业务在镜泊湖旅游市场均居垄断地位,有主导优势。2014 年,集团接待游客约 110 万人次,实现主营业务收入 1.15 亿元。

本计划管理人为华泰证券公司,曾数次参与旅游类 ABS 项目:2014 年 8 月 29 日作为计划管理人,参与广州长隆主题公园入园凭证专项资产管理计划,在上交所成功通过。该项目是当时旅游行业已发行的最大资产证券化项目,发行规模为 32 亿元,期限为 8 年,评级 AA +。该项目以广州长隆集团有限公司作为原始权益人,基础资产为特定期间景区特定数量的入园凭证销售收入。

本证券化的基础资产,为旅游集团下属子公司未来特定期间内运营的观光车船乘坐凭证。该凭证销售收入现金流期限为 2017 年 10 月 20 日至 2024 年 10 月 20 日的特定期限,募集资金用途为建设和运营镜泊湖景区。

计划分级,本计划安排优先级/次级产品结构分层机制,根据不同风险、收益特征,将资产支持证券划分为优先级和次级证券,以此实现基础资产产生现金流对优先级资产证券本金和预期收益的超额抵押,降低了本证券的信用风险。

差额支付,本计划由集团公司暨牡丹江镜泊湖旅游集团有限公司承诺对本证券优先级本息提供差额支付。原始权益人同意对基础资产的最低销售均价以及最低销售数量进行承诺,若在特定期限内,基础资产销售均价低于约定最低销售均价,或销售数量低于约定的最低销售数量,原始权益人承诺分别进行补足数量和金额。

担保保证,牡丹江市国有资产投资控股有限公司为本证券优先级本息提供担保，对旅游集团的差额支付义务和基础资产回售与赎回资金支付义务提供无条件独立不可撤销的连带责任保证担保。

牡丹江市国有资产投资控股有限公司的唯一股东是牡丹江市国有资产监督管理办公室，该公司已成为牡丹江地区较有实力的国有企业，尤其是造纸、传媒业务优势突出，在造纸业具有较强竞争力，传媒业务具有一定地方垄断性和权威性，因此原始权益人信用水平较高，破产风险较低，作为差额支付承诺人的违约风险较小。年营收超 25 亿元的牡丹江市国有资产投资控股有限公司是本证券原始权利人的母公司，在本次资产证券化项目中，以担保人的身份参与。

增信措施，镜泊湖 ABS 优先级资产还本方式为按年付息，到期还本，每年兑付一次；次级资产不设预期收益，各期资金在兑付优先级本息后，剩余资金全部用于兑付次级。评级机构中诚信证券评估公司给予本证券 AA + 级评级，次级不做评级。

五、多种旅游证券化探索

前面谈到目前的旅游证券化，主要是旅游企业上市的股权证券化和以某种旅游资产为基础发行的债券证券化两类。除此以外，还有多种证券化形式可以开发，这些未开发的旅游证券化种类主要包括：

一是旅游纪念品产品的物权证券化。旅游六大功能中一个重要功能是购物，即在旅游景点购买纪念品，这也是旅游的重要内容之一。根据一些地方特点，把某种旅游纪念品物权设计成证券，拿到交易所交易，是促进旅游纪念品销售和消费，提高知名度的重要途径，对于发展旅游具有重要意义。

二是旅游知名品牌知识产权证券化。这是知识产权证券化的一个分支。目前，知识产权证券化是一个社会热点，将某种旅游知名品牌知识产权设计成证券化产品进行交易既推动其融资变现，又推动当地旅游知名度，一举多得。

三是旅游线路证券化。旅游线路是旅游企业核心竞争力之一，具有劳务与知识产权相结合的特点。将成熟线路设计成证券化产品既能促进企业经营，又有利于市场的开发，意义重大。

四是旅游景点证券化。旅游景点是体现当地文化特色的重要载体，这种证券化主要通过公司上市和旅游门票两种模式。实践中也可以将其单独加以评估，分拆成证券直接上市，这种证券化的意义更为有利。

五是旅游代言人和导游劳务证券化。把旅游代言人和导游中的优秀人员的劳务设计成证券产品进行发行上市，对于旅游促进和品牌与知名度提升具有重要意义。

这些种类的旅游证券化对旅游事业发展的某一方面都会起到巨大的推动作用，但由于法律关系、理论研究和监管思路等原因，截至目前旅游证券化尚处议论之中，未能开发出来，有些机构和专家已从事研究，并提出建议。希望这些种类的证券化能加快研究，投入试点，为进一步促进我国旅游事业的发展发挥作用。

六、关于香港旅游交易所的探索

香港旅游交易所是洲际文化与旅游发展（香港）有限公司投资设立的旅游相关产品交易平台，注册资本 1 亿港元，是积探索旅游实物与证券化交易的投资经营机构。

该所采用传统金融交易、一般网上交易、区块链交易相结合的综合交易模式，以"线上交易"为主，实现旅游"全球全行业全元素"的"实物交易、证券交易与两便交易"，交易标的包括全球范围的"旅游景区、旅行社、旅游饭店、旅游车船、度假民宿、航空、高铁、游轮、文旅小镇；旅游经营的物权、产权、股权、经营权，旅游产品、演艺、人物、品牌、创意、文创产品"。这些资产都可以在该交易所进行自由的实物及证券化交易。

该所对交易标的对应的数字资产采用区块链模式进行接收、登记、陈列、溯源、防伪、推广、交易等技术手段进行管理与推广。

交易所的运营由交易所、交易商、上市机构（产权人）、投资者及中介服务机构共同组成。交易商是不同国家及地区具有一定实力和专业度的文化、旅游开发、投资、运营、管理机构。各主体在交易所规则框架、平台系统与技术管理下推出受旅游市场及全球投资者欢迎的旅游实物及证券化产品。

香港旅游交易所创始人以香港旅游交易中心为主体，协同实际控制的

"纽约旅游交易中心""伦敦旅游交易所",坚持以线上运营交易为主的原则运营交易所既定业务。洲际文化与旅游发展(深圳)有限公司具体运营中国大陆线上业务及优质旅游投资项目、产品交易与发布。

香港旅游交易所的收入模式是:交易商交易席位收入、证券交易手续费收入;交易所会员会费收入;交易产品上市费用;平台旅游产品交易佣金收入;期初做市综合收入;咨询服务收入;优质旅游项目投资收益;其他收入。

为便于与世界市场的接轨与交流,交易所大股东洲际文化与旅游发展(香港)有限公司已在全球前三大金融中心纽伦港、纽约和伦敦分别设立交易机构,各类证照已由相关政府部门审批下发。由于2019年年底开始的新冠肺炎疫情影响,该交易所运营整体处于停滞状态。

第三十八讲

保理资产证券化

一、保理概念

英国《牛津简明词典》（1911）对保理业务的定义是：从他人手中以较低的价格购买债权，并通过收回债权而获利的经营活动。该定义未反映债权人转让债权的动因及保理业务的综合服务特征。

英学者弗瑞迪·萨林格在1995年出版的《保理法律与实务》中将保理定义为，以提供融资便利，或使卖方免去管理上的麻烦，或使卖方免除坏账风险而承购应收账款的行为。

美国学者道恩斯·古特曼的著作《金融和投资辞典》（1985）对保理的定义是：公司将应收账款以无追索权的方式转让给保理公司，由其作为主债权人而非代理人追索债权的一种金融服务方式。

概括上述概念和我国实践，保理即保证代理，指在市场经济条件下，一些厂家销售产品后，难以及时回收债权而委托保理机构代为回收的行为。保理机构接受委托后，即以自己的资金先行垫付部分货款，以保证厂家正常生产，然后根据委托票据催收款项，事后进行整体结算的经营行为。

2014年中国银监会公布的《商业银行保理业务管理暂行办法》规定，保理业务是以债权人转让其应收账款为前提，集应收账款催收、管理、坏账担保及融资于一体的综合性金融服务业务。债权人将其应收账款转让给商业银行，由商业银行向其提供下列服务中至少一项的，即为保理业务：一是应收账款催收；二是应收账款管理；三是坏账担保；四是保理融资。

二、保理资产证券化

随着保理业务的发展，从事这类业务的企业大量产生。然而这些新设企业大多因资金短缺难以开展业务。保理公司是盘活企业，特别是中小企业应收账款的"救星"。但这类"救星"的自有资金往往有限，为解决它们的融资问题，保理资产证券化应运而生。

保理资产证券化，指保理公司出于融资需求，将从卖方手中受让的缺乏即期流动性，但具有预期稳定现金流的应收账款集中起来，形成应收账款资产池，并对该资产进行信用评级和分层，将其转变为可流通证券，再予以交易的行为。保理证券化属企业资产证券化，它起源于美国，至今已有 40 多年的发展历史。

三、交易结构

保理证券化的交易结构，是由证券公司根据原始权益人，即保理公司的委托，设立并管理某项保理资产支持证券（计划），计划由该保理公司负责转让、管理基础资产，同时作为差额支付承诺人，担保人进行担保承诺，有关银行作为监管银行提供资金监管服务，托管人提供资金托管服务，产品推出后在预定市场进行发行与交易。在整个交易结构搭建中，有关律师事务所、会计师事务所和评级机构深度参与并提供相关咨询。

四、监管机关发文与首单产品发行

借鉴国外做法及我国企业应收账款业务发展要求，为指导券商及基金子公司开展证券化业务，中国证监会于 2014 年 11 月发布《证券公司及基金子公司资产证券化业务管理规定》等文件，将资产证券化业务由原审批制改为备案制，使该业务进入"常态化"发展。

根据相关规定，企业应收账款可作为证券化"基础资产"，这为保理公司证券化融资提供了明确依据。此前，除某些大公司所属保理公司可获银行授信资金外，多数一般保理公司都处于资金紧张状态。上述文件的出台为保理公司融资建立了一条便捷的通道。

恒泰证券公司与上海摩山保理有限公司于 2015 年 5 月 20 日合作发行"摩山保理一期资产支持专项计划"。该计划的成功发行，成为国内首单保理资产证券化项目，成功募资资金 4.38 亿元，为保理与资产证券化合作拉开序幕。随后，核心企业供应链保理 ABS 急剧爆发，2017 年该规模已突破 800 亿元人民币，成为继小贷、融资租赁资产证券化后又一个资产证券化领域。

五、业务模式

根据国内保理证券化资产组成情况，其模式可分为以下几类：

1. 存量混合模式。这种模式指保理公司将其存量资产进行证券化，资产包包括保理申请人、债务人；业务类型包括有追索权保理、无追索权保理、明保理、暗保理等，资产也涉及多个行业。因交易所、投资人及其他机构对资产本身难以评估，此项目往往要求强担保，同时考虑保理公司自身经营风险，该模式一般要求保理公司应有大型国企、上市公司股东背景。

2. 单一债权人模式。这种模式指单一核心企业将其应收账款打包转给保理公司，由其操作证券化。保理公司主要做资产归集、整理等工作，然后将其委托给证券公司办理证券发行与交易。过去几年也有不少国企、上市公司不做保理而直接操作应收账款证券化。

3. 单一债务人供应链保理证券化模式。这种模式的结构为：保理公司买断供应商对核心企业的到期应收款，形成对核心企业的应收款，该企业出单方付款确认延长应收账期，保理公司再将其持有的对该企业应收款（实则对各项目公司应收款，核心企业作为共同债务人）转让给专项计划做证券化。该模式既解决了供应商按时收款问题，也变相解决了核心企业融资问题，还可设计由供应商和核心企业共同承担融资成本。这对有融资需求的核心企业，除解决融资问题，还不增加负债，甚至可降低融资成本。该模式还可延伸为多债务人的核心企业供应链保理证券化模式。

六、操作要点

1. 基础资产。保理资产证券化关注的不是"资产"本身，而是基于该资产产生的现金流。而基础资产质量又是影响现金流的关键，基础资产质量建立在贸易真实性等风险控制基础上，因此做好保理证券化必须做好基础资产的风控，这是证券化操作成功的前提。

2. 资产评级标准。对保理证券化产品的资产评级以 AA 及以上为佳。评级主要依托买方，同时也要看卖方，因为选择的资产有追索权。做证券化产品评级主要看基础资产，基础资产涉及买方、卖方、担保方、回购方，几方面只要有一个强力抓手，即能提升整个资产的评级。

3. 资产入池。纳入基础资产的保理资产：一是合法；二是基础资产项下的融资人、债务人不涉及地方政府或其融资平台；三是无逾期，基础资产包含的全部融资债权到期款项已按时足额偿还，无逾期且无其他违约情形；四是可转让；五是同一保理合同项下批准发放的融资款均全部支付给融资人。

4. 交易场所。目前国内保理资产证券化产品的交易场所主要包括上交所、深交所、银行间市场、北金所等主流交易场所。上交所和深交所大部分机构都很熟悉，操作也很规范。

银行间市场资产证券化产品 ABN（资产支持票据）以及北金所的应收账款债权融资计划对一些保理公司相对陌生。北金所即北京金融资产交易所，是中国银行间市场交易商协会控股的金融资产交易所，也是银行间市场交易商协会指定的产品交易及信息披露平台，该所应收账款债权融资计划也被交易商协会纳入银行间市场进行交易。

七、债券与债权期矛盾及解决

实行保理资产证券化，往往出现这样的矛盾：发行债券的期限通常为两三年，甚至更长，而用于基础资产的保理债权期限却多在半年左右或一年。这样一来，债券发行期定得较短，难以覆盖一些期限较长的债权，定得较长在此期间又会出现资产缺口。

为解决这一矛盾，美英等成熟市场经济国家广泛采取循环购买资产的交易结构，尤其是在信用卡应收账款等账期较短、还款时间不固定且金额较小的基础资产中使用更广。

循环购买，指在各方明确基础资产筛选标准后，在特定期限内，以基础资产收回款项产生现金流的一部分用于对投资人的分配，另一部分则用于持续购买新的满足标准的基础资产，从而使基础资产池形成一个动态循环，直至特定期间结束。按照这一要求，中国证监会于 2013 年 3 月发布《证券公司资产证券化业务管理规定》，规定券商资产证券化业务可"以基础资产产生现金流循环购买新的同类基础资产方式组成专项计划资产"。此后，保理项目大多通过循环购买方法解决上述矛盾。

八、循环与摊还期

采用循环购买的证券化产品，通常要设计循环期和摊还期。在循环周期内，要用基础资产产生的现金向投资者支付利息，但暂不支付本金，要以该现金购买新资产。在停止购买新资产后产生的现金流再按计划向投资者支付本息。由于计划中的基础资产应收款账期多在半年内，而证券化项目的期限设为三年，故基础资产设为循环购买时，项目前两年为循环期，每次循环购买金不高于入池保理债权本金的余额，结合初始入池资产对应的原始应收款余额覆盖资产池未偿本金应在 130% 以上，每次循环购买时，这一覆盖倍数也应维持在 125% 。

九、关于未来发展

由于企业应收账款规模长期居高不下，保理需求持续旺盛，保理证券化发展长期向好。根据目前现状和存在问题，其发展趋势将长期向好，并可能具有以下特点：

一是探索发行集合保理证券化产品。发行集合资产证券化可解决单个保理公司体量小成本高问题。由于多家保理公司共同参与发行保理证券化产品，可能因某一家评级较低公司将整个资产包评级拉下来。对此情况，可以用以下方式予以解决：其一，明确资产的单一性，采取互联网众筹方式，由各保理公司认缴其中一部分。其二，采取统收统支方式，要求各保理公司对各自资产风险进行兜底。在此模式下，需对保理公司进入门槛进行必要的设定。

二是积极采取 ABN 形式。由于各种证券化产品越来越多，仅在证券交易所发行上市渠道过于单一，且受限较多，为此可利用银行间债券市场进行发行，在这里符合条件的企业可发行资产支持 ABN 票据，该票据是以基础资产产生的现金流作为还款支持，约定在一定期限还本付息的债务融资工具。因而保理资产可发这种 ABN 票据，但发这类票据目前面临一定难题：保理公司面临的是，保理证券化一般需循环购买，而 ABN 难以设计循环购买结构，银行发 ABN 也要受代理人身份的影响。

三是证券化产品发行可以有公募和私募两种选择，两种选择各有利弊。在保理资产证券化过程中，有关机构要根据产品特点选择公募或私募的发行方式。

第三十九讲

融资租赁证券化

一、融资租赁的概念与产生

融资租赁，指出租人根据承租人对租赁物的要求和对供货人的选择，出资向供货人购买租赁物，并租给承租人使用，承租人分期向出租人支付租金，在租赁期内租赁物所有权属出租人，承租人拥有租赁物使用权。承租期满，租金支付完毕，对租赁物按约定归属，无约定或不能确定的，租赁物归出租人所有的融资与设备租用方式，是集融资与融物、贸易与技术更新于一体的新型金融与租赁经营模式。

由于其融资与融物相结合的特点，出现问题租赁公司可回收处理租赁物，故在办理业务中对企业资信和担保要求相对较低，非常适合中小企业设备等融资采购。

融资租赁业产生于"二战"后的美国，当时，美国工业生产过剩，厂商为推销设备，开始为用户提供分期付款、寄售、赊销等服务，以销售设备。由于所有权和使用权同时转移，资金回收风险大。于是有人借用传统租赁的做法，将销售物所有权留在卖方，购买人只享有使用权，直至出租人融出资金以租金方式全部收回后，才将所有权以象征性价格转给购买人。这种融资与租赁结合的营销方式后被称为"融资租赁"，1952 年在美国成立第一家融资租赁公司——美国租赁公司。

中国融资租赁业于 20 世纪 80 年代初引入，经过近 40 年发展，企业数量和注册资金快速聚集，使融资租赁行业成为近几年最受瞩目的"赚钱"行业，成为目前及未来一个时期金融发展的新亮点，发展空间巨大。

二、融资租赁证券化需求与国内首单产品

融资租赁公司通过融资和租赁行为将其资产租给承租方，故其业务越多，点用资金量越大，这种资金需求难以通过自有资本来满足，为此，需要进行大量融资。而目前融资租赁公司的融资渠道除银行为大股东的公司外，资产证券化是各大租赁公司积极探索和实践的渠道之一。

2013 年 11 月，远东国际租赁有限公司首单私募资产证券化项目完成签约和资金导入，此次发行分优先级和次级两部分，其中优先级发行 5.9 亿元，二年期；次级部分由远东租赁全额持有。本次发行是远东租赁公司首次尝试与外资银行合作资产证券化项目，同时是花旗银行与国内企业在租赁资产证券化方向进行的首次合作。

该交易历时一年之久，基础资产由 511 个租赁项目组成，涉及建设事业部、工业装备事业部、包装事业部三板块。优先级产品由花旗银行出资认购，收益由基础资产未来现金流支持。租赁资产转让后，由远东租赁担任资产服务机构，负责租金的回收和管理，并按期提供租金回收数据统计及收益分配。此次融资租赁资产证券化的私募发行，是远东租赁在结构化融资领域的一次重大尝试，有效提升了公司直接融资比例，促进了公司融资方式的多元化，稳固了资源保障基础。

此后，山东国泰租赁、中航国际租赁、狮桥融资租赁等公司分别与相关证券公司发行多单证券化产品。到 2016 年，全国 70 家融资租赁公司发行 123 支证券化产品，规模达 1239.66 亿元，占 2016 年各类资产证券化产品发行规模的 14%。

据 Wind、CNABS 机构统计，2018 年全国资产证券化市场发行产品 929 单，规模达 19901 亿元。按 2016 年融资租赁占 14% 比例计算，规模约达 2780 亿元，成为融资租赁行业的重要资金来源。

三、用以证券化的租赁资产

融资租赁的租赁物由承租方占有，故作为证券化基础资产的租赁资产不能是租赁物，而应是租赁公司未来的租金收入，即租金债权。但这种租赁资产转让又可能遇到问题：一是租赁或贷款协议禁止租赁公司转让租金债权。对此，只能选择不转让租金债权本身，而转让以租金债权为基础的权利，如以租金债权为担保衍生其他权益，又可能被认定为借贷，与经营性质不相符。在此之外，还可尽量回避此类被协议禁止转让的债权，但这样又会缩小租赁资产范围，从而限制证券化的作用。二是租金为设置担保时，可选以证券化收益提前偿债，或以证券发行收入设置新质押，以解除租金上设定的担保。

四、对证券化机构和基础资产的要求

从承办证券化业务机构的操作看，通常要求融资租赁发起机构为营运 1 年以上的金融租赁公司或营运 3 年以上的非金融租赁公司，或在银行有授信的外商投资或内资融资租赁公司。而且融资租赁合同合法有效，可查看融资租赁合同、发票、支付凭据等资料；合同承租人为合法机构，不存在停业整顿、申请解散、破产、停产、歇业、注销登记、被注销营业执照或涉重大仲裁与诉讼。

对作为基础资产的租赁资产要求：

1. 基础资产为原始权益人分类体系中的正常类，同一融资租赁合同项下承租人尚未支付的所有租金及其他应付款项全部入池，租赁合同已起租。基础资产或租赁物不涉国防军工或其他国家机密，不涉诉讼、仲裁或破产程序。融资租赁合同项下承租人不包括地方政府及其融资平台。

2. 资产权属清晰、合同条款明确，无任何不得转让等限制条款，无须取得承租人或其他主体同意，原始权益人合法拥有该资产，且在该资产上未设抵押、质权或其他担保物权，可查融资租赁合同、保证合同、原始权益人承诺书等文件。

3. 产品存续期不超 5 年，加权期不超 4 年，优先级评级应在 AA 以上。

4. 基础资产所属行业和地区应尽量分散，单笔基础资产金额原则上不超

过资产包总额的 15%，以最大限度扩大资产包资产的笔数。

5. 原始权益人已按租赁合同约定条件和方式支付合同项下租赁物购买价款（该权益人有权保留的保证金、应由承租人承担部分、购买款支付义务未到期或付款条件未满足的除外），原则上选择变现容易、流动性强的租赁资产。

五、操作步骤

从各融资租赁证券化产品的操作流程看，其操作步骤：一是融资租赁公司与证券化操作机构（证券公司、信托公司等）订立合同，确定资产管理人；二是设计交易结构，由资产管理人设立专项资产支持计划，向投资者募集所需资金；三是管理人以认购资金方式向原始权益人购买基础资产；四是管理人委托资产服务机构根据约定，负责基础资产对应租金的回收和催收，以及违约资产处置等基础资产管理；五是监管银行根据约定，在回收款转付日依资产服务机构指令将基础资产现金流划入专项账户，由托管人根据托管协议对专项计划资产进行托管；六是进行保证金转付/归集；七是由管理人根据相关文件约定，向托管人发指令，托管人根据指令进行专项计划费用的提取和资金划付，将相应资金划拨至登记托管机构指定账户；八是办理提前终止事项。

六、增信方式

在证券化实施中，为增加产品信用，租赁公司往往要采取以下措施增加信用：一是由原始权益人负责进行差额补足；二是对产品受益权设计优先与次级结构；三是从回收现金流中提取部分资金设储备基金。

如狮桥一期资产支持专项计划，是由深圳证券交易所同意挂牌交易的第一支融资租赁债权支持产品，其基础资产包括狮桥拥有的重卡、工装和依法享有的应收融资租赁债权及其从权利。该计划管理人和推广机构为长江证券股份公司，托管人为兴业银行。

狮桥一期的增信措施分为优先级和次级两档，其中优先级资产支持证券为 3.82 亿元，收益分为 01—07 档，信用由大公国际资信评估机构评为

"AA"级。其中"01"期限为3个月，预期年化收益率6.8%。次级资产支持证券为1亿元，由原始权益人全部认购。且狮桥公司对该计划优先级证券预期收益和本金提出差额补足承诺。

八、发展前景

由于融资租赁资产证券化的多期限产品设计，对投资者来说，发行利率与同期债券具有一定的收益溢价，属高收益债券；对融资租赁公司而言，利率比贷款基准利率约浮动为-10%至20%，结合融资规模大、期限长及具有资产打包出表的优势，融资租赁公司的发行动力也充足，因而具有较大的上升空间。

当然，融资租赁公司大多将证券化作为一种融资方式，但不同类型公司对资产证券化的选择也有所区别：一是对于金融租赁和普通融资租赁公司的重要性不同，前者积极性稍弱，后者积极性较高。实行备案制以后，程序简化，产品上升较快。二是金融租赁和普通融资租赁公司对证券化的目的也有所不同，由于金融租赁公司大多具有银行股东的背景，容易获得低成本资金，证券化对它们更多的是作为一种创新尝试和补充；而对一般融资租赁公司而言，则更多的是将其作为银行贷款之外的一条重要资金来源。

第四十讲

不良资产证券化

一、概念

不良资产，指银行发放贷款后难以按合同回收，或其他企业机构在经营过程中产生的长期不能回收的债权等资产。这种资产长期不能回收变现，严重影响银行及企业经营，甚至可能导致其资不抵债。

不良资产证券化（NPAS），指有关资产拥有者将部分流动性较差的资产经过一定的组合，使其具有比较稳定的现金流，再经过提高信用，从而转换为能在金融市场上交易证券的一项技术处理过程，具体包括不良贷款（NPL）、准履约贷款（SPL）、重组贷款、不良债券和抵债资产的证券化。NPAS 从其产生至今已有 20 多年的发展历史，以美国、意大利、日本和韩国最为活跃，这些国家的共同特点是，都曾经深受银行坏账的困扰。

资产证券化的基础资产是一个资产池，即由一组资产汇集而成的资产集合体。虽然单笔资产的质量是整个资产池质量的基础，但是整个资产池的质量不是单个资产质量的简单相加。单笔不良资产不满足资产证券化的要求，并不意味着不良资产与证券化无缘。可以通过对单笔贷款进行分析、审核，预测回收率和回收期限，然后根据回收率对资产进行打折，把打折后的，具有相近回收期限的贷款汇集在一起形成资产池，资产池的价值和回收期限也就相对确定了。

二、必要性

资产证券化的重要作用是规避风险，增加流动性，以从事更高收益的项目。通过证券化，能将某些优良资产变现。对不良资产实行证券化，对加快批量处置不良资产，提高不良资产的处置效率与效益，解决商业银行等企业资产流动不足、资本充足率低等问题具有重要意义。

首先，不良资产证券化有利于提高商业银行与有关企业资产的流动性。通过证券化，能将流动性较差的不良资产转化为在市场上交易的证券，在不增加负债的前提下，使商业银行和有关企业获得一块资金来源。从商业银行资产负债管理角度看，不良资产证券化能够加快其资金周转，提高流动性。

其次，不良资产证券化有利于提高商业银行的资本充足率。按照《巴塞尔协议》和我国《商业银行法》，稳健经营的商业银行，其资本充足率应不低于13%。将高风险权重的不良资产，变为风险权重相对较低的证券，能在一定程度上减少风险资产比例。

最后，对于一般企业，对不良资产实行证券化，能够通过一定的交易安排盘活资产，偿付债务，使企业经营回归正常或提高效益。

三、可行性

在不良资产证券化中，实行证券化的资产可以是一种，也可以是多种；既可以是优良资产，也可以是不良资产，或两者的混合。在进行一系列增信、担保等措施后发行不良资产支持证券，此时的证券已具有相当高的信用等级，不再是不良资产，对投资者有较高吸引力。为此，对不良资产实行证券化同样具有可行性：

首先，通过对基础资产筛选组合，资产池能达到证券化对稳定现金流的要求。不良资产的总体质量较差，资产安全性、收益性较差。但根据大数定律，这些资产整体上却具有一定的稳定价值，具有一定水平的收益。虽然它的实际价值低于账面价值，但作为一个整体却具有稳定的本金和利息回收率，这是通过资产证券化处置不良资产的现实和理论基础。

其次，不良资产支持证券有着潜在的市场需求。在市场经济条件下，需求决定产品生命力。不良资产支持证券作为一种全新的投资品种，只要设计合理，其信用度、收益率、安全性、流动性均较好，应有比较大的市场需求潜力。

一方面，资产支持证券利率高于国债、银行存款，而经过增信措施后其风险低于股票等工具，如政策允许拥有长期资金的机构投资者，如养老社保基金、人寿保险基金、住房公积金及其他投资基金持有人等进入这种证券化市场，购买力会相当大。

另一方面，与其他不良资产的处置方式相比，证券化对于投资者有着特殊吸引力。由于其本息只能部分回收，回收率和期限不稳定，投资者购买单笔资产的风险很大。证券化通过把若干资产进行组合，在一定程度上降低了资产风险。某笔资产增大的损失可被其他资产的回收所弥补。而且在资产证券化中采取的信用增级手段，可使整个资产池的信用级别高于单个资产的平均水平。加之证券化中的信用评级、证券发行等由专门的中介机构执行，间接为资产池的信用级别、运行提供了资信证明，在特殊目标机构与投资者之间建立起一道信任与了解的通道，使其更容易得到投资者的认可。

四、国外经验

20世纪80年代末，美国的危机处理机构——重组信托公司（RTC）为解决储蓄贷款系统不良资产问题，研究推出"N"系列计划，首开NPAS先河。意大利为解决不良贷款问题，于1999年4月通过证券法，允许对NPAS产生的折扣损失分5年进行摊销。自1997年8月至2019年8月已发行32笔、98.4亿欧元的不良资产支持证券，成为全球第二大NPAS市场。

20世纪90年代中期亚洲金融危机之后，金融系统积累的不良资产成为拖累经济发展速度、严重影响银行业稳定的因素。日本、韩国政府与银行体系开始寻求以资产证券化作为解决不良资产、进行财务重组的手段。日本为此制定并几度修改证券法、SPC法、投资信托法，调整会计税收制度，从1999年底发行第一笔不良资产支持证券后，成为全球第三大NPAS市场，处置的多为受泡沫影响的房地产抵押贷款。印度和马来西亚都制定了专门的资产证券化法案。

五、不良资产证券化特点

不良资产证券化作为资产证券化的一个类别具有所有证券化的特征，同时具有一些自身特点，主要是：

1. 经历金融或银行业危机的国家或地区，尤其是亚洲地区对不良资产处置的需要更为迫切，这成为推动当地不良资产证券化发展的主要力量。NPAS 的发展程度取决于各国对解决银行系统风险的迫切程度和政府支持力度。

2. NPAS 的发起主体具有阶段性。初期主要由政府支持的重组主体和不良资产处置机构发起，如美国的 RTC、韩国的 KAMCO、日本的 RCCJ。随着各国证券化立法和市场环境的改善，商业 NPAS 成为主体。

3. 商业银行的不良资产证券化逐渐分为两类，其中对自有不良资产进行证券化处置的，称为直接不良资产证券化，同时也可收购多家其他银行不良资产进行证券化，此做法被称为委托证券化。

4. 随着不良资产证券化的发展，NPAS 分别向两个不同方向延伸，其中商业银行逐渐从融资证券化向表外证券化形式转变。一般商业性 NPAS 对不良资产剥离的要求更为迫切。同时，由于交易结构不断完善，能更有效解决证券现金流与不良资产现金流间的不对称性，使可证券化的不良资产类型扩大。

5. 逐渐培育形成一批专门从事不良资产投资的机构。欧美机构投资者成为亚洲不良资产及其支持证券的主要购买力和推动力，促进了国内投资者的成长。与此同时，也逐渐形成了专门针对 NPAS 的价值评估、证券评级、资产管理人评级标准等。

六、交易结构

由于信用风险、现金流和流动性的特殊性，NPAS 常用的交易结构有三种：商用房产抵押贷款支持证券结构、抵押贷款债务证券结构和清算信托结构。

1. 房产抵押支持证券化结构。20 世纪 90 年代初期，美国 RTC 采用 CMBS 模式发行 140 亿美元与商用房地产有关的不良贷款支持证券，首次引入浮动利率债券、专业抵押品管理机构、现金储备等形式，促进全球 CMBS 市场的迅速发展，不少银行采用该结构对与房地产有关的重组贷款、准不良贷款和抵债资产进行证券化，推进 CMBS 结构的进一步演化。

2. 抵押贷款结构。最早利用这种结构进行 NPAS 的做法可追溯到 20 世纪 80 年代末，GrandStreet Bank 将高风险债券和贷款进行证券化。2000 年 12 月，Fleet Boston Corp. 私募发行超过 15 亿美元违约贷款和问题贷款支持证券 ArkCLO 2000－1。此后，这种结构被广泛作为 NPAS 的主要结构。它适应了银行进一步将无房产抵押、担保或无担保商业贷款、循环信用、债券等异质不良信贷资产证券化的要求。为达到转移风险、套利和提高盈利能力的目的，目前美国银行的所有新增非投资级贷款的 40% 都通过这种形式被证券化出售，韩国资产管理公司的 NPAS 也多采用这种结构。

3. 清算信托结构。"清算信托"源于破产法对企业破产清算程序的一种安排，指将破产企业的房地产等资产通过信托的方式进行清算变现，以增加债权回收率。清算信托的受托人将资产变现时不受破产法对变现程序的限制，清算收入按法定清偿顺序进行支付。利用清算信托进行证券化的最大特点是只通过清算达到偿付证券本息的目的，因此，该结构适合任何能变现的资产，可以任何类型资产作为发行证券的支持。同时该结构在清偿安排上符合证券化中的现金流分层分配结构和信用增强安排。这种结构在美日和意大利不良资产证券化中得到广泛应用。

由于资产证券化是由各种现金流技术、信用增强技术、风险管理技术构成，这些手段如基本组件，可根据需要相互组合、搭配使用，因而 NPAS 的结构设计是一个动态过程，没有特别固定的模式，操作中可根据各产品的具体情况进行设计。

七、关于不良资产证券化的发展前景

总体上说，我国不良资产证券化业务尚未开展起来。已开展的相关业务也包含于信贷资产证券化中，而没有形成独立的证券化类别。

然而，在经济生活中，由于经济高速增长，通缩压力较大以及制度不健全，我国各种债务规模累计已达几百万亿元。这些债务许多都具有不良资产的性质，其中有不少已成为坏账、死账，这些债务和不良资产如在银行通常都能得到处理和化解，但在银行以外往往会被长期拖延。这种债务及不良资产如不及时处理，不仅会继续拖垮许多企业，影响经济成长，而且可能酿成群体事件，迫切需要通过立法及相关行政措施，推动一些企业和社会组织，利用不良资产证券化等方式，对这些资产进行制度安排，并进行证券化处理，以降低不良资产的比例，偿付债务，促进资产流通，对于实在不能清偿的债务，也可以通过破产或上述清算信托结构等予以处置。

有鉴于此，未来我国不良资产证券化具有极大的发展空间，但真正大力发展还有待国家给予必要的政策，支持证券公司和有关机构开展这一业务，并吸引投资者积极参与这种投资。

第四十一讲

信托证券化

信托是一种资产管理方式，是指信托人基于对受托人的信任，将其资产委托给受托人，由受托人以自己的名义进行管理，以所得收益回报信托人或其指定受益人的资产管理方式。我国信托业自1979年开始恢复发展，因理论和认识误区走过较长时间的弯路，招致国家的多次整顿。直到第五次整顿，特别是信托法和"两规"的出台，才使整个信托业回归本源，精准定位，走上快速发展之路，目前管理资产总额已达25万亿元。在金融体系中，稳坐老二老三的地位。

经过十余年的快速发展，信托业再次面临难题：传统业务趋于饱和，新业务面临制度瓶颈，为引导企业创新，监管机关发布文件，指导信托公司参与资产证券化业务。根据指导意见，不少信托公司调整战略，将证券化作为业务创新的重点，不断提升证券化业务主动管理和创新服务能力，立足客户需求，加强资源和技术共享，打造业务合作平台，取得积极效果。

一、信托证券化概念

资产证券化是有关机构通过一定的方式，如股权、债权、信托、基金、物权、知识产权等，将某种暂时不能流动的资产变成证券，通过交易，使其流动起来的资产交易和经营模式，可见资产证券化因法律关系不同，分别可以采取股权、债权，信托、基金和物权、知识产权等多种不同方式。信托证券，指将拟证券化的资产设计成信托法律关系，发行并交易相关证券的行为。

由于信托证券化要求通过信托等载体完成资产的风险隔离与资产独立，这就要求信托公司参与其中作为中间载体，提供相应的管理人及相关服务。信托公司以其独特制度优势与灵活的投资能力，不仅能完全满足要求，而且可以证券化为客户提供全链条产品服务，为投资者提供多元选择。为此，不少公司视其为战略性业务。2013年年末，取得信贷资产证券化业务资格的信托公司只有21家，目前已有50多家信托公司获批特定目的信托受托机构资格，可以依法开展相关的证券化业务。

二、信托机构资管新规过渡期指导意见

2018年4月27日，经国务院批准，"一行三会"联合国家外管局发布《关于规范金融机构资产管理业务的指导意见》。文件针对当时的资产管理乱象，进行了大幅改革和规范，其要点包括：不得承诺保本保收益，打破刚性兑付；严格非标准化债权类资产投资要求，禁止资金池，防范影子银行和流动性风险；分类统一负债和分级杠杆要求，消除多层嵌套，抑制通道业务。同时对标准化产品的定位更为明晰，提高合格投资者门槛，并将过渡期延长至2020年年底。资管新规明确不适用资产证券化业务，鼓励标准化资产投资。

2018年8月21日，中国银保监会下发《关于加强规范资产管理业务过渡期内信托监管工作的通知》，要求按"实质重于形式"的原则，加强对各类信托业务及创新产品监管，还原其业务和风险实质、同类业务使用统一监管标准，对事务管理类信托业务要区别对待，以财产权信托名义开展资金信托业务，适用《指导意见》，以信托产品或其他资产管理产品作为受让方受让信托受益权的业务，视同资产管理产品嵌套业务，投资依据金融管理部门颁布规则发行的资产证券化产品除外。可见细则对资产支持证券业务的政策仍开绿灯。随着细则的出台，信托证券化的未来方向更为明朗，对其规范发展起到重要作用。

三、信托公司参与资产证券化有多种形式

在资产证券化过程中，信托公司作为专业受托人机构，可以通过信托财

产的独立性特点，将拟证券化资产设计为信托财产，进行破产和风险隔离，从而使信托公司可以通过多种形式参与证券化业务。自 2016 年以来，已有多家信托公司在这方面进行了广泛探索和实践，分别参与信贷资产证券化、保理证券化、融资租赁证券化、不良资产证券化、旅游证券化等业务，取得了骄人成绩，据 Wind 和 CNABS 机构统计，2018 年全年资产证券化共发行产品 929 单，规模达到 19901 亿元。其中企业资产证券化产品 681 单，规模 9397 亿元；信贷证券化产品 154 单，规模 9281 亿元；资产支持票据 94 单，规模 1222 亿。在这些证券化产品中，约有 20% 以上采用信托模式，发行规模约在 3000 多亿元以上。

四、参与信贷证券化

信托公司参与的证券化业务，首先是信贷资产证券化。信贷资产证券化，指银行业金融机构作为发起机构，将信贷资产信托给受托机构，由受托机构出面设立特定目的的信托产品，以证券形式向投资机构发行受益证券，以该资产产生的现金支付证券收益的结构性融资。

这种证券化一方面将分散的信贷资产进行组合，重新定价作为基础资产，转让部分或全部权益和风险。另一方面，通过特殊目的公司 SPV 实现"资产剥离"和"破产隔离"。通过这种证券化既能盘活存量资产，提高银行资产流动性与资本充足率，改善银行资产与负债结构，又因采取信用增级提高证券化产品的信用级别，以满足不同投资者需求。

仅 2016 年，就有近 30 家信托公司参与信贷资产证券化产品的发行。其中中信信托发行 14 支、总额达 760.52 亿元，上海信托、建信信托、交银国际信托、金谷信托、外贸信托和中粮信托，以及中融信托、中航信托、华润信托、兴业信托、中诚信托、平安信托都发行了这类产品，规模超过 1000 亿元。2017 年至 2019 年这一业务继续快速增长。

五、参与应收账款证券化

应收账款证券化，指保理机构通过合同收购有关企业的应收账款，设立证券化业务。目前，国内许多企业存在大量应收账款无法尽快回收，例如

2003 年华北电力集团的应收账款达 42.6 亿元，不少大型企业存在类似情况，中小企业同样如此。对应收账款实施证券化，能有效提升企业资金流转速度，降低负债，提升企业资本充足率。

信托公司参与应收账款证券化，利用信托财产破产隔离和独立性特点，将信托公司设立为 SPV，从而能有效发挥信托公司优势，以企业作为委托人，将应收账款作为信托资产设立信托计划，进而实现信托资产与一般资产的区别，信托公司作为受托人，严格按照委托人意愿，以受托人名义对信托资产进行有效管理，将受益凭证卖给投资人，最终将出售所得资金支付给委托人。按照信托协议，受托人收到现金后，按相应比例全部分配给受益凭证持有人。为确保信托产品顺利发行，信托公司还要采取多种措施，如构建利差账户，实施第三方连带责任担保等进行信用增级，确保投资人在获取报酬之前，剩余收益不被分配。

六、参与不良资产证券化

早在 2008 年前后，我国即发行过不良资产证券化产品，后因金融危机而停发。时隔 8 年后，此工作再次启动，2016 年 5 月，中国银行"中誉 2016 年第一期不良资产支持证券"和招商银行"和萃 2016 年第一期不良资产支持证券"陆续发行，两支产品发行标志不良资产证券化工作再次启动，全年 6 家不良资产证券化试点机构共发行 14 支产品，规模 156.10 亿元，占试点额度的 31%。自上述首单信用卡类不良产品"和萃"问世后，小微类、房贷类、个人抵押类不良贷款的证券化产品相继问世。这类产品设计、发行与交易都有信托公司的身影，它们参与不良资产处置业务，有效处理了大量不良资产，为有关企业提供了很好的破产与资产隔离及管理人等服务。

七、参与基金证券化

基金是一种特殊的，将受托人分为管理人与托管人的信托。信托公司参与基金信托，即根据合同只履行部分受托人职责。2016 年 6 月，中航信托成功发行首支由信托公司作为原始权益人的类 REITs 证券化产品"中航红星爱琴海商业物业信托受益权资产支持专项计划"，以此拓宽证券化产品基础资产范围，填补了商业地产证券化的市场空白。在本次证券化过程中，信托公司通过实际控制信托受益权的商业物业，代表信托计划作为原始权益人，深度参与底层资产管理运作，发起设立证券，在项目运作中主导中介选取、产品设计、项目协调等金融服务。而对受托人的其他职责，则根据合同分由发起人或其他主体负责。

八、参与其他证券化

信托公司参与的其他证券化业务还有很多，其中最主要的还有绿色证券化。伴随绿色发展理念的推行和政策扶持，绿色资产证券化业务不断取得突破和创新。在银行间市场，兴业银行发行首单绿色信贷 ABN 产品，发行额为26.457 亿元，获超 2.5 倍的认购，该产品基础资产全部为绿色金融类贷款，盘活资金也投放到节能环保等重点领域。

在交易所市场，"农银穗盈·金凤科技风电收费收益权绿色资产支持证券"在上交所挂牌上市，成为上交所首单绿色证券产品；国内首单非上市公司绿色 ABS "无锡交通产业集团公交经营收费权绿色资产支持专项计划"、国内首单水电行业绿色 ABS "华泰资管——葛洲坝水电上网收费权绿色资产支持专项计划"都通过上交所绿色审核通道成功发行。

此外，信托公司参与的证券化业务还有融资租赁证券化和旅游证券化等。

九、利用不同市场发行交易

资产证券化的一个重要目的，是把有关资产设计成证券进行发行交易。交易即需要借用相关市场。信托公司参与证券化，即要把有关信托证券申请到相关交易所进行交易。目前已发行交易的场所包括上海、深圳证券交易所和银行间市场。

1. 利用上海、深圳证券交易所发行 ABS 产品。根据法律和监管要求，上海、深圳两家证券交易所都开设有 ABS 证券发行交易业务。信托公司可将其参与的双 SPV 交易结构中的有关证券拿到两个交易所申请发行和上市交易。这类产品通常包括信托计划和资产支持专项计划。由于信托的不同形式，受益权证券通常分为资金信托受益权证券、财产权信托受益权证券及资金信托与财产权信托相结合的信托受益权证券。在三种不同的证券化形式中，信托公司扮演的角色有所不同，但都要通过信托隔离风险，优化基础资产，并安排相关证券的发行交易。

2. 通过银行间市场发行 ABN 产品。银行间市场是交易商协会主导的交易市场，信托资产支持证券可在此申请发行和交易 ABN 票据。这是我国银行间市场交易商协会主导的资产证券化模式，属非金融企业债务融资。该票据通过发行载体发行，以特定资产产生的可预期现金流为收益，按约定以还本付息等方式支付收益的证券。这种产品对应的基础资产与企业资产证券化基础资产要求类似，均要求符合法律法规规定、权属明确、能产生预期稳定现金流等。信托型 ABN 引入特定目的载体（SPV），基础资产依照合同转让于发行载体，实现"破产隔离"与"真实出售"。这种信托证券化具有丰富的基础资产，涵盖企业应收账款、融资租赁债权、信托受益权等多种财产权，具有较大的发展空间。

第四十二讲
众筹作为证券化募集方式的探讨

一、众筹的产生

众筹（crowdfunding）产生于美国的 kickstarter 网站，该网站通过搭建网络平台，面向社会公众筹集各类资源，使那些有创造力的人通过本站获得所需资源。这种模式的兴起，突破了传统融资融智模式，使每位普通人都可以通过该模式获得从事某项创业所需的资源，也使融资融智来源不再局限于风投等机构，使其扩大至普通大众。这一资源募集方式一经问世，即在欧美等地兴起并推广至亚洲、美洲、非洲等。

众筹最初是艰难奋斗的艺术家为创作筹措资金的一个手段，现已演变成初创企业和个人为项目争取资金的重要渠道。众筹网站使任何有创意的人都能向几乎是陌生的人筹集资金。

二、概念

众筹，即向大众或普通群众筹集有关资源的行为，即由发起人、跟投人、平台构成的一种资源筹集方式。它具有低门槛、多样性、依靠大众力量、注重创意特征，多用来支持各种活动，包含灾害重建、民间集资、竞选活动、创业募资、艺术创作、软件编辑、设计发明、科学研究等。

由于在众筹中应用最广的仍是资金众筹，特别是中小企业的项目资金众筹，因而现在的众筹多指向大众募资，通过网络平台联结参筹者与提案者的筹资方式。

有研究报告指出，2013 年全球众筹募集资金总额高达 51 亿美元，其中 90% 集中在欧美市场。世界银行发布报告预测，到 2025 年，众筹募资总额将突破 960 亿美元，亚洲占比将大幅提高。

国内众筹与国外的最大差别在支持者的保护上，国外项目众筹成功，组织方会即刻给项目方拨款执行，国内为保护参筹者，往往要把过程分为两阶段，一是先付 50% 左右资金启动项目；二是待项目完成，确认支持者收到回报，才把剩余资金转付给发起人。

三、平台

众筹平台是由一定机构投资设立的，为众筹人提供相关服务的交易场所。通过该平台，能使尽职审查过程变得更快。为便于众筹的开展，平台往往会要求发起人提交一些必要数据，供参筹者参考，助其作出决策。平台提供的标准化项目呈现和商业计划能使投资者和其他参筹人节省选择时间。

截至 2014 年 7 月，国内有分属股权众筹、奖励众筹、捐赠众筹、游戏众筹、宗教众筹等不同形式的众筹平台数十家。这个数量以后又有所增加。

众筹平台帮助众筹企业家了解如何准备及呈现项目，从而吸引更多的参筹人，还能提升信息分享，谈判及融资效率；平台拥有的成千上万投资者能帮助众筹人方便地实现众筹目的；此外，很多平台拥有自己的技术，并经常组织相互交流，也为一些投资机构和个人的尽职调查提供帮助，借助这种集体智慧，使参筹者能够做出更理性的决策。

四、标的

众筹作为一种资源筹集方式，它的筹集对象可以是实物，包括技术、人才、劳务、某种做事方法，也可以是资金等。

从资金的筹集来说，因为筹集对象体现的法律关系不同，可以分为多种不同种类，具体包括股权、债权、收益权、经营权等不同类别的资金。

由于众筹的资金体现不同法律关系，众筹人将这些权利对应的资金使用完毕，要向参筹人返还资金并支付相应的报酬。监管机关拟从源头上加强监管，以有效保护参筹人的利益，防止有些人从中鱼目混珠。

例如，对于股权众筹，2014 年 12 月 18 日中国证监会发布《股权众筹融资管理办法（试行）》（征求意见稿），由于众筹毕竟只是试验性的，参筹人也完全是自愿性质，立法借鉴缺乏，认识也不一致，该办法最终并未发布实施，其他类似监管文件也很少见。因而各位参筹人进行股权或其他资金性众筹比较谨慎。

五、特点

从资金众筹来看，一般具有以下几方面的特点；一是门槛低，无论身份、地位、职业、年龄、性别的主体，只要有好的想法，有创造能力都可以发起项目。二是众筹方向具有多样性，在国内众筹网站上的项目类别包括设计、科技、音乐、影视、食品、漫画、出版、游戏、摄影等多种。三是筹资来源依靠大众，支持者通常有普通草根、公司企业，也有少数风投机构。四是注重创意，发起人必须将自己的创意，如设计图、成品、策划方案等，达到可展示的程度，并具有操作性，再提交给平台，经平台审核通过，方能进行众筹。

一般而言，传统的风投大多依靠关系网推荐项目，或根据各网站提供的资料选择，众筹平台的设立为这种投资带来更多的项目源；而且平台拥有的高效机制也有助于项目审核，更快与众筹企业家沟通，使参筹决策过程更为合理、科学，并提高效率。

六、要求

从多家平台操作的做法看，一般众筹的操作要求主要包括：

1. 发起人是有创造能力但缺乏资金的人；支持者的条件是对筹资者的故事思路和回报感兴趣，并具有参筹能力的人。

2. 平台作为连接发起人和支持者的互联网终端，要对双方提供相应的交易服务，并负责进行必要的监督。

3. 筹资项目必须在发起人预设的时间内达到或超过既定目标方为成功。

4. 在预定期限内，众筹达到或超过预定目标，发起人可获得已筹集资金；筹资项目完成，支持者得到发起人支付的预定回报。众筹失败，平台须将已获资金全部退还给参筹者。

5. 众筹不同于捐款，参筹者支付的所有代价都要设立相应的回报。

七、众筹成功的条件

众筹方式虽简易可行，但由于参筹者的多样性与复杂性，要使其成功也并非易事。从一些平台的做法来看，保证众筹成功应具备以下条件。

1. 筹集天数确定得恰到好处。众筹筹集天数既不能过长，也不能太短。长短区间应足以形成声势，又能给未来支持者带来信心。从国内外网站的做法看，通常筹资天数为 30 天的项目比较容易成功。

2. 众筹金额合乎情理。即要求众筹金额设置将制造、劳务、包装和物流运输成本等都要考虑在内，再结合项目设置，确定合乎情理的目标金额，既不能过高，也不能过低。

3. 项目设计包装。各类项目设计最好有视频资料，一般而言，有视频项目比没视频的能多筹翻倍的资金。国内项目发起人提供的项目包装设计较国外相关设计质量稍差，有待进一步提高。

4. 回报设置合理。资金众筹不同于其他众筹，这类众筹有必要的回报。故对支持者的回报设计要价值尽可能大一些，并与项目成品或衍生品相匹配，而且最好有多种不同的回报形式可供选择。

5. 定期更新信息。定期进行更新信息，能使参筹者更好参与项目，并鼓励他们向其他潜在支持者进行宣传。项目完成还要注意给支持者发送邮件等表示感谢，使支持者有被重视的感觉，以增加参与的兴趣。

八、作为证券化的募集方式

众筹目的多种多样，对象千差万别，但在资金众筹中，它却是一种公开的招募方式，同样可能成为资产证券化的资金募集方式。例如股权或债权、收益权性质的资金众筹，参筹人支出参筹资金，都会收到一份参筹证明文件。有机构甚至将这种证明拿去交易，这样的交易即为类证券交易。贵阳的金融众筹交易所即开展了这样的交易品种。开业一年多，上市交易八十多个品种，其中不少属股权类众筹证券化产品（由于运行中出现问题，该交易所目前已暂停交易）。

九、众筹应回避乱集资

由于众筹中的资金众筹对象是各种不同性质的资金，因而与现实生活中的乱集资具有较多相似性，故在操作中应积极避免出现类似情况。从商业和资金流动角度看，众筹类似团购，与乱集资有本质的区别。但只要与股权债权等众筹相联系，就很难与乱集资相区别。为此，有的平台就直接限定所有项目都不能以股权或资金作为回报，发起人不能向支持者许诺任何资金上的收益，回报必须以实物、服务或媒体内容等来执行，这样做虽能回避问题，但也局限了众筹的作用。

十、关于证券化众筹问题的探讨

如前介绍，众筹是证券筹集的一个很好的方式，但由于这种方式与我国经济生活中存在的"乱集资"违法行为具有很多相似性，从而也被一些人用来从事这类违法活动，事实上，目前许多网站都不再进行股权、债权和收益权等的资金众筹。前面所讲证监会拟订的股权众筹管理办法征求意见后未出台恐怕也与此相关联。

由于我国各种证券化类别都有相应的发行方式和监管要求，即便不通过众筹也能予以实施，所以，目前证券化众筹问题可以作为课题继续研究，暂时难以付诸实施。但随着习主席提出的双循环格局的形成，为了扩大实物商品的交易，就需要通过一系列方法来扩大市场，在此过程中，如能通过众筹方式扩大这类交易即可使众筹适用领域大幅延伸，但这同样需要作深入研究和试点。

第四十三讲
关于资产证券化的实施障碍及建议

一、深刻认识资产证券化的意义

资产证券化是经济与社会发展的产物，从它产生至今的数百年时间，对人类社会生活发挥了重要作用。而且随着经济与科技的发展，它还将发挥更大作用，为此，我们要进一步认识资产证券化的意义。

1. 资产证券化是扩大投资的需要。人类社会的发展离不开投资，而投资除国家与国有机构外，所有投资都要由民间的投资主体来承担。由于社会分工和经济发展，使一些人手中积累了大量财富。他们需要把这种财富应用到经营中赚取收益，他们中有的懂经营，会管理，可以自行设企业，做投资，搞经营。但也有更多的人，他们或者不懂经营之道，或者有其他工作，希望把自己多余的财富投入一个自己并不十分熟悉，但能获取较高收益的渠道，通过资产证券化，国家及社会机构通过设立证券交易所，吸引有条件的企业在此发行上市，从而为大量机构和个人投资者提供相应的股票、债券、物权证券等投资工具，既为国家、社会和企业融入资金，也为各类不同投资者提供多种证券化的投资选择。

2. 资产证券化是原始投资者退出的需要。在经济和企业发展中，一些投资者投资设立企业，持有股份，参与经营，经过一段时间的积累和发展，企业做大做强了，股份增值了，投资者的资金就需要变现。于此情况，任由他们从企业退出资本，可能影响企业经营，为此，法律限制投资者随意从企业抽逃资金。与此同时，社会应通过资产证券化，为这些原始资本的退出设立专门市场，为原始投资者的退出提供方便的通道。

3. 资产证券化方便经营和生活的需要。在市场经济中，由于季节、长途运输或网络难以进入，以及其他一些因素，卖方和买方都有一些不得已的原因，需要社会建立一种交易场所，将季节性的产品或批量产品在没生产出来之前就提前交易，或交易后迟延提货。通过这类交易回避一些季节产品到季大量上市引起的价格大跌，或以此进行套期保值、价格发现，兼而进行投资融资等经营。

4. 资产证券化是企业和有关机构扩大融资的需要。在经济生活中，企业越做越大，对资金的需求也越来越多，这种资金虽然可以从企业自身和原始投资者处进行必要的积累，但这种积累是远远不够的。随着经营规模和市场的扩大，企业每上一个台阶，都需要有新的资金进入，这种资金的进入更多地要靠社会来满足。只有通过证券化方式建立相关的融资变现的交易平台，才能有效地满足企业和社会发展的需要。

5. 资产证券化是转换动能的需要。任何社会发展都需要一定的动能，就像飞机飞行必须有发动机一样。改革开放以来，我国经济发展和起飞的动能，初期靠工业，特别是轻纺工业，到 20 世纪 80 年代中期以后逐渐转移到房地产上，经过四十多年的发展，我国经济已经达到了相当规模，对房地产的依赖也比例过大，在一定程度上加大了房地产业的畸形发展，迫切需要转换这种经济增长动能。

从发达国家的经验和我国改革探索的情况看，转换动能主要有三个方向：一是高科技；二是金融，三是文化引导消费。从金融驱动来说，在整个金融中对现实生活和经济拉动最大的当属于资产证券化，这种交易模式不仅能部分解决企业融资与变现等需要，而且能够通过交易使参与者获得收益或提货消费，从而拉动增长，促进实体经济和企业发展。

6. 如前所说，实践习主席提出的双循环战略，也需要大力发展证券化，将成本价以下的产品生产过程拿去交易，增加的参与者的收入，刺激他们以增加收入扩大消费。

二、扩大实施证券化的障碍

虽然我国改革开放以来实施资产证券化已有几十年的经验，发行各类证券产品的规模也达到上百万亿元，但与经济社会发展和实际需求间还有较大差距。目前发展资产证券化是既有客观需要和不少积极条件，也有较多的障碍。这种障碍主要表现在以下方面：

1. 文化因素。总体上说，我国经济的文化基础仍属农耕文化性质，虽然我们的体制已进入了社会主义市场经济，但在文化上尚未根本形成适应市场经济体制的文化氛围和基础，例如在很多人的头脑中，都存在着"奸商奸商，无奸不商"的理念，对民营企业虽宪法已确立其社会主义市场经济重要组成部分的地位，但在经营中却四处被隔玻璃门。因而这种文化的负面影响仍在很大程度上制约着我国市场经济的发展，特别是资产证券化，因为资产证券化的核心在于证券化的资产交易，这种交易必须吸引社会上的闲置资金参与，而这种资金进来就可能存在一定的投机性，这对农耕文化来说是不可接受的。

2. 思想观念障碍。由于文化不适应，导致我们许多观念，特别是有的领导和专业部门人士不能适应资产证券化的发展，例如对民营企业参与的证券化事项，许多从事证券化业务的机构往往不很积极，在有关业务推广中也多想找上市公司和国有企业来进行。而且民营企业往往是中小企业，这些企业对证券化的需求更为强烈，由于上述观念的限制，导致业务很难开展。

3. 有关法律限制。20世纪90年代以来，中国法制建设速度加快，民法典、商业银行法、保险法、公司法、证券法、信托法等一系列民商法律相继出台，为资产证券化的实施营造了一定的法律环境。但作为新生事物，扩大实施资产支持证券还存在较多法律障碍，一是特定交易载体（SPV）作为证券化交易中介是资产证券化的特别之处。SPV业务单一，无需经营场所，也不需要较大的资金投入，只需一个法律上的名称，因此，它实质是一个"空壳公司"。对这种特殊实体，我国法律没有专门规定，而且根据公司法，它属限制对象。公司法明确规定，公司设立必须"有固定经营场所和必要的生产经营条件"。

二是在运作上，SPV 机构作为证券发行主体于法无据，我国公司法规定，发行公司债券，股份有限公司的净资产额不得低于人民币 3000 万元，有限责任公司的净资产额不得低于人民币 6000 万元。并且累计发行债券的总面额不得超过该公司净资产额的 40%；最近三年平均可分配利润足以支付公司债券的利息。而 SPV 不可能也不需要投入大量资产，并在发行证券前 3 年就设立。这些都给 SPV 机构运作形成法律障碍。

三是我国证券法目前调整的证券仅限于部分"股债期基"，虽经 2019 年修订，范围有所扩大，但与实际需要仍有一定距离，不能适应资产证券化业务的发展需要。

4. 税收因素。不良资产证券化的规模一般都较大。考虑到成本和规模效益，如果证券化规模较小，单位成本太高，使发行证券无利可图。但如此大的交易额，可能导致庞大的税收负担，这些负担包括商业银行将资产销售给 SPV 过程中的增值税、印花税和所得税，以及资产支持证券投资者和 SPV 等机构的所得税。这些税务成本过高都可能使证券化难以扩大。

5. 市场因素。任何产品的销售都受市场需求的制约，金融产品更是如此。如前所述，资产证券化在我国有着很大的市场潜力，但由于目前对机构投资者的投资限制，这些潜在的市场需求一时无法转化为市场购买力，导致商业银行及其他机构的大量资金闲置。

6. 双循环实施扩大的购买力需要广大居民的积极参与，这种交易需要大力发展大宗商品的数字资产交易。这一业务的发展与证券法相关规定存在磨擦，迫切需要尽快研究修改法律。

三、几点建议

根据上述情况和问题，本书建议：

1. 按照习近平总书记要求，研究提升相关文化。四十多年的改革开放和经济建设，我们在能改革的地方都进行了必要的改革和创新。最后还在一些方面，即所谓的"改革深水区"尚未改革，而这种深水区的改革，从根本上来看，许多都与我们的文化相联系，也就是说，对一些问题的认识，其根源在于农耕文化负面因素的影响。目前我们实行社会主义市场经济体制，这种体制本质上体现的是弘商文化与农耕文化的结合，即要求所有的生产要素都要进入市场，进行"三公"交易的文化。为此，我们要按照总书记提出的文化自信，在此基础上对农耕文化与弘商文化关系进行研究提升，树立市场经济文化理念，以推动改革的深入和观念的提升。

2. 通过相关教育，提升各类社会主体对资产证券化的认识与观念。如前所述，资产证券化是一种交易和经营模式，它是对实体经济和实物交易的一种有效促进，要通过教育，提升人们对资产证券化及相关投资与投机的认识，充分利用证券化工具，更好地促进实业、实体经济和实体企业的发展。

3. 从为证券化市场培育投资者，也为更好实现各种基金的保值增值等目的出发，建议适当放宽对投资基金、保险基金等机构投资范围的限制。

4. 从促进资产证券化顺利开展、尽快解决商业银行及其他机构经营风险的角度出发，建议对资产支持证券，特别是不良资产的证券化操作实行一定程度的税收优惠，降低证券化交易及其融资成本。

5. 通过制度和执法保证证券化交易的公平、公正和公开，防止市场操纵和内幕交易，有效保护投资者利益，引导更多的投资者和合规资金进入市场，参与并活跃交易，提高交易效率。

第四十四讲

做合格的证券投资者

投资者是资产证券化的重要主体，也是证券经营机构和上市机构的衣食父母。国家通过法律和各类措施积极保护投资者合法权益。与此同时，在证券交易中，每个项目的选择和交易的操作都由自己来决定，因而投资者自己也要注意在交易中维护自己的合法权益，特别是在一些小众的证券投资中，更要使自己成为合格的投资者。

一、合格投资者

所谓合格投资者，是我国监管机关在证券监管活动中开展的对投资者进行适当性管理而采用的一个概念，具体指参加投资的人对自己所参与的投资活动中存在的风险，有认知能力和实际的承受能力。

在私募基金、三板和刚刚推出的科创板与"北交板"相关投资者管理中，都规定有合格投资者的具体条件，比如三板市场的入市门槛，要求个人投资者金融资产分别在 200 万、150 万和 50 万元以上，私募基金的相关法律也要求个人投资者的资产在 100 万元以上，科创板要求其投资者的资产在 50 万元以上。这些资金数额都只是限定投资者的入市门槛，最低不能低于这个数。这样做是为了把那些不具备实力，没有这方面经验的投资者排除在门外，以防止他们在投资中出现意外的风险或损失。

二、证券投资特殊性对投资者的专业性要求

在资产证券化过程中，无论哪一种证券化形式都是投资与投机的结合。

由于这种活动会吸引大量社会闲散资金和人员的参与，因此具有较大的投机和风险性，这就要求所有交易参与者，必须具备一定的专业知识。盲目投资往往会形成风险，造成损失。所以，任何投资者进入市场都必须有充分的准备，一是资金准备；二是知识技能准备。真正做好这种准备，方能在市场中应对随时可能出现的风险，并在其中回避损失，扩大收益。

三、不具备专业知识的人最好不入场

投资是一种专业性很强的技能行为。每个人都想发财，都想多挣钱，但无论是谁，在从事某种投资前，首先要看看自己有没有那个能力，没有那个能力又想多挣钱怎么办，就必须做好准备，事先培养一点自己在这方面的能力，然后再进入市场，千万不要盲目入市，盲目入市往往可能造成较大损失。从 2019 年年底延续到 2021 年 4 月的股票行情使不少人赚了钱，也把一些菜鸟吸引入市，虽然他们入市赚了一点小钱，但在特朗普宣布加大贸易战措施导致的股市下跌中，不少个股下跌达到百分之四五十，又使这些人中的相当部分产生较大损失和亏损。

四、成为专家的两个途径：准备与实战

要想做投资，特别是在证券市场做好投资，一定要把自己变成一个真正的专家，而成为专家的途径就是两条，一是充分准备；二是更多参与实战。没有这样的经历，要想成为一个投资的行家里手，在这个市场赚钱，几乎是不可能的，因为上帝不会青睐一个毫无准备的人。

在投资领域人人都想成功，但最后真正成功的往往是少数人，为什么？因为成为专家一定要有两条：一是做好充分准备，包括知识和资金的准备；二是进行实战，没有哪个战斗英雄是不参战而成为英雄的，投资者也是如此，只有在实际操作中不断总结，不断思考，形成自己的投资方法，才能使自己成为一个专业的投资者，从而取得更多的投资收益。

六、模拟投资

所有投资者都有一个从入门到成熟的成长过程，没有哪个人生来就会投

资，有些人投资感觉特别好，他也不可能生来就会操作。所以，对于证券投资者而言，在没有把握之前，最好是通过模拟的方式进行操作，待积累经验后，再投入真金白银，进行实盘操作。

七、一般不借钱投资

投资是一种风险与收益并存的经营行为，故对普通投资者而言，如果遇上风险，他的本钱就可能减少甚至灭失，从这个意义上讲，不能融资投资。对此，有人说，你看基金不是融资投资吗？其间它发行的收益凭证不就像债权一样吗？其实这是一种误解。

基金和债券是两种不同的金融产品，它们分别体现不同的性质或法律关系。债券因体现债权债务关系，到期要还本付息。而基金却不一定，由于基金体现的是信托投资关系，在这种关系中，基金经理只是受托进行投资操作，赚钱他提取佣金后，全归持有人，并不承担亏损责任，因而基金赔钱同样要由持有人自行承担。如在经营期间出现较大风险，可能损失到本金，利息就更不可能了。

八、集腋成裘

投资是一个积少成多的过程，投资者可以通过自己一点一滴的收获，累积形成财富，千万不要企图一夜暴富，这样的心理往往会左右自己的投资行为，从而导致投资失败。真正树立点滴积累、集腋成裘的精神，反而会使自己的财富累积得更快。

九、个人成长案例

笔者一个学生在十几年前以 1.6 万元入市，经过 10 多年的发展，现在已积累上亿的资金，并成为一家私募基金管理公司的董事长，他的投资经验就是五低投资法：一是低市盈率；二是低价格；三是低成交量；四是低关注度；五是低流动性。他坚持这种方法投资十几年，其实他的学历并不高，就是坚持这种投资方法，使他获得成功。传说股市有个赵老哥，也用自己的一套投资方法，取得了六年一万倍的效果。

十、不会做股票也可以买基金

投资是不拘形式的，可以投股票、期货，也可投黄金。如果这些工具你都不会，都不熟悉，当然还有一种更简单的方法，就是直接去买些基金。买基金也有选时机和公司的问题，时机不对，同样可能产生亏损。

相反，在目前这个股市相对低点，你拿钱去买点儿基金放在那里，等过一两年或者两三年，这个额度涨了百分之几十，或者一两倍，那时就可以卖掉再等新机会。

总而言之，证券市场投资机会很多，希望各位朋友作好充分准备，真正成为合格投资者再入市，从而取得更好效果，获得更大收益。

另外，本人最近研究发现，所有股市、债市、期市、金市以及汇市都存在相当部分割韭菜交易所，所有参与者参与其中都同是韭菜和割韭人，你有能力你割人，你无能力被人割。这种局面迫切需要进行模式创新，而且通过研究也找到了一些解决的方法，但需要进一步研究和实证，真正推广也还需要一个较长的过程。

第四十五讲

关于资产证券化的监管

一、资产证券化的本质在于公开竞价交易

资产证券化的核心是通过一定的方式，把企业某种有形或无形资产变成证券，拿到公开竞价的市场进行连续交易，以吸引各类投资或投机者带着资金入场参与，从而实现证券出让的行为。也就是说，它的本质在于连续公开竞价交易，只有这种连续公开的竞价交易，才能充分吸引和容纳大量人的参与，更好地促进标的物的转让与变现。

证券交易不同于一般现货与实物买卖，能在店里拿着产品进行反复比较、检查并试用，甚至进行一对一的讨价还价，这类交易通常是一种多对多的竞价行为，市场要通过一定的方式显示即时变化和成交的价格，以使处于世界不同地方的参与者随时可以看到这种价格变化等信息，再根据自己的理解和预测，报出自己需要买入和卖出的品种与价格，以便交易所进行撮合成交。这种交易不仅方便买卖，连续竞价，而且可供多人同时参与，资金充裕，既有利于成交，也便于发现价格，促进标的物的顺畅流通。

二、公开交易涉社会公众利益应强化监管

从我国资产证券化发展的情况看，各种证券化交易大体分为两大类：一类是完全公开的竞价交易，如上海、深圳与北京三家证券交易所与四家期货交易所的交易；另一类是有限公开竞价交易，不是说这种交易不公开进行，

而是说它的受众相对较少，如过去的邮币卡交易，有些地方开设的大宗商品交易，三板与四板交易等，这种交易因多方面原因，参与人相对较少，容易产生交易断裂或受到人为控制与操纵，经常出现有人卖没人买，有人买没人卖，一段时间既无人买，也无人卖的情况，故而对这种交易，法律和监管层往往允许市场组织者进行必要的做市，以保持交易的连续性与活跃性。

上述两种交易，无论哪一种都属于公开竞价交易，只是范围有所不同，这种公开竞价交易因参与者大多是一般投资者，甚至包括许多"小白"。他们只能通过公开场合了解交易讯息和规则等信息，为此，市场组织者和法律必须保证交易的公平、公正和公开，严格禁止和打击对市场的操纵和内幕交易，以维护投资者合法权益。然而，由于参与的人数众多，无论什么样的市场，都可能存在形形色色的违规者，为此，对这种交易必须加强监管，纠正违规，打击操纵和欺诈，以维护正常的交易秩序。

三、证券交易关联多种不同领域情况复杂

证券交易因各种标的对应物体现的法律关系不同，关联多种不同的业务领域，对这些领域，我们分别设有不同的监管机关，因而涉及多种监管关系。例如，对大宗商品的定金交易，就大宗商品远期现货交易本身来说，在我国应属商务部门负责监管，但如果这种交易是以合约和定金的方式出现，其本质上就具有一定的证券属性，这种交易又涉及证券监管部门的职责范围。

数字货币是最近十多年互联网中出现的一种金融现象，也是一种新生的金融产品。这种现象和产品目前因无先例和科学理论可循，参与人员又很多，并与现行金融领域的多个方面有交汇，从而出现较大乱象。

这种所谓的数字货币从支付和结算功能，并与法币兑换的角度看，该业务具有货币属性，当由中国人民银行负责监管；而数字货币的信息存贮于区块链，在链中发挥功能，而区块链是一种网络存贮技术，该业务在我国又由工业和信息化部门负责监管；数字货币的交易本质上是证券交易，这一业务的主管部门又是中国证监会。一事涉三部门监管内容与职责，三部门因业务角度不同，意见往往不太一致，情况异常复杂。其他许多交易都存在类似的情形。目前我们对数字货币的交易是完全禁止的，但随着双循环的实施，我

们可能需要大力发展数字资产交易，这将对我们提出巨大的新课题。

四、证券化业务本身应由中国证监会负责监管

根据上述情况，应区别不同业务性质明确不同的监管部门。例如，对于数字货币，如果牵扯到货币本身与支付功能，按照分工即应由中国人民银行负责监管；如果涉及区块链本身，包括业务发展战略、规划、标准与应用等非数字货币本身，这一切就应由工业与信息化部门负责监管；如果数字资产交易涉及交易问题，特别是竞价交易，这本质上属于证券交易，这种交易本身应由中国证监会负责监管。不管监管对象机构是否认同，或以其他名义称呼，如叫"托肯""通证"等，都不能改变其本质上的证券属性，都应由中国证监会负责监管。

不仅数字货币如此，大宗商品的远期现货交易、邮币卡交易、艺术品拆分交易，以及有些交易场所开设的劳务竞价交易等，无论其名义或载体如何，只要不是标的物的直接交割交易，而是通过某种中间载体进行的，即便作为一种交易选择，都应属于证券交易，或带证券交易的两便交易，都应由中国证监会直接负责或参与监管。

五、目前中国证监会监管范围过窄不适应需要

扩大资产证券化的实施范围，特别是扩大实物的网上或区块链交易，证券化交易规模就可能跨上一个比较大的台阶，这对监管部门提出了更高的要求。

中国证监会作为全国证券监管机关，设立二十多年来，对于发展证券市场，规范交易秩序，积极开展监管，保护投资者合法权益，做了大量工作。但总体来说，与市场发展的要求也有一定差距。其中最重要的一条是，目前的监管范围仅限于"股债期基"四大方面：股即股票，债即债券，期即期货，基即基金。即使近几年大力开展了资产证券化业务，但这种业务也只是狭义的证券化，本质上只是债券业务的扩大，范围仍没超出"股债期基"的限制。

如上所说，经过十多年的发展，证券的种类与范围都得到了很大发展，

例如，邮币卡交易、艺术品拆分交易、数字货币交易、大宗商品的定金交易等，本质上都属于证券交易或带证券交易性质。由于没有科学的理论和政策指导，这类交易存在很大的盲目性，而且因大量"小白"的盲目参与，产生了很大的风险。

与此同时，我国经济面临消费升级，居民消费由原来的主要为衣食消费，逐步发展到衣食、住行、文游、康寿四大消费阶段并列，导致整体收入难以覆盖到大幅增长的四阶段消费的需求，从而使居民整个用于衣食消费的支出比例大幅减少，引起相关生产企业产品销售的大幅下滑。迫切需要社会，特别是证券监管机关根据实际发展和需要，通过概念和范围的必要调整，并通过对证券与实物两便交易的指导和发展，扩大投资者收益，或直接促进相关的消费，以适应目前变化的情况，使法律和证券工具更好地服务于实体经济、服务实体企业与社会。

六、研究改进和加强监管

近三十年的发展，我国证券市场监管也经历了一个从小到大，从弱到比较强的发展过程，积累了丰富的经验，但同样存在不少问题。这既是过去监管存在的问题，同样是强化监管的成效，使腐败和违规无法藏身。

目前，中国证监会相继出台了一些加强监管的措施，如积极激活市场，严格退市制度，严厉打击内幕交易与市场操纵，强化信息披露，严格投资者教育保护以及根据中央要求积极推出科创板、北交板，连同试点实施注册制等。这些都是必要的，但仍不够，与市场要求相比，还需要出台更多新的、有效的措施。特别是当前国际形势异常复杂，某些大国利用其地位，借贸易保护主义打压我们的崛起，这种局面迫切要求我们的证券市场和证券化交易，通过改革和监管创新，为企业和实体经济提供更多更好的产品与服务，加强市场建设，进一步推动实体经济运行和实体企业发展。

第四十六讲

资产证券化的新趋势：中国引领

一、证券化已走过几百年历程

资产资券化从它产生至今，已经走过了几百年的历史，从最早的债券，到股票、期货，以及后来出现的远期现货、外汇、劳务，特别是最近几年特别火爆的数字货币交易等，一步步影响着我们的生活。不仅极大方便了交易和经营活动，解决了期现产品的调档与套利，而且为许多专门机构与人员提供了多种投资工具，甚至要根本改变交易及支付手段，通过形形色色的证券化交易，极大地方便和促进了生产消费，以至整个社会生活。

二、最近十多年资产证券化创新更快

最近十多年是证券化创新迭起的十多年，也是证券化根本改变人类生活的十多年。在这十多年中，不仅许多国家相继实行了信贷资产证券化、不良资产证券化、保理和融资租赁证券化、知识产权证券化等，而且在中国出现了艺术品拆分证券化、邮币卡证券化，以及大宗商品证券化和劳务证券化等。

特别是从 2008 年比特币产生到现在，许多国家的企业机构等纷纷发行多种不同类别的数字货币，把这种证券交易推向了新的高潮。不仅在很大程度上改变着网络和实际交易的支付，甚至可能导致国家发行法定数字货币，从而引起支付体系的根本变革。不仅如此，由于比特币的过度交易，颠覆人们对证券交易的认知，形成连"空气都能做成证券化进行交易"的理念与现实。这为资产证券化的创新提供了无穷的想象空间。

三、证券化创新的两大方面

资产证券化源于生活、高于生活，它的创新主要体现在两方面：

一是现有机构进行产品创新，许多证券公司等不断根据客观经济需求，推出新的证券化品种，例如，根据商业银行需求，推出信贷资产证券化产品，优化银行资产质量；根据一些企业不良资产处理需要，推出不良资产证券化产品，缓解企业间债务程度；根据艺术品事业发展要求，推出艺术品分拆证券化产品，促进艺术品资产的变现；根据土地流转要求，推出土地流转证券化产品，促进部分土地流转和扶贫等。

二是在现有证券化模式的基础上进行模式创新，例如，根据消费升级的要求，创出在远期现货交易中推出两便交易模式，促进投资与消费；根据劳务市场发展要求，创出劳务证券交易模式；根据企业融资需求，创出数字货币交易的融资模式（虽目前在国内这种融资模式暂时被禁止，但作为一种融资模式业已成型，有待进一步研究确认）。

四、证券化创新的核心：融资与变现

资产证券化的本质，就是通过一定的法律关系，把企业或个人的有关资产变成证券，拿到相关交易场所去交易。这种交易的核心不外乎是两条：一是把这种实物或其他资产拿去进行交易变现；二是把企业的物权、债权、股权、某种经营权、收益权等通过交易进行融资。虽然两种目的的性质根本不同，但表现形式都是出售方以自己的某种权利或实物拿去交易，换回自己所需要之"物"。

由于证券交易的一个最大特点，是能够吸引社会上的闲散资金，包括投资和投机资金，参与上市证券的交易，特别是竞价交易，这些投资者和资金的进入，本意是为了获取交易差价或投资收益，但正因为他们的参与，才使证券化的多种不同资产得以卖出，使发行人的变现或融资目的得以实现。所以这个市场，投资者及其资金的进入是交易得以顺利进行的基本保证，也可以说，投资者是证券市场从业者与融资变现者的衣食父母。为此，这个市场必须全面保证投资者的合法权益。无论何种方式挫伤他们的积极性，都会造成灾难性后果，甚至是崩盘。

五、融资交易和创新涉及社会利益

由于证券交易是公开、连续、集中的竞价交易，这种交易的参与者是社会公众，即使是合格投资者，他们具有较高的风险防范意识和承担能力，也难以完全避免证券交易中的各种风险，对于一般投资者就更是如此。特别是这种市场的估值和竞价交易特点，会导致不少机构和人员来此冒险，通过欺诈发行、操纵市场、内幕交易等多种违法行径，赚取不义之财，为此，法律和交易机构有义务通过各种法律规则、制度和执法，保证交易的公平、公正和公开，依法维护各类投资者和交易各方的合法权益。

六、有些创新交易面临小众市场资金不足困境

证券交易的创新与股票债券等交易不同，后者具有几百年的实践经验，已基本成熟，而前者是包括经济社会生活中发生的多种新型交易，这种交易一是内容比较新，二是参与人相对较少。正因为如此，这类交易有的不太活跃，常常是有人卖没人买，有人买没人卖，或者很长一段时间既没人买也没人卖，使交易中断，不仅影响市场，而且损害投资人利益。例如，三板交易和有些邮币卡交易。为此，一旦一个市场得以开设，就应当尽可能将其做好，既为发行人解决融资与投资退出等问题，也要充分保护投资者的合法权益，保持他们参与的积极性。

七、证券化创新中国走在前面

改革开放以来，中国金融，包括证券交易，大多数都在学习国外的先进经验和做法，包括美国的、欧洲的、日本的、其他国家的一些好的经验和做法，并在此基础上进行借鉴和改进创新。例如，在学习借鉴股份制的基础上，我们分别建立了四个不同的股票交易板块，发行上市了两万多家各类公司股票。这些交易虽然总体上与国外做法相同，但也有一些我们自己的特点。在学习借鉴国外期货交易经验的基础上，推出两便交易模式，开始引导和促进

消费。

经过不断地学习和努力，我们在这方面已经积累了不少经验，并开始创新。例如，天津文交所开展了艺术品拆分交易，这实际是一种物权与知识产权证券交易。经过整顿以后，南京文交所等机构又在此基础上推出了邮币卡交易，这种交易本质上是一种两便交易。在邮币卡交易的基础上，不少大宗商品交易所又推出了相关的南红交易、陈香交易以及农产品交易等。这些交易说起来都是实物交易，但不少市场借用定金交易模式，从而使其成为一种两便交易，更重要的是一些交易场所通过各种数字资产交易，促使参与者更多提取实物，并以赚钱扩大消费，这都对促进产品交易与提现，推动经济社会生活发展起到重要作用，也为相关投资者提供了一个很好的参与工具。

总结这些小型证券交易或两便交易可以看出，在这方面我国已经开始形成自己的经验，并在这种资产证券化创新方面在全球走在了前面。当然在进行这种创新的同时，也存在一定的违规和负面的东西，需要我们在总结规范的过程中，进行改进和提升，以充分发挥其积极作用，限制其消极作用。

八、证券化创新提出了新要求

2019 年 2 月 22 日，习近平总书记在主持中共中央政治局第十三次集体学习时提出，经济是肌体，金融是血脉，两者共生共荣。我们要深化对金融本质和规律的认识，立足中国实际，走出中国特色金融发展之路。

中国经济已是全球第二大经济体，并且走在第一大经济体的路上。经济的发展改革对金融提出了新的要求，特别是消费升级导致人们的收入赶不上消费结构变化，从而要求金融为社会提供新的模式：一方面为居民提高收益创造新的工具和选择，另一方面要通过交易和文化，提高参与者收入，并促进人们的消费，使之形成新的平衡。而这一切虽然能从传统金融交易中获得部分支持，但更多的却需要证券化交易来满足。因为证券化交易或两便交易才能在为交易者增加收益的同时，通过竞价引导部分交易者以增加的收入或亏损补差扩大对衣食住行等消费品的消费。

第四十七讲

企业要学会利用证券化手段，
提升整体经营能力

一、资产证券化的主体主要是企业

资产证券化系将企业的各类资产，通过一定的法律关系变成证券，拿到市场上进行交易变现或融资。这种交易的主体以及资产证券化的主体主要是企业。企业可以利用资产证券化实现本企业的多种目的。只要能充分认识，并有效利用证券化，企业就会快速发展。资产证券化的主体是企业，发展资产证券化业务，主要靠企业，企业也要依靠证券化市场促进经营，推动发展，两者相辅相成。

二、证券化的目的主要是融资与变现

如前所述，各种资产证券化产品的目的都有不同，但概括起来，不外乎为两大类：一是融资，二是变现。

从融资的角度来看，它要解决的是企业发展对资金的需求。任何企业要发展壮大，都离不开对各种生产经营条件的需求，例如，企业要扩大经营必须增加设备与生产线，增加产品产量与规模需要增加大量人力资源；要使技术领先需要加大科技投入。而这所有投入都需要支出大量资金，这种资金需求不能仅靠原有股东，更需要源源不断的新投资者的加入。通过证券化，即通过股权、债权、物权、收益权、经营权、消费权、特许权、知识产权等方

式，就可以把企业的某种资产变成证券，通过交易，使其为企业融进宝贵的发展资金。

从变现的角度来说，所有企业的生产经营过程都是一个投资变现的过程，无论从投资或生产过程来说，投资者投入企业的资本都需要通过产品、劳务的卖出变现才能回收成本和利润。无论什么样的企业，只要资本或资产卖不出去，都难以实现经营的良性循环。为此，变现是企业经营的终极目标，通过证券化，企业能够方便地将某种资产转化为证券，通过交易，使其顺利地予以变现。

三、无论哪类证券化对企业都是利大于弊

从资产证券化的发展历程看，无论是股权、债权、物权、知识产权，还是特许权、收益权、承包经营权等的证券化对企业来说，都是积极的、建设性的，对企业的经营发展都能起到巨大的促进作用。

当然，也有一些企业，由于认识出现偏差，风险防范不足，以及过度利用证券化，也会给企业经营带来较大的负面效果。整体说，资产证券化对企业经营是利大于弊，虽然它在执行中也可能会出现一些问题，但那都是操作者的认识偏差或操作过度所导致。只要经营者时刻保持警惕，积极采取措施，可能产生的风险都是可以预防和避免的。

四、排除干扰，创造条件，积极实施资产证券化

改革开放四十多年来，特别是资本市场建立以来，我国企业实施资产证券化的历史表明，无论实施股权、债券、期货或者其他方面的证券化，对企业的作用都是正面的、积极的。当然，也要看到，由于一些传统文化和观念的影响，还有很多人，包括一些专家对资产证券化存在一些模糊，甚至是错误的认识。有人认为证券化就是投机，就是圈钱，还有人从商业的根本上予以排斥，认为"奸商奸商、无奸不商"，证券化更是商中极端，充满欺骗。这类观念是落后的、错误的，也是不符中央要求的。因为党的十八届三中全会决定要求，在市场经济条件下，所有的生产要素都要进入市场，只有进入市场，才能充分交易，从而实现资源的有效配置。资产证券化是配置资源的

一种有效方式。所以一个企业经营好坏，能否发展，不在于是否实行证券化或商业本身，而在于企业家或经营者的理念和战略是否正确，只有树立正确的理念与战略，才能保证企业的经营方向。作为企业经营者，应当排除干扰，在树立正确理念和战略的基础上，采取有效措施，对企业有关资产实行证券化，以此促进企业的经营和发展。

五、根据企业需要选择证券化方式与市场

资产证券化是一种有效的企业经营方式。由于法律关系不同，证券化可以采取多种不同的类别，包括股权证券化、债权证券化、物权证券化、知识产权证券化等。各种不同的证券化有不同的目的和操作规则。各类企业应该根据自己的不同情况，选择不同方式的证券化形式，例如，企业经营效益好，规模适中，适合股票发行上市条件的，可以依法申请股票发行上市，进行股权证券化；为了解决公司经营一时的资金不足，可以申请发行某种债券，房地产企业也可以通过股权或信托的方式，做信托证券化或基础设施建设的瑞兹证券化、保障房证券化等；企业应收账款过多或有较多不良资产等，可以委托证券公司或其他有关机构做应收账款或保理证券化、不良资产证券化。

总之，资产证券化形式多种多样，企业为解决生产经营中的有关问题，完全可以根据自己的不同情况，选择不同的证券化方式，同时也要根据不同证券化的要求，选择不同的交易市场，如主板、中小板、创业板、科创板、北交板、三板、银行间或境外有关市场，积极促进企业经营发展。

六、保持证券交易流动性和形象是上市企业的一项重要任务

资产证券化不仅能够促进企业的变现和融资等目的，也能促进企业经营。但是，就像任何东西都有正反两面一样，资产证券化使用不当，也可能给企业带来较大的负面影响。因为企业证券上市交易，吸引社会上各类人员参与交易，他们的参与既使市场充满活力，也强化了对企业的经营监督。

即使投资者少参与，也会导致市场丧失流动性，如三板上市的许多公司由于不熟悉做市，其股票基本没有流通性，甚至一两周、一两个月都没有成交。这固然有市场本身的问题，也与企业不了解情况，不会做市有很大的

关系。

不仅三板市场如此，主板、中小板、创业板上市交易的公司也有的流动性非常差。这往往是因为公司不注意自己平常的市场形象所致。这样的公司在交易中往往受到投资者的排斥，股价也是长期在低位徘徊。

为解决这种问题，所有实施证券化的公司都要采取有效措施，保证自己的资产质量，保证自己上市证券在公开市场交易的流动性和连续性及整体形象。

七、通过证券化促使企业改善经营

资产证券化是企业经营的一种重要方式，也只是说它是一种辅助的经营手段，企业经营除证券化以外，还有许多重要方面，包括战略规划、实际的经营决策以及内部的各种管理等。资产证券化是诸多经营方式中的一种，企业只有在进行明确可行的战略规划、科学的经营决策和有效的综合管理的基础上，再对某种资产进行证券化，或者把整个公司股权进行证券化，才能更有效地改善和促进整个企业的经营和发展。

第四十八讲
全面防范证券化过程中的风险

一、证券化风险的概念

资产证券化是一种方便的企业经营方式，它将某种资产转化为证券，拿到专门的市场进行交易，既为企业资产变现与融资提供服务，也为社会投资者提供方便的投资增值工具。

由于这种交易需要具备相应的内外部条件，当其条件不具备而硬性交易或条件发生变化时即可能产生较大风险，或使某些潜在风险得以变现，从而造成严重后果。

资产证券化风险，指企业在实施证券化或其证券上市交易过程中产生的各种导致本企业或投资者资产较大损失的可能性。例如，企业在发行上市中弄虚作假、欺诈发行形成的风险与后果，企业发行或交易 ABS 中因基础资产不实导致的风险，股票交易中因国内外环境变化导致的暴涨暴跌风险，以及债券发行后不能归还本息，期货交易者放大杠杆交易产生的爆仓等风险。

资产证券化是金融体系中的一个分支，金融领域的各种流动性风险、利率风险、汇率风险和购买力风险等都可能在证券化过程中引起共振。

二、证券化风险的几种主要表现形式

资产证券化因法律关系不同分为多种不同种类，各种不同证券化形式因其制度设计和实施中受外界因素影响，都可能存在或产生相应的风险，其表现形式主要有：

1. 股市风险。股市风险，指一个国家整个股票交易市场或某个专业、区域交易场所因各种原因产生的流动性或暴涨暴跌风险。这种风险不仅具有周期性特点，而且也会因国内外重大事件导致的暴跌风险，还可能因上市公司欺诈发行，已上市证券的内幕交易、市场操纵和信息披露不实等导致的价格大涨大跌，在涨跌转变中引致大部分投资者的资产亏损等。

2. 债市风险。债市风险主要表现在债券交易中产生的价格异常涨跌和债务人到期不能归还本息，导致债权人到期难以回收债权及收益风险。

3. ABS 与 ABN 风险。ABS 和 ABN 是两种不同场所交易的，以发行人某种资产作为基础资产为担保而发行的债务凭证。这种证券化风险主要是作为基础资产的资产是否真实，会否因市场变化贬值而导致其不敷债务，从而难以弥补损失，最终还是表现为债权人到期难以全额回收本息的风险。

4. 期市与大宗商品交易风险。期市与大宗商品交易是以保证金或定金方式进行交易，到期结算交割实物或交割前获利及避险平仓的两便交易模式。这种证券化风险主要是投资者定金或保证金因杠杆运用过高致价格变化不敷货值而被强行平仓，以及生产者因情况变化难以按期交货等所导致的风险。

5. 汇市风险。汇市即以一个国家的主权货币为中心与其他国家货币进行交易而形成的市场，这种证券化形式的风险主要表现为交易中持有货币的汇率大幅升贬值而产生的损失。在当前国际环境下，由于形势变化，加之有的国家政府操纵往往导致汇率的暴涨暴跌，从而招致投资者的损失等。

6. 其他证券化风险。除上述风险表现外，其他多种形式的资产证券化根据其交易特点，都可能带有不同性质的风险。

三、证券化风险的系统与非系统性

资产证券化风险的影响及发生的可能性因交易不同而有区别，有的能通过主体自身的机制和工作得到防范，有的只能在风险发生后采取措施进行救助，以降低损失。根据这种特性，证券化过程中的风险分为系统性与非系统性两种不同类别。

1. 系统性风险。系统性风险即市场风险，指由一个国家或区域整体政治、经济、社会等因素对证券交易价格造成的过度影响，包括经济周期波动风险、政策风险、利率风险、购买力风险、汇率风险等。系统性风险的应对，包括对一个国家一定时期宏观经济状况作出判断，对影响整个证券市场或绝大多数证券交易品种产生不利影响的因素进行分析，从而提出有效的应对措施。如2008年的次贷危机早在2006年即已出现迹象，不少业界人士和专家提出意见，但未引起重视，直到两年后引爆全球才逐渐形成共识，促使各国政府采取措施予以应对。又如新冠肺炎疫情一次次来袭对市场交易产生的影响不断颠覆人们的认知。所以，证券化过程中的系统性风险，包括世界经济或某国经济发生严重危机、持续高涨的通货膨胀、特大自然灾害等都属于这类风险。

这种系统性风险，一般企业很难避免，但可以通过自己的工作和制度进行防范，以尽量减少由此造成的损失。或通过预测等手段判断风险到来的时间或烈度等，以规避与减少造成的损失，例如，2008年和2015年的股市大波动，即有民间股神提前预测并全身而退，从而避免了灾难性后果。

2. 非系统风险。非系统风险，指一般的商业风险，包括企业因实施证券化业务而形成的风险，如现金流风险、证券交易中的暴涨暴跌风险等，这类风险市场参与者虽无法提前预知，但在多种情况下可以通过制度设计或规避措施进行预防，从而避免或减少损失。如在期货交易中，投资者无法及时筹措资金满足建立和维持期货持仓保证金要求的风险，因这种交易实行当日无负债结算制度，对资金管理要求非常高，如满仓操作价格变动超过预期，就可能面临追加保证金问题，不能在规定时间补足保证金，即会被强制平仓，从而招致重大损失。但如果投资者在操作中严格执行操作纪律，任何时候都只拿百分之二三十的资金进行操作，即可完全避免上述风险。其他证券化过程中的非系统性风险也具有类似的情形。

四、证券化风险的危害

证券化风险一旦爆发或变现，即会造成严重的经济和其他的后果，2015年我国股市大波动：一是致指数下跌近一半；二是使一亿多股民人均损失市值约20万元人民币；三是停发新股至少四五百支；四是推迟国企混改至少五年，还有若干其他损失。

2008 年美国次贷危机引发的金融海啸也在很大程度上是因过度实施证券化所导致，其造成的全球金融交易损失即高达百万亿美元，美国股市也由最高时的一万四千多点跌到六千多点，仅救市资金就耗费三万多亿美元（至今才有少量退出市场），连同招致的其他损失，后果至今令人记忆犹新。

即使单一企业实施证券化的风险变现也会轻者导致发行失败，重者或致数十万投资者财产的大幅减值，严重的还可能引发群体事件或社会动荡。最近市场爆出的多家上市公司做假或违规等黑天鹅事件，都分别使数万甚至数十万投资者遭受巨大损失。

五、采取多种措施全面防范证券化风险

由于资产证券化过程中的各种风险一旦发生或变现，即会造成巨大经济和其他损失，所以在此过程中的所有企业和投资者，乃至监管机构都要积极采取措施，全面防范风险的发生或变现。

1. 认真贯彻中央要求，牢固树立金融风险防范意识，严格执行相关政策。资产证券化关联多种不同金融业务，直接影响各类竞价交易，风险较其他交易程度更高。

2016 年以来，针对金融领域存在的问题与风险因素，中央经济和金融工作会议都提出了一系列新理念和新要求，出台多项政策措施，包括提高金融体系服务实体经济能力，把防范金融市场异常波动和共振作为三大攻坚战任务之一。习近平总书记也多次提出，要防范化解金融风险，加快形成融资功能完备、基础制度扎实、市场监管有效、投资者权益得到充分保护的股票市场。这些理念、要求和政策措施针对的是整个金融领域，更适用于资产证券化业务，所有与此相关的机构和投资者都要认真学习、领会并认真贯彻实施，牢固树立金融和证券化风险防范意识。

2. 制定严格管理制度和周密工作计划，从源头上、制度上保证上市产品质量。资产证券化的根本在于上市证券的发行和交易，所有上市证券的发行机构都要研究建立完整的发行与交易管理制度，严格保证上市标的的真实性，避免问题证券的发生。已上市证券的发行机构也要关注市场交易变化，通过

改进管理，提高效益，更好回报投资者等措施进行市值管理，维护市场形象，以保护投资者信心和参与交易的积极性。

3. 全面提高相关人员的专业技术知识和技能。掌握必要的专业知识，是防范风险的基本要求。证券化交易本身是一门比较深奥的专门学问，从事这一工作或交易必须具备相应的专业知识和技能。

由于我国证券市场发展阶段的原因，导致各类交易参与者总体知识不足，不适应市场发展需要。为此，所有从事资产证券化业务或交易的人员，包括投资者，都必须下工夫，学习和掌握一些基本的知识和技能，使自己能在这个市场得心应手地开展业务，处理风险事项。没有充分的知识和技能储备，只想碰运气，其结果必然会碰得头破血流。

4. 进一步加强市场建设，吸引更多合规资金参与交易。在证券化市场，除上市机构严把质量关外，交易所与承销公司应严格履行职责，通过规范交易秩序，打击各类违法违规，营造良好交易环境，吸引更多社会资金的参与，活跃交易。同时要通过制定规则、调整政策、建立风险基金等方式，引导一些长期资金进入，以稳定市场，并在风险变现及突发情况出现时，有充裕的空间进行资金调度，不致捉襟见肘。

5. 认清市场环境，把握操作时机。证券市场，包括股市、债市、期市、汇市、金市等市场都与经济政治等环境密切相关，经济衰退、股市走熊以及经济复苏、股市繁荣都会在很大程度上影响证券产品交易。政治环境变化同样如此，正所谓"选时重于选票"，据此，在实施证券化和从事相关投资中，上市挂牌机构和各类投资者都要根据时间和条件变化决定操作的市场、频率和数量，尽可能减少因环境变化造成的发行失败、交易不畅等损失。

6. 对上市机构和在二级市场操作的投资机构和个人，都要严格依法进行交易，注意法律变化形成的风险。

7. 加强金融案件诉讼与审判。近几年来，为防范金融风险，处置相关事件，打击证券欺诈和操纵市场行为，司法机关加强案件审理，审慎处理金融创新产品引发的金融纠纷案件。对不符合金融监管规定和监管精神的金融创新交易模式，或以金融创新为名掩盖金融风险、规避金融监管、进行制度套利的金融违规行为，及时否定其法律效力，并以其实际构成的法律关系确定效力和各方权利义务。对以金融创新名义非法吸收公众存款或者集资诈骗构成犯罪的，依法移送公安机关处理。

要严格依法审理各类交易场所的民事赔偿案件。对各类未经许可或者超越经营许可范围开展的违法违规交易行为，严格依照相关法律和行政法规的禁止性规定，否定其效力。加大对合法金融债权的保护，对当事人提出的财产保全、执行申请，经审查符合法律的，要及时采取保全、执行措施，维护当事人合法权益。充分运用信息手段，通过与金融、不动产管理部门等机构的信息交互，加大对被执行人财产线索的追查和跟踪力度，保证合法权利得到实现。

附录

中华人民共和国证券法

(1998 年 12 月 29 日第九届全国人民代表大会常务委员会第六次会议通过 根据 2004 年 8 月 28 日第十届全国人民代表大会常务委员会第十一次会议《关于修改〈中华人民共和国证券法〉的决定》第一次修正 2005 年 10 月 27 日第十届全国人民代表大会常务委员会第十八次会议第一次修订 根据 2013 年 6 月 29 日第十二届全国人民代表大会常务委员会第三次会议《关于修改〈中华人民共和国文物保护法〉等十二部法律的决定》第二次修正 根据 2014 年 8 月 31 日第十二届全国人民代表大会常务委员会第十次会议《关于修改〈中华人民共和国保险法〉等五部法律的决定》第三次修正 2019 年 12 月 28 日第十三届全国人民代表大会常务委员会第十五次会议第二次修订)

目　　录

第一章　总　　则

第一条　为了规范证券发行和交易行为，保护投资者的合法权益，维护社会经济秩序和社会公共利益，促进社会主义市场经济的发展，制定本法。

第二条　在中华人民共和国境内，股票、公司债券、存托凭证和国务院依法认定的其他证券的发行和交易，适用本法；本法未规定的，适用《中华人民共和国公司法》和其他法律、行政法规的规定。

政府债券、证券投资基金份额的上市交易，适用本法；其他法律、行政法规另有规定的，适用其规定。

资产支持证券、资产管理产品发行、交易的管理办法，由国务院依照本法的原则规定。

在中华人民共和国境外的证券发行和交易活动，扰乱中华人民共和国境内市场秩序，损害境内投资者合法权益的，依照本法有关规定处理并追究法律责任。

第三条　证券的发行、交易活动，必须遵循公开、公平、公正的原则。

第四条　证券发行、交易活动的当事人具有平等的法律地位，应当遵守自愿、有偿、诚实信用的原则。

第五条　证券的发行、交易活动，必须遵守法律、行政法规；禁止欺诈、内幕交易和操纵证券市场的行为。

第六条　证券业和银行业、信托业、保险业实行分业经营、分业管理，证券公司与银行、信托、保险业务机构分别设立。国家另有规定的除外。

第七条　国务院证券监督管理机构依法对全国证券市场实行集中统一监督管理。

国务院证券监督管理机构根据需要可以设立派出机构，按照授权履行监督管理职责。

第八条　国家审计机关依法对证券交易场所、证券公司、证券登记结算机构、证券监督管理机构进行审计监督。

第二章　证券发行

第九条　公开发行证券，必须符合法律、行政法规规定的条件，并依法报经国务院证券监督管理机构或者国务院授权的部门注册。未经依法注册，任何单位和个人不得公开发行证券。证券发行注册制的具体范围、实施步骤，由国务院规定。

有下列情形之一的，为公开发行：

（一）向不特定对象发行证券；

（二）向特定对象发行证券累计超过二百人，但依法实施员工持股计划的员工人数不计算在内；

（三）法律、行政法规规定的其他发行行为。

非公开发行证券，不得采用广告、公开劝诱和变相公开方式。

第十条　发行人申请公开发行股票、可转换为股票的公司债券，依法采取承销方式的，或者公开发行法律、行政法规规定实行保荐制度的其他证券的，应当聘请证券公司担任保荐人。

保荐人应当遵守业务规则和行业规范，诚实守信，勤勉尽责，对发行人的申请文件和信息披露资料进行审慎核查，督导发行人规范运作。

保荐人的管理办法由国务院证券监督管理机构规定。

第十一条　设立股份有限公司公开发行股票，应当符合《中华人民共和国公司法》规定的条件和经国务院批准的国务院证券监督管理机构规定的其他条件，向国务院证券监督管理机构报送募股申请和下列文件：

（一）公司章程；

（二）发起人协议；

（三）发起人姓名或者名称，发起人认购的股份数、出资种类及验资证明；

（四）招股说明书；

（五）代收股款银行的名称及地址；

（六）承销机构名称及有关的协议。

依照本法规定聘请保荐人的，还应当报送保荐人出具的发行保荐书。

法律、行政法规规定设立公司必须报经批准的，还应当提交相应的批准文件。

第十二条　公司首次公开发行新股，应当符合下列条件：

（一）具备健全且运行良好的组织机构；

（二）具有持续经营能力；

（三）最近三年财务会计报告被出具无保留意见审计报告；

（四）发行人及其控股股东、实际控制人最近三年不存在贪污、贿赂、侵占财产、挪用财产或者破坏社会主义市场经济秩序的刑事犯罪；

（五）经国务院批准的国务院证券监督管理机构规定的其他条件。

上市公司发行新股，应当符合经国务院批准的国务院证券监督管理机构规定的条件，具体管理办法由国务院证券监督管理机构规定。

公开发行存托凭证的，应当符合首次公开发行新股的条件以及国务院证券监督管理机构规定的其他条件。

第十三条　公司公开发行新股，应当报送募股申请和下列文件：

（一）公司营业执照；

（二）公司章程；

（三）股东大会决议；

（四）招股说明书或者其他公开发行募集文件；

（五）财务会计报告；

（六）代收股款银行的名称及地址。

依照本法规定聘请保荐人的，还应当报送保荐人出具的发行保荐书。依照本法规定实行承销的，还应当报送承销机构名称及有关的协议。

第十四条　公司对公开发行股票所募集资金，必须按照招股说明书或者其他公开发行募集文件所列资金用途使用；改变资金用途，必须经股东大会作出决议。擅自改变用途，未作纠正的，或者未经股东大会认可的，不得公开发行新股。

第十五条　公开发行公司债券，应当符合下列条件：

（一）具备健全且运行良好的组织机构；

（二）最近三年平均可分配利润足以支付公司债券一年的利息；

（三）国务院规定的其他条件。

公开发行公司债券筹集的资金，必须按照公司债券募集办法所列资金用途使用；改变资金用途，必须经债券持有人会议作出决议。公开发行公司债券筹集的资金，不得用于弥补亏损和非生产性支出。

上市公司发行可转换为股票的公司债券，除应当符合第一款规定的条件外，还应当遵守本法第十二条第二款的规定。但是，按照公司债券募集办法，上市公司通过收购本公司股份的方式进行公司债券转换的除外。

第十六条　申请公开发行公司债券，应当向国务院授权的部门或者国务院证券监督管理机构报送下列文件：

（一）公司营业执照；

（二）公司章程；

（三）公司债券募集办法；

（四）国务院授权的部门或者国务院证券监督管理机构规定的其他文件。

依照本法规定聘请保荐人的，还应当报送保荐人出具的发行保荐书。

第十七条　有下列情形之一的，不得再次公开发行公司债券：

（一）对已公开发行的公司债券或者其他债务有违约或者延迟支付本息的事实，仍处于继续状态；

（二）违反本法规定，改变公开发行公司债券所募资金的用途。

第十八条　发行人依法申请公开发行证券所报送的申请文件的格式、报送方式，由依法负责注册的机构或者部门规定。

第十九条　发行人报送的证券发行申请文件，应当充分披露投资者作出价值判断和投资决策所必需的信息，内容应当真实、准确、完整。

为证券发行出具有关文件的证券服务机构和人员，必须严格履行法定职责，保证所出具文件的真实性、准确性和完整性。

第二十条　发行人申请首次公开发行股票的，在提交申请文件后，应当按照国务院证券监督管理机构的规定预先披露有关申请文件。

第二十一条　国务院证券监督管理机构或者国务院授权的部门依照法定条件负责证券发行申请的注册。证券公开发行注册的具体办法由国务院规定。

按照国务院的规定，证券交易所等可以审核公开发行证券申请，判断发行人是否符合发行条件、信息披露要求，督促发行人完善信息披露内容。

依照前两款规定参与证券发行申请注册的人员，不得与发行申请人有利害关系，不得直接或者间接接受发行申请人的馈赠，不得持有所注册的发行申请的证券，不得私下与发行申请人进行接触。

第二十二条　国务院证券监督管理机构或者国务院授权的部门应当自受理证券发行申请文件之日起三个月内，依照法定条件和法定程序作出予以注册或者不予注册的决定，发行人根据要求补充、修改发行申请文件的时间不计算在内。不予注册的，应当说明理由。

第二十三条　证券发行申请经注册后，发行人应当依照法律、行政法规的规定，在证券公开发行前公告公开发行募集文件，并将该文件置备于指定场所供公众查阅。

发行证券的信息依法公开前，任何知情人不得公开或者泄露该信息。

发行人不得在公告公开发行募集文件前发行证券。

第二十四条　国务院证券监督管理机构或者国务院授权的部门对已作出的证券发行注册的决定，发现不符合法定条件或者法定程序，尚未发行证券的，应当予以撤销，停止发行。已经发行尚未上市的，撤销发行注册决定，发行人应当按照发行价并加算银行同期存款利息返还证券持有人；发行人的控股股东、实际控制人以及保荐人，应当与发行人承担连带责任，但是能够证明自己没有过错的除外。

股票的发行人在招股说明书等证券发行文件中隐瞒重要事实或者编造重大虚假内容，已经发行并上市的，国务院证券监督管理机构可以责令发行人回购证券，或者责令负有责任的控股股东、实际控制人买回证券。

第二十五条　股票依法发行后，发行人经营与收益的变化，由发行人自行负责；由此变化引致的投资风险，由投资者自行负责。

第二十六条　发行人向不特定对象发行的证券，法律、行政法规规定应当由证券公司承销的，发行人应当同证券公司签订承销协议。证券承销业务采取代销或者包销方式。

证券代销是指证券公司代发行人发售证券，在承销期结束时，将未售出的证券全部退还给发行人的承销方式。

证券包销是指证券公司将发行人的证券按照协议全部购入或者在承销期结束时将售后剩余证券全部自行购入的承销方式。

第二十七条 公开发行证券的发行人有权依法自主选择承销的证券公司。

第二十八条 证券公司承销证券，应当同发行人签订代销或者包销协议，载明下列事项：

（一）当事人的名称、住所及法定代表人姓名；

（二）代销、包销证券的种类、数量、金额及发行价格；

（三）代销、包销的期限及起止日期；

（四）代销、包销的付款方式及日期；

（五）代销、包销的费用和结算办法；

（六）违约责任；

（七）国务院证券监督管理机构规定的其他事项。

第二十九条 证券公司承销证券，应当对公开发行募集文件的真实性、准确性、完整性进行核查。发现有虚假记载、误导性陈述或者重大遗漏的，不得进行销售活动；已经销售的，必须立即停止销售活动，并采取纠正措施。

证券公司承销证券，不得有下列行为：

（一）进行虚假的或者误导投资者的广告宣传或者其他宣传推介活动；

（二）以不正当竞争手段招揽承销业务；

（三）其他违反证券承销业务规定的行为。

证券公司有前款所列行为，给其他证券承销机构或者投资者造成损失的，应当依法承担赔偿责任。

第三十条 向不特定对象发行证券聘请承销团承销的，承销团应当由主承销和参与承销的证券公司组成。

第三十一条 证券的代销、包销期限最长不得超过九十日。

证券公司在代销、包销期内，对所代销、包销的证券应当保证先行出售给认购人，证券公司不得为本公司预留所代销的证券和预先购入并留存所包销的证券。

第三十二条　股票发行采取溢价发行的，其发行价格由发行人与承销的证券公司协商确定。

第三十三条　股票发行采用代销方式，代销期限届满，向投资者出售的股票数量未达到拟公开发行股票数量百分之七十的，为发行失败。发行人应当按照发行价并加算银行同期存款利息返还股票认购人。

第三十四条　公开发行股票，代销、包销期限届满，发行人应当在规定的期限内将股票发行情况报国务院证券监督管理机构备案。

第三章　证券交易

第一节　一般规定

第三十五条　证券交易当事人依法买卖的证券，必须是依法发行并交付的证券。

非依法发行的证券，不得买卖。

第三十六条　依法发行的证券，《中华人民共和国公司法》和其他法律对其转让期限有限制性规定的，在限定的期限内不得转让。

上市公司持有百分之五以上股份的股东、实际控制人、董事、监事、高级管理人员，以及其他持有发行人首次公开发行前发行的股份或者上市公司向特定对象发行的股份的股东，转让其持有的本公司股份的，不得违反法律、行政法规和国务院证券监督管理机构关于持有期限、卖出时间、卖出数量、卖出方式、信息披露等规定，并应当遵守证券交易所的业务规则。

第三十七条　公开发行的证券，应当在依法设立的证券交易所上市交易或者在国务院批准的其他全国性证券交易场所交易。

非公开发行的证券，可以在证券交易所、国务院批准的其他全国性证券交易场所、按照国务院规定设立的区域性股权市场转让。

第三十八条　证券在证券交易所上市交易，应当采用公开的集中交易方式或者国务院证券监督管理机构批准的其他方式。

第三十九条 证券交易当事人买卖的证券可以采用纸面形式或者国务院证券监督管理机构规定的其他形式。

第四十条 证券交易场所、证券公司和证券登记结算机构的从业人员，证券监督管理机构的工作人员以及法律、行政法规规定禁止参与股票交易的其他人员，在任期或者法定限期内，不得直接或者以化名、借他人名义持有、买卖股票或者其他具有股权性质的证券，也不得收受他人赠送的股票或者其他具有股权性质的证券。

任何人在成为前款所列人员时，其原已持有的股票或者其他具有股权性质的证券，必须依法转让。

实施股权激励计划或者员工持股计划的证券公司的从业人员，可以按照国务院证券监督管理机构的规定持有、卖出本公司股票或者其他具有股权性质的证券。

第四十一条 证券交易场所、证券公司、证券登记结算机构、证券服务机构及其工作人员应当依法为投资者的信息保密，不得非法买卖、提供或者公开投资者的信息。

证券交易场所、证券公司、证券登记结算机构、证券服务机构及其工作人员不得泄露所知悉的商业秘密。

第四十二条 为证券发行出具审计报告或者法律意见书等文件的证券服务机构和人员，在该证券承销期内和期满后六个月内，不得买卖该证券。

除前款规定外，为发行人及其控股股东、实际控制人，或者收购人、重大资产交易方出具审计报告或者法律意见书等文件的证券服务机构和人员，自接受委托之日起至上述文件公开后五日内，不得买卖该证券。实际开展上述有关工作之日早于接受委托之日的，自实际开展上述有关工作之日起至上述文件公开后五日内，不得买卖该证券。

第四十三条 证券交易的收费必须合理，并公开收费项目、收费标准和管理办法。

第四十四条 上市公司、股票在国务院批准的其他全国性证券交易场所交易的公司持有百分之五以上股份的股东、董事、监事、高级管理人员，将其持有的该公司的股票或者其他具有股权性质的证券在买入后六个月内卖出，或者在卖出后六个月内又买入，由此所得收益归该公司所有，公司董事会应当收回其所得收益。但是，证券公司因购入包销售后剩余股票而持有百分之五以上股份，以及有国务院证券监督管理机构规定的其他情形的除外。

前款所称董事、监事、高级管理人员、自然人股东持有的股票或者其他具有股权性质的证券，包括其配偶、父母、子女持有的及利用他人账户持有的股票或者其他具有股权性质的证券。

公司董事会不按照第一款规定执行的，股东有权要求董事会在三十日内执行。公司董事会未在上述期限内执行的，股东有权为了公司的利益以自己的名义直接向人民法院提起诉讼。

公司董事会不按照第一款的规定执行的，负有责任的董事依法承担连带责任。

第四十五条　通过计算机程序自动生成或者下达交易指令进行程序化交易的，应当符合国务院证券监督管理机构的规定，并向证券交易所报告，不得影响证券交易所系统安全或者正常交易秩序。

第二节　证券上市

第四十六条　申请证券上市交易，应当向证券交易所提出申请，由证券交易所依法审核同意，并由双方签订上市协议。

证券交易所根据国务院授权的部门的决定安排政府债券上市交易。

第四十七条　申请证券上市交易，应当符合证券交易所上市规则规定的上市条件。

证券交易所上市规则规定的上市条件，应当对发行人的经营年限、财务状况、最低公开发行比例和公司治理、诚信记录等提出要求。

第四十八条　上市交易的证券，有证券交易所规定的终止上市情形的，由证券交易所按照业务规则终止其上市交易。

证券交易所决定终止证券上市交易的，应当及时公告，并报国务院证券监督管理机构备案。

第四十九条　对证券交易所作出的不予上市交易、终止上市交易决定不服的，可以向证券交易所设立的复核机构申请复核。

第三节 禁止的交易行为

第五十条 禁止证券交易内幕信息的知情人和非法获取内幕信息的人利用内幕信息从事证券交易活动。

第五十一条 证券交易内幕信息的知情人包括：

（一）发行人及其董事、监事、高级管理人员；

（二）持有公司百分之五以上股份的股东及其董事、监事、高级管理人员，公司的实际控制人及其董事、监事、高级管理人员；

（三）发行人控股或者实际控制的公司及其董事、监事、高级管理人员；

（四）由于所任公司职务或者因与公司业务往来可以获取公司有关内幕信息的人员；

（五）上市公司收购人或者重大资产交易方及其控股股东、实际控制人、董事、监事和高级管理人员；

（六）因职务、工作可以获取内幕信息的证券交易场所、证券公司、证券登记结算机构、证券服务机构的有关人员；

（七）因职责、工作可以获取内幕信息的证券监督管理机构工作人员；

（八）因法定职责对证券的发行、交易或者对上市公司及其收购、重大资产交易进行管理可以获取内幕信息的有关主管部门、监管机构的工作人员；

（九）国务院证券监督管理机构规定的可以获取内幕信息的其他人员。

第五十二条 证券交易活动中，涉及发行人的经营、财务或者对该发行人证券的市场价格有重大影响的尚未公开的信息，为内幕信息。

本法第八十条第二款、第八十一条第二款所列重大事件属于内幕信息。

第五十三条 证券交易内幕信息的知情人和非法获取内幕信息的人，在内幕信息公开前，不得买卖该公司的证券，或者泄露该信息，或者建议他人买卖该证券。

持有或者通过协议、其他安排与他人共同持有公司百分之五以上股份的自然人、法人、非法人组织收购上市公司的股份，本法另有规定的，适用其规定。

内幕交易行为给投资者造成损失的，应当依法承担赔偿责任。

　　第五十四条　禁止证券交易场所、证券公司、证券登记结算机构、证券服务机构和其他金融机构的从业人员、有关监管部门或者行业协会的工作人员，利用因职务便利获取的内幕信息以外的其他未公开的信息，违反规定，从事与该信息相关的证券交易活动，或者明示、暗示他人从事相关交易活动。

　　利用未公开信息进行交易给投资者造成损失的，应当依法承担赔偿责任。

　　第五十五条　禁止任何人以下列手段操纵证券市场，影响或者意图影响证券交易价格或者证券交易量：

　　（一）单独或者通过合谋，集中资金优势、持股优势或者利用信息优势联合或者连续买卖；

　　（二）与他人串通，以事先约定的时间、价格和方式相互进行证券交易；

　　（三）在自己实际控制的账户之间进行证券交易；

　　（四）不以成交为目的，频繁或者大量申报并撤销申报；

　　（五）利用虚假或者不确定的重大信息，诱导投资者进行证券交易；

　　（六）对证券、发行人公开作出评价、预测或者投资建议，并进行反向证券交易；

　　（七）利用在其他相关市场的活动操纵证券市场；

　　（八）操纵证券市场的其他手段。

　　操纵证券市场行为给投资者造成损失的，应当依法承担赔偿责任。

　　第五十六条　禁止任何单位和个人编造、传播虚假信息或者误导性信息，扰乱证券市场。

　　禁止证券交易场所、证券公司、证券登记结算机构、证券服务机构及其从业人员，证券业协会、证券监督管理机构及其工作人员，在证券交易活动中作出虚假陈述或者信息误导。

　　各种传播媒介传播证券市场信息必须真实、客观，禁止误导。传播媒介及其从事证券市场信息报道的工作人员不得从事与其工作职责发生利益冲突的证券买卖。

　　编造、传播虚假信息或者误导性信息，扰乱证券市场，给投资者造成损失的，应当依法承担赔偿责任。

　　第五十七条　禁止证券公司及其从业人员从事下列损害客户利益的行为：

（一）违背客户的委托为其买卖证券；

（二）不在规定时间内向客户提供交易的确认文件；

（三）未经客户的委托，擅自为客户买卖证券，或者假借客户的名义买卖证券；

（四）为牟取佣金收入，诱使客户进行不必要的证券买卖；

（五）其他违背客户真实意思表示，损害客户利益的行为。

违反前款规定给客户造成损失的，应当依法承担赔偿责任。

第五十八条　任何单位和个人不得违反规定，出借自己的证券账户或者借用他人的证券账户从事证券交易。

第五十九条　依法拓宽资金入市渠道，禁止资金违规流入股市。

禁止投资者违规利用财政资金、银行信贷资金买卖证券。

第六十条　国有独资企业、国有独资公司、国有资本控股公司买卖上市交易的股票，必须遵守国家有关规定。

第六十一条　证券交易场所、证券公司、证券登记结算机构、证券服务机构及其从业人员对证券交易中发现的禁止的交易行为，应当及时向证券监督管理机构报告。

第四章　上市公司的收购

第六十二条　投资者可以采取要约收购、协议收购及其他合法方式收购上市公司。

第六十三条　通过证券交易所的证券交易，投资者持有或者通过协议、其他安排与他人共同持有一个上市公司已发行的有表决权股份达到百分之五时，应当在该事实发生之日起三日内，向国务院证券监督管理机构、证券交易所作出书面报告，通知该上市公司，并予公告，在上述期限内不得再行买卖该上市公司的股票，但国务院证券监督管理机构规定的情形除外。

投资者持有或者通过协议、其他安排与他人共同持有一个上市公司已发行的有表决权股份达到百分之五后，其所持该上市公司已发行的有表决权股份比例每增加或者减少百分之五，应当依照前款规定进行报告和公告，在该事实发生之日起至公告后三日内，不得再行买卖该上市公司的股票，但国务院证券监督管理机构规定的情形除外。

投资者持有或者通过协议、其他安排与他人共同持有一个上市公司已发行的有表决权股份达到百分之五后，其所持该上市公司已发行的有表决权股份比例每增加或者减少百分之一，应当在该事实发生的次日通知该上市公司，并予公告。

违反第一款、第二款规定买入上市公司有表决权的股份的，在买入后的三十六个月内，对该超过规定比例部分的股份不得行使表决权。

第六十四条　依照前条规定所作的公告，应当包括下列内容：

（一）持股人的名称、住所；

（二）持有的股票的名称、数额；

（三）持股达到法定比例或者持股增减变化达到法定比例的日期、增持股份的资金来源；

（四）在上市公司中拥有有表决权的股份变动的时间及方式。

第六十五条　通过证券交易所的证券交易，投资者持有或者通过协议、其他安排与他人共同持有一个上市公司已发行的有表决权股份达到百分之三十时，继续进行收购的，应当依法向该上市公司所有股东发出收购上市公司全部或者部分股份的要约。

收购上市公司部分股份的要约应当约定，被收购公司股东承诺出售的股份数额超过预定收购的股份数额的，收购人按比例进行收购。

第六十六条　依照前条规定发出收购要约，收购人必须公告上市公司收购报告书，并载明下列事项：

（一）收购人的名称、住所；

（二）收购人关于收购的决定；

（三）被收购的上市公司名称；

（四）收购目的；

（五）收购股份的详细名称和预定收购的股份数额；

（六）收购期限、收购价格；

（七）收购所需资金额及资金保证；

（八）公告上市公司收购报告书时持有被收购公司股份数占该公司已发

行的股份总数的比例。

第六十七条 收购要约约定的收购期限不得少于三十日，并不得超过六十日。

第六十八条 在收购要约确定的承诺期限内，收购人不得撤销其收购要约。收购人需要变更收购要约的，应当及时公告，载明具体变更事项，且不得存在下列情形：

（一）降低收购价格；

（二）减少预定收购股份数额；

（三）缩短收购期限；

（四）国务院证券监督管理机构规定的其他情形。

第六十九条 收购要约提出的各项收购条件，适用于被收购公司的所有股东。

上市公司发行不同种类股份的，收购人可以针对不同种类股份提出不同的收购条件。

第七十条 采取要约收购方式的，收购人在收购期限内，不得卖出被收购公司的股票，也不得采取要约规定以外的形式和超出要约的条件买入被收购公司的股票。

第七十一条 采取协议收购方式的，收购人可以依照法律、行政法规的规定同被收购公司的股东以协议方式进行股份转让。

以协议方式收购上市公司时，达成协议后，收购人必须在三日内将该收购协议向国务院证券监督管理机构及证券交易所作出书面报告，并予公告。

在公告前不得履行收购协议。

第七十二条 采取协议收购方式的，协议双方可以临时委托证券登记结算机构保管协议转让的股票，并将资金存放于指定的银行。

第七十三条 采取协议收购方式的，收购人收购或者通过协议、其他安排与他人共同收购一个上市公司已发行的有表决权股份达到百分之三十时，继续进行收购的，应当依法向该上市公司所有股东发出收购上市公司全部或者部分股份的要约。但是，按照国务院证券监督管理机构的规定免除发出要约的除外。

收购人依照前款规定以要约方式收购上市公司股份，应当遵守本法第六十五条第二款、第六十六条至第七十条的规定。

第七十四条　收购期限届满，被收购公司股权分布不符合证券交易所规定的上市交易要求的，该上市公司的股票应当由证券交易所依法终止上市交易；其余仍持有被收购公司股票的股东，有权向收购人以收购要约的同等条件出售其股票，收购人应当收购。

收购行为完成后，被收购公司不再具备股份有限公司条件的，应当依法变更企业形式。

第七十五条　在上市公司收购中，收购人持有的被收购的上市公司的股票，在收购行为完成后的十八个月内不得转让。

第七十六条　收购行为完成后，收购人与被收购公司合并，并将该公司解散的，被解散公司的原有股票由收购人依法更换。

收购行为完成后，收购人应当在十五日内将收购情况报告国务院证券监督管理机构和证券交易所，并予公告。

第七十七条　国务院证券监督管理机构依照本法制定上市公司收购的具体办法。

上市公司分立或者被其他公司合并，应当向国务院证券监督管理机构报告，并予公告。

第五章　信息披露

第七十八条　发行人及法律、行政法规和国务院证券监督管理机构规定的其他信息披露义务人，应当及时依法履行信息披露义务。

信息披露义务人披露的信息，应当真实、准确、完整，简明清晰，通俗易懂，不得有虚假记载、误导性陈述或者重大遗漏。

证券同时在境内境外公开发行、交易的，其信息披露义务人在境外披露的信息，应当在境内同时披露。

第七十九条　上市公司、公司债券上市交易的公司、股票在国务院批准的其他全国性证券交易场所交易的公司，应当按照国务院证券监督管理机构和证券交易场所规定的内容和格式编制定期报告，并按照以下规定报送和公告：

（一）在每一会计年度结束之日起四个月内，报送并公告年度报告，其中的年度财务会计报告应当经符合本法规定的会计师事务所审计；

（二）在每一会计年度的上半年结束之日起二个月内，报送并公告中期报告。

第八十条　发生可能对上市公司、股票在国务院批准的其他全国性证券交易场所交易的公司的股票交易价格产生较大影响的重大事件，投资者尚未得知时，公司应当立即将有关该重大事件的情况向国务院证券监督管理机构和证券交易场所报送临时报告，并予公告，说明事件的起因、目前的状态和可能产生的法律后果。

前款所称重大事件包括：

（一）公司的经营方针和经营范围的重大变化；

（二）公司的重大投资行为，公司在一年内购买、出售重大资产超过公司资产总额百分之三十，或者公司营业用主要资产的抵押、质押、出售或者报废一次超过该资产的百分之三十；

（三）公司订立重要合同、提供重大担保或者从事关联交易，可能对公司的资产、负债、权益和经营成果产生重要影响；

（四）公司发生重大债务和未能清偿到期重大债务的违约情况；

（五）公司发生重大亏损或者重大损失；

（六）公司生产经营的外部条件发生的重大变化；

（七）公司的董事、三分之一以上监事或者经理发生变动，董事长或者经理无法履行职责；

（八）持有公司百分之五以上股份的股东或者实际控制人持有股份或者控制公司的情况发生较大变化，公司的实际控制人及其控制的其他企业从事与公司相同或者相似业务的情况发生较大变化；

（九）公司分配股利、增资的计划，公司股权结构的重要变化，公司减资、合并、分立、解散及申请破产的决定，或者依法进入破产程序、被责令关闭；

（十）涉及公司的重大诉讼、仲裁，股东大会、董事会决议被依法撤销或者宣告无效；

（十一）公司涉嫌犯罪被依法立案调查，公司的控股股东、实际控制人、董事、监事、高级管理人员涉嫌犯罪被依法采取强制措施；

（十二）国务院证券监督管理机构规定的其他事项。

公司的控股股东或者实际控制人对重大事件的发生、进展产生较大影响的，应当及时将其知悉的有关情况书面告知公司，并配合公司履行信息披露义务。

第八十一条　发生可能对上市交易公司债券的交易价格产生较大影响的重大事件，投资者尚未得知时，公司应当立即将有关该重大事件的情况向国务院证券监督管理机构和证券交易场所报送临时报告，并予公告，说明事件的起因、目前的状态和可能产生的法律后果。

前款所称重大事件包括：

（一）公司股权结构或者生产经营状况发生重大变化；

（二）公司债券信用评级发生变化；

（三）公司重大资产抵押、质押、出售、转让、报废；

（四）公司发生未能清偿到期债务的情况；

（五）公司新增借款或者对外提供担保超过上年末净资产的百分之二十；

（六）公司放弃债权或者财产超过上年末净资产的百分之十；

（七）公司发生超过上年末净资产百分之十的重大损失；

（八）公司分配股利，作出减资、合并、分立、解散及申请破产的决定，或者依法进入破产程序、被责令关闭；

（九）涉及公司的重大诉讼、仲裁；

（十）公司涉嫌犯罪被依法立案调查，公司的控股股东、实际控制人、董事、监事、高级管理人员涉嫌犯罪被依法采取强制措施；

（十一）国务院证券监督管理机构规定的其他事项。

第八十二条　发行人的董事、高级管理人员应当对证券发行文件和定期报告签署书面确认意见。

发行人的监事会应当对董事会编制的证券发行文件和定期报告进行审核并提出书面审核意见。监事应当签署书面确认意见。

发行人的董事、监事和高级管理人员应当保证发行人及时、公平地披露信息，所披露的信息真实、准确、完整。

董事、监事和高级管理人员无法保证证券发行文件和定期报告内容的真实性、准确性、完整性或者有异议的，应当在书面确认意见中发表意见并陈述理由，发行人应当披露。发行人不予披露的，董事、监事和高级管理人员可以直接申请披露。

第八十三条 信息披露义务人披露的信息应当同时向所有投资者披露，不得提前向任何单位和个人泄露。但是，法律、行政法规另有规定的除外。

任何单位和个人不得非法要求信息披露义务人提供依法需要披露但尚未披露的信息。任何单位和个人提前获知的前述信息，在依法披露前应当保密。

第八十四条 除依法需要披露的信息之外，信息披露义务人可以自愿披露与投资者作出价值判断和投资决策有关的信息，但不得与依法披露的信息相冲突，不得误导投资者。

发行人及其控股股东、实际控制人、董事、监事、高级管理人员等作出公开承诺的，应当披露。不履行承诺给投资者造成损失的，应当依法承担赔偿责任。

第八十五条 信息披露义务人未按照规定披露信息，或者公告的证券发行文件、定期报告、临时报告及其他信息披露资料存在虚假记载、误导性陈述或者重大遗漏，致使投资者在证券交易中遭受损失的，信息披露义务人应当承担赔偿责任；发行人的控股股东、实际控制人、董事、监事、高级管理人员和其他直接责任人员以及保荐人、承销的证券公司及其直接责任人员，应当与发行人承担连带赔偿责任，但是能够证明自己没有过错的除外。

第八十六条 依法披露的信息，应当在证券交易场所的网站和符合国务院证券监督管理机构规定条件的媒体发布，同时将其置备于公司住所、证券交易场所，供社会公众查阅。

第八十七条 国务院证券监督管理机构对信息披露义务人的信息披露行为进行监督管理。

证券交易场所应当对其组织交易的证券的信息披露义务人的信息披露行为进行监督，督促其依法及时、准确地披露信息。

第六章　投资者保护

第八十八条　证券公司向投资者销售证券、提供服务时，应当按照规定充分了解投资者的基本情况、财产状况、金融资产状况、投资知识和经验、专业能力等相关信息；如实说明证券、服务的重要内容，充分揭示投资风险；销售、提供与投资者上述状况相匹配的证券、服务。

投资者在购买证券或者接受服务时，应当按照证券公司明示的要求提供前款所列真实信息。拒绝提供或者未按照要求提供信息的，证券公司应当告知其后果，并按照规定拒绝向其销售证券、提供服务。

证券公司违反第一款规定导致投资者损失的，应当承担相应的赔偿责任。

第八十九条　根据财产状况、金融资产状况、投资知识和经验、专业能力等因素，投资者可以分为普通投资者和专业投资者。专业投资者的标准由国务院证券监督管理机构规定。

普通投资者与证券公司发生纠纷的，证券公司应当证明其行为符合法律、行政法规以及国务院证券监督管理机构的规定，不存在误导、欺诈等情形。证券公司不能证明的，应当承担相应的赔偿责任。

第九十条　上市公司董事会、独立董事、持有百分之一以上有表决权股份的股东或者依照法律、行政法规或者国务院证券监督管理机构的规定设立的投资者保护机构（以下简称投资者保护机构），可以作为征集人，自行或者委托证券公司、证券服务机构，公开请求上市公司股东委托其代为出席股东大会，并代为行使提案权、表决权等股东权利。

依照前款规定征集股东权利的，征集人应当披露征集文件，上市公司应当予以配合。

禁止以有偿或者变相有偿的方式公开征集股东权利。

公开征集股东权利违反法律、行政法规或者国务院证券监督管理机构有关规定，导致上市公司或者其股东遭受损失的，应当依法承担赔偿责任。

第九十一条　上市公司应当在章程中明确分配现金股利的具体安排和决策程序，依法保障股东的资产收益权。

上市公司当年税后利润，在弥补亏损及提取法定公积金后有盈余的，应当按照公司章程的规定分配现金股利。

第九十二条　公开发行公司债券的，应当设立债券持有人会议，并应当在募集说明书中说明债券持有人会议的召集程序、会议规则和其他重要事项。

公开发行公司债券的，发行人应当为债券持有人聘请债券受托管理人，并订立债券受托管理协议。受托管理人应当由本次发行的承销机构或者其他经国务院证券监督管理机构认可的机构担任，债券持有人会议可以决议变更债券受托管理人。债券受托管理人应当勤勉尽责，公正履行受托管理职责，不得损害债券持有人利益。

债券发行人未能按期兑付债券本息的，债券受托管理人可以接受全部或者部分债券持有人的委托，以自己名义代表债券持有人提起、参加民事诉讼或者清算程序。

第九十三条　发行人因欺诈发行、虚假陈述或者其他重大违法行为给投资者造成损失的，发行人的控股股东、实际控制人、相关的证券公司可以委托投资者保护机构，就赔偿事宜与受到损失的投资者达成协议，予以先行赔付。先行赔付后，可以依法向发行人以及其他连带责任人追偿。

第九十四条　投资者与发行人、证券公司等发生纠纷的，双方可以向投资者保护机构申请调解。普通投资者与证券公司发生证券业务纠纷，普通投资者提出调解请求的，证券公司不得拒绝。

投资者保护机构对损害投资者利益的行为，可以依法支持投资者向人民法院提起诉讼。

发行人的董事、监事、高级管理人员执行公司职务时违反法律、行政法规或者公司章程的规定给公司造成损失，发行人的控股股东、实际控制人等侵犯公司合法权益给公司造成损失，投资者保护机构持有该公司股份的，可以为公司的利益以自己的名义向人民法院提起诉讼，持股比例和持股期限不受《中华人民共和国公司法》规定的限制。

第九十五条　投资者提起虚假陈述等证券民事赔偿诉讼时，诉讼标的是同一种类，且当事人一方人数众多的，可以依法推选代表人进行诉讼。

对按照前款规定提起的诉讼，可能存在有相同诉讼请求的其他众多投资者的，人民法院可以发出公告，说明该诉讼请求的案件情况，通知投资者在一定期间向人民法院登记。人民法院作出的判决、裁定，对参加登记的投资者发生效力。

投资者保护机构受五十名以上投资者委托，可以作为代表人参加诉讼，并为经证券登记结算机构确认的权利人依照前款规定向人民法院登记，但投资者明确表示不愿意参加该诉讼的除外。

第七章　证券交易场所

第九十六条　证券交易所、国务院批准的其他全国性证券交易场所为证券集中交易提供场所和设施，组织和监督证券交易，实行自律管理，依法登记，取得法人资格。

证券交易所、国务院批准的其他全国性证券交易场所的设立、变更和解散由国务院决定。

国务院批准的其他全国性证券交易场所的组织机构、管理办法等，由国务院规定。

第九十七条　证券交易所、国务院批准的其他全国性证券交易场所可以根据证券品种、行业特点、公司规模等因素设立不同的市场层次。

第九十八条　按照国务院规定设立的区域性股权市场为非公开发行证券的发行、转让提供场所和设施，具体管理办法由国务院规定。

第九十九条　证券交易所履行自律管理职能，应当遵守社会公共利益优先原则，维护市场的公平、有序、透明。

设立证券交易所必须制定章程。证券交易所章程的制定和修改，必须经国务院证券监督管理机构批准。

第一百条　证券交易所必须在其名称中标明证券交易所字样。其他任何单位或者个人不得使用证券交易所或者近似的名称。

第一百零一条　证券交易所可以自行支配的各项费用收入，应当首先用于保证其证券交易场所和设施的正常运行并逐步改善。

实行会员制的证券交易所的财产积累归会员所有，其权益由会员共同享有，在其存续期间，不得将其财产积累分配给会员。

第一百零二条　实行会员制的证券交易所设理事会、监事会。

证券交易所设总经理一人，由国务院证券监督管理机构任免。

第一百零三条　有《中华人民共和国公司法》第一百四十六条规定的情形或者下列情形之一的，不得担任证券交易所的负责人：

（一）因违法行为或者违纪行为被解除职务的证券交易场所、证券登记结算机构的负责人或者证券公司的董事、监事、高级管理人员，自被解除职务之日起未逾五年；

（二）因违法行为或者违纪行为被吊销执业证书或者被取消资格的律师、注册会计师或者其他证券服务机构的专业人员，自被吊销执业证书或者被取消资格之日起未逾五年。

第一百零四条　因违法行为或者违纪行为被开除的证券交易场所、证券公司、证券登记结算机构、证券服务机构的从业人员和被开除的国家机关工作人员，不得招聘为证券交易所的从业人员。

第一百零五条　进入实行会员制的证券交易所参与集中交易的，必须是证券交易所的会员。证券交易所不得允许非会员直接参与股票的集中交易。

第一百零六条　投资者应当与证券公司签订证券交易委托协议，并在证券公司实名开立账户，以书面、电话、自助终端、网络等方式，委托该证券公司代其买卖证券。

第一百零七条　证券公司为投资者开立账户，应当按照规定对投资者提供的身份信息进行核对。

证券公司不得将投资者的账户提供给他人使用。

投资者应当使用实名开立的账户进行交易。

第一百零八条　证券公司根据投资者的委托，按照证券交易规则提出交易申报，参与证券交易所场内的集中交易，并根据成交结果承担相应的清算交收责任。证券登记结算机构根据成交结果，按照清算交收规则，与证券公司进行证券和资金的清算交收，并为证券公司客户办理证券的登记过户手续。

第一百零九条　证券交易所应当为组织公平的集中交易提供保障，实时公布证券交易即时行情，并按交易日制作证券市场行情表，予以公布。

证券交易即时行情的权益由证券交易所依法享有。未经证券交易所许可，任何单位和个人不得发布证券交易即时行情。

第一百一十条　上市公司可以向证券交易所申请其上市交易股票的停牌或者复牌，但不得滥用停牌或者复牌损害投资者的合法权益。

证券交易所可以按照业务规则的规定，决定上市交易股票的停牌或者复牌。

第一百一十一条　因不可抗力、意外事件、重大技术故障、重大人为差错等突发性事件而影响证券交易正常进行时，为维护证券交易正常秩序和市场公平，证券交易所可以按照业务规则采取技术性停牌、临时停市等处置措施，并应当及时向国务院证券监督管理机构报告。

因前款规定的突发性事件导致证券交易结果出现重大异常，按交易结果进行交收将对证券交易正常秩序和市场公平造成重大影响的，证券交易所按照业务规则可以采取取消交易、通知证券登记结算机构暂缓交收等措施，并应当及时向国务院证券监督管理机构报告并公告。

证券交易所对其依照本条规定采取措施造成的损失，不承担民事赔偿责任，但存在重大过错的除外。

第一百一十二条　证券交易所对证券交易实行实时监控，并按照国务院证券监督管理机构的要求，对异常的交易情况提出报告。

证券交易所根据需要，可以按照业务规则对出现重大异常交易情况的证券账户的投资者限制交易，并及时报告国务院证券监督管理机构。

第一百一十三条　证券交易所应当加强对证券交易的风险监测，出现重大异常波动的，证券交易所可以按照业务规则采取限制交易、强制停牌等处置措施，并向国务院证券监督管理机构报告；严重影响证券市场稳定的，证券交易所可以按照业务规则采取临时停市等处置措施并公告。

证券交易所对其依照本条规定采取措施造成的损失，不承担民事赔偿责任，但存在重大过错的除外。

第一百一十四条　证券交易所应当从其收取的交易费用和会员费、席位费中提取一定比例的金额设立风险基金。风险基金由证券交易所理事会管理。

风险基金提取的具体比例和使用办法，由国务院证券监督管理机构会同国务院财政部门规定。

证券交易所应当将收存的风险基金存入开户银行专门账户，不得擅自使用。

第一百一十五条 证券交易所依照法律、行政法规和国务院证券监督管理机构的规定，制定上市规则、交易规则、会员管理规则和其他有关业务规则，并报国务院证券监督管理机构批准。

在证券交易所从事证券交易，应当遵守证券交易所依法制定的业务规则。违反业务规则的，由证券交易所给予纪律处分或者采取其他自律管理措施。

第一百一十六条 证券交易所的负责人和其他从业人员执行与证券交易有关的职务时，与其本人或者其亲属有利害关系的，应当回避。

第一百一十七条 按照依法制定的交易规则进行的交易，不得改变其交易结果，但本法第一百一十一条第二款规定的除外。对交易中违规交易者应负的民事责任不得免除；在违规交易中所获利益，依照有关规定处理。

第八章　证券公司

第一百一十八条 设立证券公司，应当具备下列条件，并经国务院证券监督管理机构批准：

（一）有符合法律、行政法规规定的公司章程；

（二）主要股东及公司的实际控制人具有良好的财务状况和诚信记录，最近三年无重大违法违规记录；

（三）有符合本法规定的公司注册资本；

（四）董事、监事、高级管理人员、从业人员符合本法规定的条件；

（五）有完善的风险管理与内部控制制度；

（六）有合格的经营场所、业务设施和信息技术系统；

（七）法律、行政法规和经国务院批准的国务院证券监督管理机构规定的其他条件。

未经国务院证券监督管理机构批准，任何单位和个人不得以证券公司名义开展证券业务活动。

第一百一十九条 国务院证券监督管理机构应当自受理证券公司设立申请之日起六个月内，依照法定条件和法定程序并根据审慎监管原则进行审查，作出批准或者不予批准的决定，并通知申请人；不予批准的，应当说明理由。

证券公司设立申请获得批准的，申请人应当在规定的期限内向公司登记机关申请设立登记，领取营业执照。

证券公司应当自领取营业执照之日起十五日内，向国务院证券监督管理机构申请经营证券业务许可证。未取得经营证券业务许可证，证券公司不得经营证券业务。

第一百二十条　经国务院证券监督管理机构核准，取得经营证券业务许可证，证券公司可以经营下列部分或者全部证券业务：

（一）证券经纪；

（二）证券投资咨询；

（三）与证券交易、证券投资活动有关的财务顾问；

（四）证券承销与保荐；

（五）证券融资融券；

（六）证券做市交易；

（七）证券自营；

（八）其他证券业务。

国务院证券监督管理机构应当自受理前款规定事项申请之日起三个月内，依照法定条件和程序进行审查，作出核准或者不予核准的决定，并通知申请人；不予核准的，应当说明理由。

证券公司经营证券资产管理业务的，应当符合《中华人民共和国证券投资基金法》等法律、行政法规的规定。

除证券公司外，任何单位和个人不得从事证券承销、证券保荐、证券经纪和证券融资融券业务。

证券公司从事证券融资融券业务，应当采取措施，严格防范和控制风险，不得违反规定向客户出借资金或者证券。

第一百二十一条　证券公司经营本法第一百二十条第一款第（一）项至第（三）项业务的，注册资本最低限额为人民币五千万元；经营第（四）项至第（八）项业务之一的，注册资本最低限额为人民币一亿元；经营第（四）项至第（八）项业务中两项以上的，注册资本最低限额为人民币五亿元。证券公司的注册资本应当是实缴资本。

国务院证券监督管理机构根据审慎监管原则和各项业务的风险程度，可以调整注册资本最低限额，但不得少于前款规定的限额。

第一百二十二条 证券公司变更证券业务范围，变更主要股东或者公司的实际控制人，合并、分立、停业、解散、破产，应当经国务院证券监督管理机构核准。

第一百二十三条 国务院证券监督管理机构应当对证券公司净资本和其他风险控制指标作出规定。

证券公司除依照规定为其客户提供融资融券外，不得为其股东或者股东的关联人提供融资或者担保。

第一百二十四条 证券公司的董事、监事、高级管理人员，应当正直诚实、品行良好，熟悉证券法律、行政法规，具有履行职责所需的经营管理能力。证券公司任免董事、监事、高级管理人员，应当报国务院证券监督管理机构备案。

有《中华人民共和国公司法》第一百四十六条规定的情形或者下列情形之一的，不得担任证券公司的董事、监事、高级管理人员：

（一）因违法行为或者违纪行为被解除职务的证券交易场所、证券登记结算机构的负责人或者证券公司的董事、监事、高级管理人员，自被解除职务之日起未逾五年；

（二）因违法行为或者违纪行为被吊销执业证书或者被取消资格的律师、注册会计师或者其他证券服务机构的专业人员，自被吊销执业证书或者被取消资格之日起未逾五年。

第一百二十五条 证券公司从事证券业务的人员应当品行良好，具备从事证券业务所需的专业能力。

因违法行为或者违纪行为被开除的证券交易场所、证券公司、证券登记结算机构、证券服务机构的从业人员和被开除的国家机关工作人员，不得招聘为证券公司的从业人员。

国家机关工作人员和法律、行政法规规定的禁止在公司中兼职的其他人员，不得在证券公司中兼任职务。

第一百二十六条 国家设立证券投资者保护基金。证券投资者保护基金由证券公司缴纳的资金及其他依法筹集的资金组成，其规模以及筹集、管理和使用的具体办法由国务院规定。

第一百二十七条 证券公司从每年的业务收入中提取交易风险准备金，用于弥补证券经营的损失，其提取的具体比例由国务院证券监督管理机构会同国务院财政部门规定。

第一百二十八条 证券公司应当建立健全内部控制制度，采取有效隔离措施，防范公司与客户之间、不同客户之间的利益冲突。

证券公司必须将其证券经纪业务、证券承销业务、证券自营业务、证券做市业务和证券资产管理业务分开办理，不得混合操作。

第一百二十九条 证券公司的自营业务必须以自己的名义进行，不得假借他人名义或者以个人名义进行。

证券公司的自营业务必须使用自有资金和依法筹集的资金。

证券公司不得将其自营账户借给他人使用。

第一百三十条 证券公司应当依法审慎经营，勤勉尽责，诚实守信。

证券公司的业务活动，应当与其治理结构、内部控制、合规管理、风险管理以及风险控制指标、从业人员构成等情况相适应，符合审慎监管和保护投资者合法权益的要求。

证券公司依法享有自主经营的权利，其合法经营不受干涉。

第一百三十一条 证券公司客户的交易结算资金应当存放在商业银行，以每个客户的名义单独立户管理。

证券公司不得将客户的交易结算资金和证券归入其自有财产。禁止任何单位或者个人以任何形式挪用客户的交易结算资金和证券。证券公司破产或者清算时，客户的交易结算资金和证券不属于其破产财产或者清算财产。非因客户本身的债务或者法律规定的其他情形，不得查封、冻结、扣划或者强制执行客户的交易结算资金和证券。

第一百三十二条 证券公司办理经纪业务，应当置备统一制定的证券买卖委托书，供委托人使用。采取其他委托方式的，必须作出委托记录。

客户的证券买卖委托，不论是否成交，其委托记录应当按照规定的期限，保存于证券公司。

第一百三十三条　证券公司接受证券买卖的委托，应当根据委托书载明的证券名称、买卖数量、出价方式、价格幅度等，按照交易规则代理买卖证券，如实进行交易记录；买卖成交后，应当按照规定制作买卖成交报告单交付客户。

证券交易中确认交易行为及其交易结果的对账单必须真实，保证账面证券余额与实际持有的证券相一致。

第一百三十四条　证券公司办理经纪业务，不得接受客户的全权委托而决定证券买卖、选择证券种类、决定买卖数量或者买卖价格。

证券公司不得允许他人以证券公司的名义直接参与证券的集中交易。

第一百三十五条　证券公司不得对客户证券买卖的收益或者赔偿证券买卖的损失作出承诺。

第一百三十六条　证券公司的从业人员在证券交易活动中，执行所属的证券公司的指令或者利用职务违反交易规则的，由所属的证券公司承担全部责任。

证券公司的从业人员不得私下接受客户委托买卖证券。

第一百三十七条　证券公司应当建立客户信息查询制度，确保客户能够查询其账户信息、委托记录、交易记录以及其他与接受服务或者购买产品有关的重要信息。

证券公司应当妥善保存客户开户资料、委托记录、交易记录和与内部管理、业务经营有关的各项信息，任何人不得隐匿、伪造、篡改或者毁损。上述信息的保存期限不得少于二十年。

第一百三十八条　证券公司应当按照规定向国务院证券监督管理机构报送业务、财务等经营管理信息和资料。国务院证券监督管理机构有权要求证券公司及其主要股东、实际控制人在指定的期限内提供有关信息、资料。

证券公司及其主要股东、实际控制人向国务院证券监督管理机构报送或者提供的信息、资料，必须真实、准确、完整。

第一百三十九条　国务院证券监督管理机构认为有必要时，可以委托会计师事务所、资产评估机构对证券公司的财务状况、内部控制状况、资产价值进行审计或者评估。具体办法由国务院证券监督管理机构会同有关主管部门制定。

第一百四十条 证券公司的治理结构、合规管理、风险控制指标不符合规定的,国务院证券监督管理机构应当责令其限期改正;逾期未改正,或者其行为严重危及该证券公司的稳健运行、损害客户合法权益的,国务院证券监督管理机构可以区别情形,对其采取下列措施:

(一) 限制业务活动,责令暂停部分业务,停止核准新业务;

(二) 限制分配红利,限制向董事、监事、高级管理人员支付报酬、提供福利;

(三) 限制转让财产或者在财产上设定其他权利;

(四) 责令更换董事、监事、高级管理人员或者限制其权利;

(五) 撤销有关业务许可;

(六) 认定负有责任的董事、监事、高级管理人员为不适当人选;

(七) 责令负有责任的股东转让股权,限制负有责任的股东行使股东权利。

证券公司整改后,应当向国务院证券监督管理机构提交报告。国务院证券监督管理机构经验收,治理结构、合规管理、风险控制指标符合规定的,应当自验收完毕之日起三日内解除对其采取的前款规定的有关限制措施。

第一百四十一条 证券公司的股东有虚假出资、抽逃出资行为的,国务院证券监督管理机构应当责令其限期改正,并可责令其转让所持证券公司的股权。

在前款规定的股东按照要求改正违法行为、转让所持证券公司的股权前,国务院证券监督管理机构可以限制其股东权利。

第一百四十二条 证券公司的董事、监事、高级管理人员未能勤勉尽责,致使证券公司存在重大违法违规行为或者重大风险的,国务院证券监督管理机构可以责令证券公司予以更换。

第一百四十三条 证券公司违法经营或者出现重大风险,严重危害证券市场秩序、损害投资者利益的,国务院证券监督管理机构可以对该证券公司采取责令停业整顿、指定其他机构托管、接管或者撤销等监管措施。

第一百四十四条 在证券公司被责令停业整顿、被依法指定托管、接管或者清算期间，或者出现重大风险时，经国务院证券监督管理机构批准，可以对该证券公司直接负责的董事、监事、高级管理人员和其他直接责任人员采取以下措施：

（一）通知出境入境管理机关依法阻止其出境；

（二）申请司法机关禁止其转移、转让或者以其他方式处分财产，或者在财产上设定其他权利。

第九章　证券登记结算机构

第一百四十五条　证券登记结算机构为证券交易提供集中登记、存管与结算服务，不以营利为目的，依法登记，取得法人资格。

设立证券登记结算机构必须经国务院证券监督管理机构批准。

第一百四十六条　设立证券登记结算机构，应当具备下列条件：

（一）自有资金不少于人民币二亿元；

（二）具有证券登记、存管和结算服务所必须的场所和设施；

（三）国务院证券监督管理机构规定的其他条件。

证券登记结算机构的名称中应当标明证券登记结算字样。

第一百四十七条　证券登记结算机构履行下列职能：

（一）证券账户、结算账户的设立；

（二）证券的存管和过户；

（三）证券持有人名册登记；

（四）证券交易的清算和交收；

（五）受发行人的委托派发证券权益；

（六）办理与上述业务有关的查询、信息服务；

（七）国务院证券监督管理机构批准的其他业务。

第一百四十八条　在证券交易所和国务院批准的其他全国性证券交易场所交易的证券的登记结算，应当采取全国集中统一的运营方式。

前款规定以外的证券，其登记、结算可以委托证券登记结算机构或者其他依法从事证券登记、结算业务的机构办理。

第一百四十九条　证券登记结算机构应当依法制定章程和业务规则，并经国务院证券监督管理机构批准。证券登记结算业务参与人应当遵守证券登记结算机构制定的业务规则。

第一百五十条　在证券交易所或者国务院批准的其他全国性证券交易场所交易的证券，应当全部存管在证券登记结算机构。

证券登记结算机构不得挪用客户的证券。

第一百五十一条　证券登记结算机构应当向证券发行人提供证券持有人名册及有关资料。

证券登记结算机构应当根据证券登记结算的结果，确认证券持有人持有证券的事实，提供证券持有人登记资料。

证券登记结算机构应当保证证券持有人名册和登记过户记录真实、准确、完整，不得隐匿、伪造、篡改或者毁损。

第一百五十二条　证券登记结算机构应当采取下列措施保证业务的正常进行：

（一）具有必备的服务设备和完善的数据安全保护措施；

（二）建立完善的业务、财务和安全防范等管理制度；

（三）建立完善的风险管理系统。

第一百五十三条　证券登记结算机构应当妥善保存登记、存管和结算的原始凭证及有关文件和资料。其保存期限不得少于二十年。

第一百五十四条　证券登记结算机构应当设立证券结算风险基金，用于垫付或者弥补因违约交收、技术故障、操作失误、不可抗力造成的证券登记结算机构的损失。

证券结算风险基金从证券登记结算机构的业务收入和收益中提取，并可以由结算参与人按照证券交易业务量的一定比例缴纳。

证券结算风险基金的筹集、管理办法，由国务院证券监督管理机构会同国务院财政部门规定。

第一百五十五条　证券结算风险基金应当存入指定银行的专门账户，实行专项管理。

证券登记结算机构以证券结算风险基金赔偿后，应当向有关责任人追偿。

第一百五十六条　证券登记结算机构申请解散，应当经国务院证券监督管理机构批准。

第一百五十七条 投资者委托证券公司进行证券交易，应当通过证券公司申请在证券登记结算机构开立证券账户。证券登记结算机构应当按照规定为投资者开立证券账户。

投资者申请开立账户，应当持有证明中华人民共和国公民、法人、合伙企业身份的合法证件。国家另有规定的除外。

第一百五十八条 证券登记结算机构作为中央对手方提供证券结算服务的，是结算参与人共同的清算交收对手，进行净额结算，为证券交易提供集中履约保障。

证券登记结算机构为证券交易提供净额结算服务时，应当要求结算参与人按照货银对付的原则，足额交付证券和资金，并提供交收担保。

在交收完成之前，任何人不得动用用于交收的证券、资金和担保物。

结算参与人未按时履行交收义务的，证券登记结算机构有权按照业务规则处理前款所述财产。

第一百五十九条 证券登记结算机构按照业务规则收取的各类结算资金和证券，必须存放于专门的清算交收账户，只能按业务规则用于已成交的证券交易的清算交收，不得被强制执行。

第十章 证券服务机构

第一百六十条 会计师事务所、律师事务所以及从事证券投资咨询、资产评估、资信评级、财务顾问、信息技术系统服务的证券服务机构，应当勤勉尽责、恪尽职守，按照相关业务规则为证券的交易及相关活动提供服务。

从事证券投资咨询服务业务，应当经国务院证券监督管理机构核准；未经核准，不得为证券的交易及相关活动提供服务。从事其他证券服务业务，应当报国务院证券监督管理机构和国务院有关主管部门备案。

第一百六十一条 证券投资咨询机构及其从业人员从事证券服务业务不得有下列行为：

（一）代理委托人从事证券投资；

（二）与委托人约定分享证券投资收益或者分担证券投资损失；

（三）买卖本证券投资咨询机构提供服务的证券；

（四）法律、行政法规禁止的其他行为。

有前款所列行为之一，给投资者造成损失的，应当依法承担赔偿责任。

第一百六十二条　证券服务机构应当妥善保存客户委托文件、核查和验证资料、工作底稿以及与质量控制、内部管理、业务经营有关的信息和资料，任何人不得泄露、隐匿、伪造、篡改或者毁损。上述信息和资料的保存期限不得少于十年，自业务委托结束之日起算。

第一百六十三条　证券服务机构为证券的发行、上市、交易等证券业务活动制作、出具审计报告及其他鉴证报告、资产评估报告、财务顾问报告、资信评级报告或者法律意见书等文件，应当勤勉尽责，对所依据的文件资料内容的真实性、准确性、完整性进行核查和验证。其制作、出具的文件有虚假记载、误导性陈述或者重大遗漏，给他人造成损失的，应当与委托人承担连带赔偿责任，但是能够证明自己没有过错的除外。

第十一章　证券业协会

第一百六十四条　证券业协会是证券业的自律性组织，是社会团体法人。证券公司应当加入证券业协会。

证券业协会的权力机构为全体会员组成的会员大会。

第一百六十五条　证券业协会章程由会员大会制定，并报国务院证券监督管理机构备案。

第一百六十六条　证券业协会履行下列职责：

（一）教育和组织会员及其从业人员遵守证券法律、行政法规，组织开展证券行业诚信建设，督促证券行业履行社会责任；

（二）依法维护会员的合法权益，向证券监督管理机构反映会员的建议和要求；

（三）督促会员开展投资者教育和保护活动，维护投资者合法权益；

（四）制定和实施证券行业自律规则，监督、检查会员及其从业人员行为，对违反法律、行政法规、自律规则或者协会章程的，按照规定给予纪律处分或者实施其他自律管理措施；

（五）制定证券行业业务规范，组织从业人员的业务培训；

（六）组织会员就证券行业的发展、运作及有关内容进行研究，收集整理、发布证券相关信息，提供会员服务，组织行业交流，引导行业创新发展；

（七）对会员之间、会员与客户之间发生的证券业务纠纷进行调解；

（八）证券业协会章程规定的其他职责。

第一百六十七条　证券业协会设理事会。理事会成员依章程的规定由选举产生。

第十二章　证券监督管理机构

第一百六十八条　国务院证券监督管理机构依法对证券市场实行监督管理，维护证券市场公开、公平、公正，防范系统性风险，维护投资者合法权益，促进证券市场健康发展。

第一百六十九条　国务院证券监督管理机构在对证券市场实施监督管理中履行下列职责：

（一）依法制定有关证券市场监督管理的规章、规则，并依法进行审批、核准、注册，办理备案；

（二）依法对证券的发行、上市、交易、登记、存管、结算等行为，进行监督管理；

（三）依法对证券发行人、证券公司、证券服务机构、证券交易场所、证券登记结算机构的证券业务活动，进行监督管理；

（四）依法制定从事证券业务人员的行为准则，并监督实施；

（五）依法监督检查证券发行、上市、交易的信息披露；

（六）依法对证券业协会的自律管理活动进行指导和监督；

（七）依法监测并防范、处置证券市场风险；

（八）依法开展投资者教育；

（九）依法对证券违法行为进行查处；

（十）法律、行政法规规定的其他职责。

第一百七十条　国务院证券监督管理机构依法履行职责，有权采取下列措施：

（一）对证券发行人、证券公司、证券服务机构、证券交易场所、证登记结算机构进行现场检查；

（二）进入涉嫌违法行为发生场所调查取证；

（三）询问当事人和与被调查事件有关的单位和个人，要求其对与被调查事件有关的事项作出说明；或者要求其按照指定的方式报送与被调查事件有关的文件和资料；

（四）查阅、复制与被调查事件有关的财产权登记、通讯记录等文件和资料；

（五）查阅、复制当事人和与被调查事件有关的单位和个人的证券交易记录、登记过户记录、财务会计资料及其他相关文件和资料；对可能被转移、隐匿或者毁损的文件和资料，可以予以封存、扣押；

（六）查询当事人和与被调查事件有关的单位和个人的资金账户、证券账户、银行账户以及其他具有支付、托管、结算等功能的账户信息，可以对有关文件和资料进行复制；对有证据证明已经或者可能转移或者隐匿违法资金、证券等涉案财产或者隐匿、伪造、毁损重要证据的，经国务院证券监督管理机构主要负责人或者其授权的其他负责人批准，可以冻结或者查封，期限为六个月；因特殊原因需要延长的，每次延长期限不得超过三个月，冻结、查封期限最长不得超过二年；

（七）在调查操纵证券市场、内幕交易等重大证券违法行为时，经国务院证券监督管理机构主要负责人或者其授权的其他负责人批准，可以限制被调查的当事人的证券买卖，但限制的期限不得超过三个月；案情复杂的，可以延长三个月；

（八）通知出境入境管理机关依法阻止涉嫌违法人员、涉嫌违法单位的主管人员和其他直接责任人员出境。

为防范证券市场风险，维护市场秩序，国务院证券监督管理机构可以采取责令改正、监管谈话、出具警示函等措施。

第一百七十一条 国务院证券监督管理机构对涉嫌证券违法的单位或者个人进行调查期间，被调查的当事人书面申请，承诺在国务院证券监督管理机构认可的期限内纠正涉嫌违法行为，赔偿有关投资者损失，消除损害或者不良影响的，国务院证券监督管理机构可以决定中止调查。被调查的当事人履行承诺的，国务院证券监督管理机构可以决定终止调查；被调查的当事人未履行承诺或者有国务院规定的其他情形的，应当恢复调查。具体办法由国务院规定。

国务院证券监督管理机构决定中止或者终止调查的，应当按照规定公开相关信息。

第一百七十二条 国务院证券监督管理机构依法履行职责，进行监督检查或者调查，其监督检查、调查的人员不得少于二人，并应当出示合法证件和监督检查、调查通知书或者其他执法文书。监督检查、调查的人员少于二人或者未出示合法证件和监督检查、调查通知书或者其他执法文书的，被检查、调查的单位和个人有权拒绝。

第一百七十三条 国务院证券监督管理机构依法履行职责，被检查、调查的单位和个人应当配合，如实提供有关文件和资料，不得拒绝、阻碍和隐瞒。

第一百七十四条 国务院证券监督管理机构制定的规章、规则和监督管理工作制度应当依法公开。

国务院证券监督管理机构依据调查结果，对证券违法行为作出的处罚决定，应当公开。

第一百七十五条 国务院证券监督管理机构应当与国务院其他金融监督管理机构建立监督管理信息共享机制。

国务院证券监督管理机构依法履行职责，进行监督检查或者调查时，有关部门应当予以配合。

第一百七十六条 对涉嫌证券违法、违规行为，任何单位和个人有权向国务院证券监督管理机构举报。

对涉嫌重大违法、违规行为的实名举报线索经查证属实的，国务院证券监督管理机构按照规定给予举报人奖励。

国务院证券监督管理机构应当对举报人的身份信息保密。

第一百七十七条 国务院证券监督管理机构可以和其他国家或者地区的证券监督管理机构建立监督管理合作机制，实施跨境监督管理。

境外证券监督管理机构不得在中华人民共和国境内直接进行调查取证等

活动。未经国务院证券监督管理机构和国务院有关主管部门同意，任何单位和个人不得擅自向境外提供与证券业务活动有关的文件和资料。

第一百七十八条 国务院证券监督管理机构依法履行职责，发现证券违法行为涉嫌犯罪的，应当依法将案件移送司法机关处理；发现公职人员涉嫌职务违法或者职务犯罪的，应当依法移送监察机关处理。

第一百七十九条 国务院证券监督管理机构工作人员必须忠于职守、依法办事、公正廉洁，不得利用职务便利牟取不正当利益，不得泄露所知悉的有关单位和个人的商业秘密。

国务院证券监督管理机构工作人员在任职期间，或者离职后在《中华人民共和国公务员法》规定的期限内，不得到与原工作业务直接相关的企业或者其他营利性组织任职，不得从事与原工作业务直接相关的营利性活动。

第十三章 法律责任

第一百八十条 违反本法第九条的规定，擅自公开或者变相公开发行证券的，责令停止发行，退还所募资金并加算银行同期存款利息，处以非法所募资金金额百分之五以上百分之五十以下的罚款；对擅自公开或者变相公开发行证券设立的公司，由依法履行监督管理职责的机构或者部门会同县级以上地方人民政府予以取缔。对直接负责的主管人员和其他直接责任人员给予警告，并处以五十万元以上五百万元以下的罚款。

第一百八十一条 发行人在其公告的证券发行文件中隐瞒重要事实或者编造重大虚假内容，尚未发行证券的，处以二百万元以上二千万元以下的罚款；已经发行证券的，处以非法所募资金金额百分之十以上一倍以下的罚款。对直接负责的主管人员和其他直接责任人员，处以一百万元以上一千万元以下的罚款。

发行人的控股股东、实际控制人组织、指使从事前款违法行为的，没收违法所得，并处以违法所得百分之十以上一倍以下的罚款；没有违法所得或者违法所得不足二千万元的，处以二百万元以上二千万元以下的罚款。对直接负责的主管人员和其他直接责任人员，处以一百万元以上一千万元以下的罚款。

第一百八十二条　保荐人出具有虚假记载、误导性陈述或者重大遗漏的保荐书，或者不履行其他法定职责的，责令改正，给予警告，没收业务收入，并处以业务收入一倍以上十倍以下的罚款；没有业务收入或者业务收入不足一百万元的，处以一百万元以上一千万元以下的罚款；情节严重的，并处暂停或者撤销保荐业务许可。对直接负责的主管人员和其他直接责任人员给予警告，并处以五十万元以上五百万元以下的罚款。

第一百八十三条　证券公司承销或者销售擅自公开发行或者变相公开发行的证券的，责令停止承销或者销售，没收违法所得，并处以违法所得一倍以上十倍以下的罚款；没有违法所得或者违法所得不足一百万元的，处以一百万元以上一千万元以下的罚款；情节严重的，并处暂停或者撤销相关业务许可。给投资者造成损失的，应当与发行人承担连带赔偿责任。对直接负责的主管人员和其他直接责任人员给予警告，并处以五十万元以上五百万元以下的罚款。

第一百八十四条　证券公司承销证券违反本法第二十九条规定的，责令改正，给予警告，没收违法所得，可以并处五十万元以上五百万元以下的罚款；情节严重的，暂停或者撤销相关业务许可。对直接负责的主管人员和其他直接责任人员给予警告，可以并处二十万元以上二百万元以下的罚款；情节严重的，并处五十万元以上五百万元以下的罚款。

第一百八十五条　发行人违反本法第十四条、第十五条的规定擅自改变公开发行证券所募集资金的用途的，责令改正，处以五十万元以上五百万元以下的罚款；对直接负责的主管人员和其他直接责任人员给予警告，并处以十万元以上一百万元以下的罚款。

发行人的控股股东、实际控制人从事或者组织、指使从事前款违法行为的，给予警告，并处以五十万元以上五百万元以下的罚款；对直接负责的主管人员和其他直接责任人员，处以十万元以上一百万元以下的罚款。

第一百八十六条　违反本法第三十六条的规定，在限制转让期内转让证券，或者转让股票不符合法律、行政法规和国务院证券监督管理机构规定的，责令改正，给予警告，没收违法所得，并处以买卖证券等值以下的罚款。

第一百八十七条　法律、行政法规规定禁止参与股票交易的人员，违反本法第四十条的规定，直接或者以化名、借他人名义持有、买卖股票或者其他具有股权性质的证券的，责令依法处理非法持有的股票、其他具有股权性质的证券，没收违法所得，并处以买卖证券等值以下的罚款；属于国家工作人员的，还应当依法给予处分。

第一百八十八条　证券服务机构及其从业人员，违反本法第四十二条的规定买卖证券的，责令依法处理非法持有的证券，没收违法所得，并处以买卖证券等值以下的罚款。

第一百八十九条　上市公司、股票在国务院批准的其他全国性证券交易场所交易的公司的董事、监事、高级管理人员、持有该公司百分之五以上股份的股东，违反本法第四十四条的规定，买卖该公司股票或者其他具有股权性质的证券的，给予警告，并处以十万元以上一百万元以下的罚款。

第一百九十条　违反本法第四十五条的规定，采取程序化交易影响证券交易所系统安全或者正常交易秩序的，责令改正，并处以五十万元以上五百万元以下的罚款。对直接负责的主管人员和其他直接责任人员给予警告，并处以十万元以上一百万元以下的罚款。

第一百九十一条　证券交易内幕信息的知情人或者非法获取内幕信息的人违反本法第五十三条的规定从事内幕交易的，责令依法处理非法持有的证券，没收违法所得，并处以违法所得一倍以上十倍以下的罚款；没有违法所得或者违法所得不足五十万元的，处以五十万元以上五百万元以下的罚款。单位从事内幕交易的，还应当对直接负责的主管人员和其他直接责任人员给予警告，并处以二十万元以上二百万元以下的罚款。国务院证券监督管理机构工作人员从事内幕交易的，从重处罚。

违反本法第五十四条的规定，利用未公开信息进行交易的，依照前款的规定处罚。

第一百九十二条　违反本法第五十五条的规定，操纵证券市场的，责令依法处理其非法持有的证券，没收违法所得，并处以违法所得一倍以上十倍以下的罚款；没有违法所得或者违法所得不足一百万元的，处以一百万元以上一千万元以下的罚款。单位操纵证券市场的，还应当对直接负责的主管人员和其他直接责任人员给予警告，并处以五十万元以上五百万元以下的罚款。

第一百九十三条　违反本法第五十六条第一款、第三款的规定，编造、传播虚假信息或者误导性信息，扰乱证券市场的，没收违法所得，并处以违法所得一倍以上十倍以下的罚款；没有违法所得或者违法所得不足二十万元的，处以二十万元以上二百万元以下的罚款。

　　违反本法第五十六条第二款的规定，在证券交易活动中作出虚假陈述或者信息误导的，责令改正，处以二十万元以上二百万元以下的罚款；属于国家工作人员的，还应当依法给予处分。

　　传播媒介及其从事证券市场信息报道的工作人员违反本法第五十六条第三款的规定，从事与其工作职责发生利益冲突的证券买卖的，没收违法所得，并处以买卖证券等值以下的罚款。

　　第一百九十四条　证券公司及其从业人员违反本法第五十七条的规定，有损害客户利益的行为的，给予警告，没收违法所得，并处以违法所得一倍以上十倍以下的罚款；没有违法所得或者违法所得不足十万元的，处以十万元以上一百万元以下的罚款；情节严重的，暂停或者撤销相关业务许可。

　　第一百九十五条　违反本法第五十八条的规定，出借自己的证券账户或者借用他人的证券账户从事证券交易的，责令改正，给予警告，可以处五十万元以下的罚款。

　　第一百九十六条　收购人未按照本法规定履行上市公司收购的公告、发出收购要约义务的，责令改正，给予警告，并处以五十万元以上五百万元以下的罚款。对直接负责的主管人员和其他直接责任人员给予警告，并处以二十万元以上二百万元以下的罚款。

　　收购人及其控股股东、实际控制人利用上市公司收购，给被收购公司及其股东造成损失的，应当依法承担赔偿责任。

　　第一百九十七条　信息披露义务人未按照本法规定报送有关报告或者履行信息披露义务的，责令改正，给予警告，并处以五十万元以上五百万元以下的罚款；对直接负责的主管人员和其他直接责任人员给予警告，并处以二十万元以上二百万元以下的罚款。发行人的控股股东、实际控制人组织、指使从事上述违法行为，或者隐瞒相关事项导致发生上述情形的，处以五十万元以上五百万元以下的罚款；对直接负责的主管人员和其他直接责任人员，处以二十万元以上二百万元以下的罚款。

信息披露义务人报送的报告或者披露的信息有虚假记载、误导性陈述或者重大遗漏的，责令改正，给予警告，并处以一百万元以上一千万元以下的罚款；对直接负责的主管人员和其他直接责任人员给予警告，并处以五十万元以上五百万元以下的罚款。发行人的控股股东、实际控制人组织、指使从事上述违法行为，或者隐瞒相关事项导致发生上述情形的，处以一百万元以上一千万元以下的罚款；对直接负责的主管人员和其他直接责任人员，处以五十万元以上五百万元以下的罚款。

第一百九十八条　证券公司违反本法第八十八条的规定未履行或者未按照规定履行投资者适当性管理义务的，责令改正，给予警告，并处以十万元以上一百万元以下的罚款。对直接负责的主管人员和其他直接责任人员给予警告，并处以二十万元以下的罚款。

第一百九十九条　违反本法第九十条的规定征集股东权利的，责令改正，给予警告，可以处五十万元以下的罚款。

第二百条　非法开设证券交易场所的，由县级以上人民政府予以取缔，没收违法所得，并处以违法所得一倍以上十倍以下的罚款；没有违法所得或者违法所得不足一百万元的，处以一百万元以上一千万元以下的罚款。对直接负责的主管人员和其他直接责任人员给予警告，并处以二十万元以上二百万元以下的罚款。

证券交易所违反本法第一百零五条的规定，允许非会员直接参与股票的集中交易的，责令改正，可以并处五十万元以下的罚款。

第二百零一条　证券公司违反本法第一百零七条第一款的规定，未对投资者开立账户提供的身份信息进行核对的，责令改正，给予警告，并处以五万元以上五十万元以下的罚款。对直接负责的主管人员和其他直接责任人员给予警告，并处以十万元以下的罚款。

证券公司违反本法第一百零七条第二款的规定，将投资者的账户提供给他人使用的，责令改正，给予警告，并处以十万元以上一百万元以下的罚款。对直接负责的主管人员和其他直接责任人员给予警告，并处以二十万元以下的罚款。

第二百零二条 违反本法第一百一十八条、第一百二十条第一款、第四款的规定，擅自设立证券公司、非法经营证券业务或者未经批准以证券公司名义开展证券业务活动的，责令改正，没收违法所得，并处以违法所得一倍以上十倍以下的罚款；没有违法所得或者违法所得不足一百万元的，处以一百万元以上一千万元以下的罚款。对直接负责的主管人员和其他直接责任人员给予警告，并处以二十万元以上二百万元以下的罚款。对擅自设立的证券公司，由国务院证券监督管理机构予以取缔。

证券公司违反本法第一百二十条第五款规定提供证券融资融券服务的，没收违法所得，并处以融资融券等值以下的罚款；情节严重的，禁止其在一定期限内从事证券融资融券业务。对直接负责的主管人员和其他直接责任人员给予警告，并处以二十万元以上二百万元以下的罚款。

第二百零三条 提交虚假证明文件或者采取其他欺诈手段骗取证券公司设立许可、业务许可或者重大事项变更核准的，撤销相关许可，并处以一百万元以上一千万元以下的罚款。对直接负责的主管人员和其他直接责任人员给予警告，并处以二十万元以上二百万元以下的罚款。

第二百零四条 证券公司违反本法第一百二十二条的规定，未经核准变更证券业务范围，变更主要股东或者公司的实际控制人，合并、分立、停业、解散、破产的，责令改正，给予警告，没收违法所得，并处以违法所得一倍以上十倍以下的罚款；没有违法所得或者违法所得不足五十万元的，处以五十万元以上五百万元以下的罚款；情节严重的，并处撤销相关业务许可。对直接负责的主管人员和其他直接责任人员给予警告，并处以二十万元以上二百万元以下的罚款。

第二百零五条 证券公司违反本法第一百二十三条第二款的规定，为其股东或者股东的关联人提供融资或者担保的，责令改正，给予警告，并处以五十万元以上五百万元以下的罚款。对直接负责的主管人员和其他直接责任人员给予警告，并处以十万元以上一百万元以下的罚款。股东有过错的，在按照要求改正前，国务院证券监督管理机构可以限制其股东权利；拒不改正的，可以责令其转让所持证券公司股权。

第二百零六条 证券公司违反本法第一百二十八条的规定，未采取有效隔离措施防范利益冲突，或者未分开办理相关业务、混合操作的，责令改正，给予警告，没收违法所得，并处以违法所得一倍以上十倍以下的罚款；没有违法所得或者违法所得不足五十万元的，处以五十万元以上五百万元以下的罚款；情节严重的，并处撤销相关业务许可。对直接负责的主管人员和其他直接责任人员给予警告，并处以二十万元以上二百万元以下的罚款。

第二百零七条　证券公司违反本法第一百二十九条的规定从事证券自营业务的，责令改正，给予警告，没收违法所得，并处以违法所得一倍以上十倍以下的罚款；没有违法所得或者违法所得不足五十万元的，处以五十万元以上五百万元以下的罚款；情节严重的，并处撤销相关业务许可或者责令关闭。对直接负责的主管人员和其他直接责任人员给予警告，并处以二十万元以上二百万元以下的罚款。

第二百零八条　违反本法第一百三十一条的规定，将客户的资金和证券归入自有财产，或者挪用客户的资金和证券的，责令改正，给予警告，没收违法所得，并处以违法所得一倍以上十倍以下的罚款；没有违法所得或者违法所得不足一百万元的，处以一百万元以上一千万元以下的罚款；情节严重的，并处撤销相关业务许可或者责令关闭。对直接负责的主管人员和其他直接责任人员给予警告，并处以五十万元以上五百万元以下的罚款。

第二百零九条　证券公司违反本法第一百三十四条第一款的规定接受客户的全权委托买卖证券的，或者违反本法第一百三十五条的规定对客户的收益或者赔偿客户的损失作出承诺的，责令改正，给予警告，没收违法所得，并处以违法所得一倍以上十倍以下的罚款；没有违法所得或者违法所得不足五十万元的，处以五十万元以上五百万元以下的罚款；情节严重的，并处撤销相关业务许可。对直接负责的主管人员和其他直接责任人员给予警告，并处以二十万元以上二百万元以下的罚款。

证券公司违反本法第一百三十四条第二款的规定，允许他人以证券公司的名义直接参与证券的集中交易的，责令改正，可以并处五十万元以下的罚款。

第二百一十条　证券公司的从业人员违反本法第一百三十六条的规定，私下接受客户委托买卖证券的，责令改正，给予警告，没收违法所得，并处以违法所得一倍以上十倍以下的罚款；没有违法所得的，处以五十万元以下的罚款。

第二百一十一条　证券公司及其主要股东、实际控制人违反本法第一百三十八条的规定，未报送、提供信息和资料，或者报送、提供的信息和资料有虚假记载、误导性陈述或者重大遗漏的，责令改正，给予警告，并处以一百万元以下的罚款；情节严重的，并处撤销相关业务许可。对直接负责的主管人员和其他直接责任人员，给予警告，并处以五十万元以下的罚款。

第二百一十二条　违反本法第一百四十五条的规定，擅自设立证券登记结算机构的，由国务院证券监督管理机构予以取缔，没收违法所得，并处以违法所得一倍以上十倍以下的罚款；没有违法所得或者违法所得不足五十万元的，处以五十万元以上五百万元以下的罚款。对直接负责的主管人员和其他直接责任人员给予警告，并处以二十万元以上二百万元以下的罚款。

第二百一十三条　证券投资咨询机构违反本法第一百六十条第二款的规定擅自从事证券服务业务，或者从事证券服务业务有本法第一百六十一条规定行为的，责令改正，没收违法所得，并处以违法所得一倍以上十倍以下的罚款；没有违法所得或者违法所得不足五十万元的，处以五十万元以上五百万元以下的罚款。对直接负责的主管人员和其他直接责任人员，给予警告，并处以二十万元以上二百万元以下的罚款。

会计师事务所、律师事务所以及从事资产评估、资信评级、财务顾问、信息技术系统服务的机构违反本法第一百六十条第二款的规定，从事证券服务业务未报备案的，责令改正，可以处二十万元以下的罚款。

证券服务机构违反本法第一百六十三条的规定，未勤勉尽责，所制作、出具的文件有虚假记载、误导性陈述或者重大遗漏的，责令改正，没收业务收入，并处以业务收入一倍以上十倍以下的罚款，没有业务收入或者业务收入不足五十万元的，处以五十万元以上五百万元以下的罚款；情节严重的，并处暂停或者禁止从事证券服务业务。对直接负责的主管人员和其他直接责任人员给予警告，并处以二十万元以上二百万元以下的罚款。

第二百一十四条　发行人、证券登记结算机构、证券公司、证券服务机构未按照规定保存有关文件和资料的，责令改正，给予警告，并处以十万元以上一百万元以下的罚款；泄露、隐匿、伪造、篡改或者毁损有关文件和资料的，给予警告，并处以二十万元以上二百万元以下的罚款；情节严重的，处以五十万元以上五百万元以下的罚款，并处暂停、撤销相关业务许可或者禁止从事相关业务。对直接负责的主管人员和其他直接责任人员给予警告，并处以十万元以上一百万元以下的罚款。

第二百一十五条 国务院证券监督管理机构依法将有关市场主体遵守本法的情况纳入证券市场诚信档案。

第二百一十六条 国务院证券监督管理机构或者国务院授权的部门有下列情形之一的，对直接负责的主管人员和其他直接责任人员，依法给予处分：

（一）对不符合本法规定的发行证券、设立证券公司等申请予以核准、注册、批准的；

（二）违反本法规定采取现场检查、调查取证、查询、冻结或者查封等措施的；

（三）违反本法规定对有关机构和人员采取监督管理措施的；

（四）违反本法规定对有关机构和人员实施行政处罚的；

（五）其他不依法履行职责的行为。

第二百一十七条 国务院证券监督管理机构或者国务院授权的部门的工作人员，不履行本法规定的职责，滥用职权、玩忽职守，利用职务便利牟取不正当利益，或者泄露所知悉的有关单位和个人的商业秘密的，依法追究法律责任。

第二百一十八条 拒绝、阻碍证券监督管理机构及其工作人员依法行使监督检查、调查职权，由证券监督管理机构责令改正，处以十万元以上一百万元以下的罚款，并由公安机关依法给予治安管理处罚。

第二百一十九条 违反本法规定，构成犯罪的，依法追究刑事责任。

第二百二十条 违反本法规定，应当承担民事赔偿责任和缴纳罚款、罚金、违法所得，违法行为人的财产不足以支付的，优先用于承担民事赔偿责任。

第二百二十一条 违反法律、行政法规或者国务院证券监督管理机构的有关规定，情节严重的，国务院证券监督管理机构可以对有关责任人员采取证券市场禁入的措施。

前款所称证券市场禁入，是指在一定期限内直至终身不得从事证券业务、证券服务业务，不得担任证券发行人的董事、监事、高级管理人员，或者一定期限内不得在证券交易所、国务院批准的其他全国性证券交易场所交易证券的制度。

第二百二十二条　依照本法收缴的罚款和没收的违法所得，全部上缴国库。

第二百二十三条　当事人对证券监督管理机构或者国务院授权的部门的处罚决定不服的，可以依法申请行政复议，或者依法直接向人民法院提起诉讼。

第十四章　附　　则

第二百二十四条　境内企业直接或者间接到境外发行证券或者将其证券在境外上市交易，应当符合国务院的有关规定。

第二百二十五条　境内公司股票以外币认购和交易的，具体办法由国务院另行规定。

第二百二十六条　本法自 2020 年 3 月 1 日起施行。

附

全国人民代表大会宪法和法律委员会
关于《中华人民共和国证券法（修订草案
四次审议稿）》修改意见的报告

全国人民代表大会常务委员会：

本次常委会会议于 12 月 23 日下午对证券法修订草案四次审议稿进行了分组审议。普遍认为，修订草案经过审议修改已经比较成熟，建议进一步修改后，提请本次常委会会议表决通过。同时，有些常委会组成人员和列席会议的同志还提出了一些修改意见。宪法和法律委员会于 12 月 24 日上午召开会议，逐条研究了常委会组成人员的审议意见，对修订草案进行了审议。财政经济委员会、最高人民法院、司法部、中国证券监督管理委员会的有关负责同志列席了会议。宪法和法律委员会认为，修订草案是可行的，同时，提出以下修改意见：

一、修订草案四次审议稿第二十一条第二款规定，按照国务院和国务院证券监督管理机构的规定，证券交易所等可以审核公开发行证券申请。有的意见提出，负责证券发行申请注册的部门，既包括国务院证券监督管理机构，也包括国务院授权的部门，修订草案四次审议稿的上述表述不够全面；有的提出，该条第一款已规定证券公开发行注册的具体办法由国务院规定，证券交易所等进行审核也应当依照国务院的规定执行。宪法和法律委员会经研究，建议将相关规定修改为：按照国务院的规定，证券交易所等可以审核公开发行证券申请。（修订草案建议表决稿第二十一条第二款）

二、有的常委委员提出，修订草案四次审议稿第一百零二条、第一百零五条关于证券交易所机构设置、参与证券交易所集中交易必须是其会员的规定，应当只适用于实行会员制的证券交易所，建议对此予以明确。宪法和法律委员会经研究，建议采纳这一意见。（修订草案建议表决稿第一百零二条、第一百零五条）

三、有的常委委员提出，为强化对证券服务机构的监管，应当发挥相关行业主管部门的作用，会计师事务所等证券服务机构从事证券服务业务，除了报国务院证券监督管理机构备案外，还应当报其主管部门备案。宪法和法律委员会经研究，建议将相关规定修改为：从事其他证券服务业务，应当报国务院证券监督管理机构和国务院有关主管部门备案。（修订草案建议表决稿第一百六十条第二款）

此外，根据常委会组成人员的审议意见，还对修订草案四次审议稿作了一些文字修改。

有的常委会组成人员还对本法通过后的实施和宣传工作提出了很好的意见，建议国务院及其有关部门及时出台相关配套规定，加强宣传解读工作，着力推进新证券法落地实施。宪法和法律委员会建议有关方面认真研究常委会组成人员的审议意见，抓紧制定相关配套规定，保证新证券法顺利实施，保障相关改革顺利推进；相关部门要做好新证券法的宣传和政策解读，为资本市场健康发展营造良好的舆论环境。

修订草案建议表决稿已按上述意见作了修改，宪法和法律委员会建议本次常委会会议审议通过。

修订草案建议表决稿和以上报告是否妥当，请审议。

全国人民代表大会宪法和法律委员会

2019 年 12 月 27 日

证券公司监督管理条例

(2008 年 4 月 23 日中华人民共和国国务院令第 522 号公布　根据 2014 年 7 月 29 日《国务院关于修改部分行政法规的决定》修订)

第一章　总　　则

第一条　为了加强对证券公司的监督管理，规范证券公司的行为，防范证券公司的风险，保护客户的合法权益和社会公共利益，促进证券业健康发展，根据《中华人民共和国公司法》（以下简称《公司法》）、《中华人民共和国证券法》（以下简称《证券法》），制定本条例。

第二条　证券公司应当遵守法律、行政法规和国务院证券监督管理机构的规定，审慎经营，履行对客户的诚信义务。

第三条　证券公司的股东和实际控制人不得滥用权利，占用证券公司或者客户的资产，损害证券公司或者客户的合法权益。

第四条　国家鼓励证券公司在有效控制风险的前提下，依法开展经营方式创新、业务或者产品创新、组织创新和激励约束机制创新。

国务院证券监督管理机构、国务院有关部门应当采取有效措施，促进证券公司的创新活动规范、有序进行。

第五条　证券公司按照国家规定，可以发行、交易、销售证券类金融产品。

第六条　国务院证券监督管理机构依法履行对证券公司的监督管理职责。国务院证券监督管理机构的派出机构在国务院证券监督管理机构的授权范围内，履行对证券公司的监督管理职责。

第七条　国务院证券监督管理机构、中国人民银行、国务院其他金融监督管理机构应当建立证券公司监督管理的信息共享机制。

国务院证券监督管理机构和地方人民政府应当建立证券公司的有关情况通报机制。

第二章　设立与变更

第八条　设立证券公司，应当具备《公司法》、《证券法》和本条例规定的条件，并经国务院证券监督管理机构批准。

第九条　证券公司的股东应当用货币或者证券公司经营必需的非货币财产出资。证券公司股东的非货币财产出资总额不得超过证券公司注册资本的30%。

证券公司股东的出资，应当经具有证券、期货相关业务资格的会计师事务所验资并出具证明；出资中的非货币财产，应当经具有证券相关业务资格的资产评估机构评估。

在证券公司经营过程中，证券公司的债权人将其债权转为证券公司股权的，不受本条第一款规定的限制。

第十条　有下列情形之一的单位或者个人，不得成为持有证券公司5%以上股权的股东、实际控制人：

（一）因故意犯罪被判处刑罚，刑罚执行完毕未逾3年；

（二）净资产低于实收资本的50%，或者或有负债达到净资产的50%；

（三）不能清偿到期债务；

（四）国务院证券监督管理机构认定的其他情形。

证券公司的其他股东应当符合国务院证券监督管理机构的相关要求。

第十一条　证券公司应当有3名以上在证券业担任高级管理人员满2年的高级管理人员。

第十二条　证券公司设立时，其业务范围应当与其财务状况、内部控制制度、合规制度和人力资源状况相适应；证券公司在经营过程中，经其申请，国务院证券监督管理机构可以根据其财务状况、内部控制水平、合规程度、高级管理人员业务管理能力、专业人员数量，对其业务范围进行调整。

第十三条　证券公司增加注册资本且股权结构发生重大调整，减少注册资本，变更业务范围或者公司章程中的重要条款，合并、分立，设立、收购或者撤销境内分支机构，在境外设立、收购、参股证券经营机构，应当经国务院证券监督管理机构批准。

前款所称公司章程中的重要条款，是指规定下列事项的条款：

（一）证券公司的名称、住所；

（二）证券公司的组织机构及其产生办法、职权、议事规则；

（三）证券公司对外投资、对外提供担保的类型、金额和内部审批程序；

（四）证券公司的解散事由与清算办法；

（五）国务院证券监督管理机构要求证券公司章程规定的其他事项。

本条第一款所称证券公司分支机构，是指从事业务经营活动的分公司、证券营业部等证券公司下属的非法人单位。

第十四条　任何单位或者个人有下列情形之一的，应当事先告知证券公司，由证券公司报国务院证券监督管理机构批准：

（一）认购或者受让证券公司的股权后，其持股比例达到证券公司注册资本的5%；

（二）以持有证券公司股东的股权或者其他方式，实际控制证券公司5%以上的股权。

未经国务院证券监督管理机构批准，任何单位或者个人不得委托他人或者接受他人委托持有或者管理证券公司的股权。证券公司的股东不得违反国家规定，约定不按照出资比例行使表决权。

第十五条　证券公司合并、分立的，涉及客户权益的重大资产转让应当经具有证券相关业务资格的资产评估机构评估。

证券公司停业、解散或者破产的，应当经国务院证券监督管理机构批准，并按照有关规定安置客户、处理未了结的业务。

第十六条　国务院证券监督管理机构应当对下列申请进行审查，并在下列期限内，作出批准或者不予批准的书面决定：

（一）对在境内设立证券公司或者在境外设立、收购或者参股证券经营机构的申请，自受理之日起6个月；

（二）对增加注册资本且股权结构发生重大调整，减少注册资本，合并、分立或者要求审查股东、实际控制人资格的申请，自受理之日起3个月；

（三）对变更业务范围、公司章程中的重要条款或者要求审查高级管理人员任职资格的申请，自受理之日起45个工作日；

（四）对设立、收购、撤销境内分支机构，或者停业、解散、破产的申请，自受理之日起30个工作日；

（五）对要求审查董事、监事任职资格的申请，自受理之日起20个工作日。

国务院证券监督管理机构审批证券公司及其分支机构的设立申请，应当考虑证券市场发展和公平竞争的需要。

第十七条 公司登记机关应当依照法律、行政法规的规定，凭国务院证券监督管理机构的批准文件，办理证券公司及其境内分支机构的设立、变更、注销登记。

证券公司在取得公司登记机关颁发或者换发的证券公司或者境内分支机构的营业执照后，应当向国务院证券监督管理机构申请颁发或者换发经营证券业务许可证。经营证券业务许可证应当载明证券公司或者境内分支机构的证券业务范围。

未取得经营证券业务许可证，证券公司及其境内分支机构不得经营证券业务。

证券公司停止全部证券业务、解散、破产或者撤销境内分支机构的，应当在国务院证券监督管理机构指定的报刊上公告，并按照规定将经营证券业务许可证交国务院证券监督管理机构注销。

第三章　组织机构

第十八条 证券公司应当依照《公司法》、《证券法》和本条例的规定，建立健全组织机构，明确决策、执行、监督机构的职权。

第十九条 证券公司可以设独立董事。证券公司的独立董事，不得在本证券公司担任董事会外的职务，不得与本证券公司存在可能妨碍其做出独立、客观判断的关系。

第二十条 证券公司经营证券经纪业务、证券资产管理业务、融资融券业务和证券承销与保荐业务中两种以上业务的，其董事会应当设薪酬与提名委员会、审计委员会和风险控制委员会，行使公司章程规定的职权。

证券公司董事会设薪酬与提名委员会、审计委员会的，委员会负责人由独立董事担任。

第二十一条 证券公司设董事会秘书，负责股东会和董事会会议的筹备、文件的保管以及股东资料的管理，按照规定或者根据国务院证券监督管理机构、股东等有关单位或者个人的要求，依法提供有关资料，办理信息报送或者信息披露事项。董事会秘书为证券公司高级管理人员。

第二十二条 证券公司设立行使证券公司经营管理职权的机构，应当在公司章程中明确其名称、组成、职责和议事规则，该机构的成员为证券公司高级管理人员。

第二十三条 证券公司设合规负责人，对证券公司经营管理行为的合法合规性进行审查、监督或者检查。合规负责人为证券公司高级管理人员，由董事会决定聘任，并应当经国务院证券监督管理机构认可。合规负责人不得在证券公司兼任负责经营管理的职务。

合规负责人发现违法违规行为，应当向公司章程规定的机构报告，同时按照规定向国务院证券监督管理机构或者有关自律组织报告。

证券公司解聘合规负责人，应当有正当理由，并自解聘之日起3个工作日内将解聘的事实和理由书面报告国务院证券监督管理机构。

第二十四条 证券公司的董事、监事、高级管理人员应当在任职前取得经国务院证券监督管理机构核准的任职资格。

证券公司不得聘任、选任未取得任职资格的人员担任前款规定的职务；已经聘任、选任的，有关聘任、选任的决议、决定无效。

第二十五条 证券公司的法定代表人或者高级管理人员离任的，证券公司应当对其进行审计，并自其离任之日起2个月内将审计报告报送国务院证券监督管理机构；证券公司的法定代表人或者经营管理的主要负责人离任的，应当聘请具有证券、期货相关业务资格的会计师事务所对其进行审计。

前款规定的审计报告未报送国务院证券监督管理机构的，离任人员不得在其他证券公司任职。

第四章　业务规则与风险控制

第一节　一般规定

第二十六条　证券公司及其境内分支机构从事《证券法》第一百二十五条规定的证券业务，应当遵守《证券法》和本条例的规定。

证券公司及其境内分支机构经营的业务应当经国务院证券监督管理机构批准，不得经营未经批准的业务。

2个以上的证券公司受同一单位、个人控制或者相互之间存在控制关系的，不得经营相同的证券业务，但国务院证券监督管理机构另有规定的除外。

第二十七条　证券公司应当按照审慎经营的原则，建立健全风险管理与内部控制制度，防范和控制风险。

证券公司应当对分支机构实行集中统一管理，不得与他人合资、合作经营管理分支机构，也不得将分支机构承包、租赁或者委托给他人经营管理。

第二十八条　证券公司受证券登记结算机构委托，为客户开立证券账户，应当按照证券账户管理规则，对客户申报的姓名或者名称、身份的真实性进行审查。同一客户开立的资金账户和证券账户的姓名或者名称应当一致。

证券公司为证券资产管理客户开立的证券账户，应当自开户之日起3个交易日内报证券交易所备案。

证券公司不得将客户的资金账户、证券账户提供给他人使用。

第二十九条　证券公司从事证券资产管理业务、融资融券业务，销售证券类金融产品，应当按照规定程序，了解客户的身份、财产与收入状况、证券投资经验和风险偏好，并以书面和电子方式予以记载、保存。证券公司应当根据所了解的客户情况推荐适当的产品或者服务。具体规则由中国证券业协会制定。

第三十条　证券公司与客户签订证券交易委托、证券资产管理、融资融券等业务合同，应当事先指定专人向客户讲解有关业务规则和合同内容，并将风险揭示书交由客户签字确认。业务合同的必备条款和风险揭示书的标准格式，由中国证券业协会制定，并报国务院证券监督管理机构备案。

第三十一条　证券公司从事证券资产管理业务、融资融券业务，应当按照规定编制对账单，按月寄送客户。证券公司与客户对对账单送交时间或者方式另有约定的，从其约定。

第三十二条　证券公司应当建立信息查询制度，保证客户在证券公司营业时间内能够随时查询其委托记录、交易记录、证券和资金余额，以及证券公司业务经办人员和证券经纪人的姓名、执业证书、证券经纪人证书编号等信息。

客户认为有关信息记录与实际情况不符的，可以向证券公司或者国务院证券监督管理机构投诉。证券公司应当指定专门部门负责处理客户投诉。国务院证券监督管理机构应当根据客户的投诉，采取相应措施。

第三十三条　证券公司不得违反规定委托其他单位或者个人进行客户招揽、客户服务、产品销售活动。

第三十四条　证券公司向客户提供投资建议，不得对证券价格的涨跌或者市场走势做出确定性的判断。

证券公司及其从业人员不得利用向客户提供投资建议而谋取不正当利益。

第三十五条　证券公司应当建立并实施有效的管理制度，防范其从业人员直接或者以化名、他人名义持有、买卖股票，收受他人赠送的股票。

第三十六条　证券公司应当按照规定提取一般风险准备金，用于弥补经营亏损。

第二节　证券经纪业务

第三十七条　证券公司从事证券经纪业务，应当对客户账户内的资金、证券是否充足进行审查。客户资金账户内的资金不足的，不得接受其买入委托；客户证券账户内的证券不足的，不得接受其卖出委托。

第三十八条　证券公司从事证券经纪业务，可以委托证券公司以外的人员作为证券经纪人，代理其进行客户招揽、客户服务等活动。证券经纪人应当具有证券从业资格。

证券公司应当与接受委托的证券经纪人签订委托合同，颁发证券经纪人证书，明确对证券经纪人的授权范围，并对证券经纪人的执业行为进行监督。

证券经纪人应当在证券公司的授权范围内从事业务，并应当向客户出示证券经纪人证书。

第三十九条 证券经纪人应当遵守证券公司从业人员的管理规定，其在证券公司授权范围内的行为，由证券公司依法承担相应的法律责任；超出授权范围的行为，证券经纪人应当依法承担相应的法律责任。

证券经纪人只能接受一家证券公司的委托，进行客户招揽、客户服务等活动。

证券经纪人不得为客户办理证券认购、交易等事项。

第四十条 证券公司向客户收取证券交易费用，应当符合国家有关规定，并将收费项目、收费标准在营业场所的显著位置予以公示。

第三节 证券自营业务

第四十一条 证券公司从事证券自营业务，限于买卖依法公开发行的股票、债券、权证、证券投资基金或者国务院证券监督管理机构认可的其他证券。

第四十二条 证券公司从事证券自营业务，应当使用实名证券自营账户。

证券公司的证券自营账户，应当自开户之日起 3 个交易日内报证券交易所备案。

第四十三条 证券公司从事证券自营业务，不得有下列行为：

（一）违反规定购买本证券公司控股股东或者与本证券公司有其他重大利害关系的发行人发行的证券；

（二）违反规定委托他人代为买卖证券；

（三）利用内幕信息买卖证券或者操纵证券市场；

（四）法律、行政法规或者国务院证券监督管理机构禁止的其他行为。

第四十四条 证券公司从事证券自营业务，自营证券总值与公司净资本的比例、持有一种证券的价值与公司净资本的比例、持有一种证券的数量与该证券发行总量的比例等风险控制指标，应当符合国务院证券监督管理机构的规定。

第四节　证券资产管理业务

第四十五条　证券公司可以依照《证券法》和本条例的规定，从事接受客户的委托、使用客户资产进行投资的证券资产管理业务。投资所产生的收益由客户享有，损失由客户承担，证券公司可以按照约定收取管理费用。

证券公司从事证券资产管理业务，应当与客户签订证券资产管理合同，约定投资范围、投资比例、管理期限及管理费用等事项。

第四十六条　证券公司从事证券资产管理业务，不得有下列行为：

（一）向客户做出保证其资产本金不受损失或者保证其取得最低收益的承诺；

（二）接受一个客户的单笔委托资产价值，低于国务院证券监督管理机构规定的最低限额；

（三）使用客户资产进行不必要的证券交易；

（四）在证券自营账户与证券资产管理账户之间或者不同的证券资产管理账户之间进行交易，且无充分证据证明已依法实现有效隔离；

（五）法律、行政法规或者国务院证券监督管理机构禁止的其他行为。

第四十七条　证券公司使用多个客户的资产进行集合投资，应当符合法律、行政法规和国务院证券监督管理机构的有关规定。

第五节　融资融券业务

第四十八条　本条例所称融资融券业务，是指在证券交易所或者国务院批准的其他证券交易场所进行的证券交易中，证券公司向客户出借资金供其买入证券或者出借证券供其卖出，并由客户交存相应担保物的经营活动。

第四十九条　证券公司经营融资融券业务，应当具备下列条件：

（一）证券公司治理结构健全，内部控制有效；

（二）风险控制指标符合规定，财务状况、合规状况良好；

（三）有经营融资融券业务所需的专业人员、技术条件、资金和证券；

（四）有完善的融资融券业务管理制度和实施方案；

（五）国务院证券监督管理机构规定的其他条件。

第五十条　证券公司从事融资融券业务，应当与客户签订融资融券合同，并按照国务院证券监督管理机构的规定，以证券公司的名义在证券登记结算机构开立客户证券担保账户，在指定商业银行开立客户资金担保账户。客户资金担保账户内的资金应当参照本条例第五十七条的规定进行管理。

在以证券公司名义开立的客户证券担保账户和客户资金担保账户内，应当为每一客户单独开立授信账户。

第五十一条　证券公司向客户融资，应当使用自有资金或者依法筹集的资金；向客户融券，应当使用自有证券或者依法取得处分权的证券。

第五十二条　证券公司向客户融资融券时，客户应当交存一定比例的保证金。保证金可以用证券充抵。

客户交存的保证金以及通过融资融券交易买入的全部证券和卖出证券所得的全部资金，均为对证券公司的担保物，应当存入证券公司客户证券担保账户或者客户资金担保账户并记入该客户授信账户。

第五十三条　客户证券担保账户内的证券和客户资金担保账户内的资金为信托财产。证券公司不得违背受托义务侵占客户担保账户内的证券或者资金。除本条例第五十四条规定的情形或者证券公司和客户依法另有约定的情形外，证券公司不得动用客户担保账户内的证券或者资金。

第五十四条　证券公司应当逐日计算客户担保物价值与其债务的比例。当该比例低于规定的最低维持担保比例时，证券公司应当通知客户在一定的期限内补交差额。客户未能按期交足差额，或者到期未偿还融资融券债务的，证券公司应当立即按照约定处分其担保物。

第五十五条　客户依照本条例第五十二条第一款规定交存保证金的比例，由国务院证券监督管理机构授权的单位规定。

证券公司可以向客户融出的证券和融出资金可以买入证券的种类，可充抵保证金的有价证券的种类和折算率，融资融券的期限，最低维持担保比例和补交差额的期限，由证券交易所规定。

本条第一款、第二款规定由被授权单位或者证券交易所做出的相关规定，应当向国务院证券监督管理机构备案，且不得违反国家货币政策。

第五十六条　证券公司从事融资融券业务，自有资金或者证券不足的，可以向证券金融公司借入。证券金融公司的设立和解散由国务院决定。

第五章　客户资产的保护

第五十七条　证券公司从事证券经纪业务，其客户的交易结算资金应当存放在指定商业银行，以每个客户的名义单独立户管理。

指定商业银行应当与证券公司及其客户签订客户的交易结算资金存管合同，约定客户的交易结算资金存取、划转、查询等事项，并按照证券交易净额结算、货银对付的要求，为证券公司开立客户的交易结算资金汇总账户。

客户的交易结算资金的存取，应当通过指定商业银行办理。指定商业银行应当保证客户能够随时查询客户的交易结算资金的余额及变动情况。

指定商业银行的名单，由国务院证券监督管理机构会同国务院银行业监督管理机构确定并公告。

第五十八条　证券公司从事证券资产管理业务，应当将客户的委托资产交由本条例第五十七条第四款规定的指定商业银行或者国务院证券监督管理机构认可的其他资产托管机构托管。

资产托管机构应当按照国务院证券监督管理机构的规定和证券资产管理合同的约定，履行安全保管客户的委托资产、办理资金收付事项、监督证券公司投资行为等职责。

第五十九条　客户的交易结算资金、证券资产管理客户的委托资产属于客户，应当与证券公司、指定商业银行、资产托管机构的自有资产相互独立、分别管理。非因客户本身的债务或者法律规定的其他情形，任何单位或者个人不得对客户的交易结算资金、委托资产申请查封、冻结或者强制执行。

第六十条　除下列情形外，不得动用客户的交易结算资金或者委托资金：

（一）客户进行证券的申购、证券交易的结算或者客户提款；

（二）客户支付与证券交易有关的佣金、费用或者税款；

（三）法律规定的其他情形。

第六十一条　证券公司不得以证券经纪客户或者证券资产管理客户的资产向他人提供融资或者担保。任何单位或者个人不得强令、指使、协助、接受证券公司以其证券经纪客户或者证券资产管理客户的资产提供融资或者担保。

第六十二条　指定商业银行、资产托管机构和证券登记结算机构应当对存放在本机构的客户的交易结算资金、委托资金和客户担保账户内的资金、证券的动用情况进行监督，并按照规定定期向国务院证券监督管理机构报送客户的交易结算资金、委托资金和客户担保账户内的资金、证券的存管或者动用情况的有关数据。

指定商业银行、资产托管机构和证券登记结算机构对超出本条例第五十三条、第五十四条、第六十条规定的范围，动用客户的交易结算资金、委托资金和客户担保账户内的资金、证券的申请、指令，应当拒绝；发现客户的交易结算资金、委托资金和客户担保账户内的资金、证券被违法动用或者有其他异常情况的，应当立即向国务院证券监督管理机构报告，并抄报有关监督管理机构。

第六章　监督管理措施

第六十三条　证券公司应当自每一会计年度结束之日起4个月内，向国务院证券监督管理机构报送年度报告；自每月结束之日起7个工作日内，报送月度报告。

发生影响或者可能影响证券公司经营管理、财务状况、风险控制指标或者客户资产安全的重大事件的，证券公司应当立即向国务院证券监督管理机构报送临时报告，说明事件的起因、目前的状态、可能产生的后果和拟采取的相应措施。

第六十四条　证券公司年度报告中的财务会计报告、风险控制指标报告以及国务院证券监督管理机构规定的其他专项报告，应当经具有证券、期货相关业务资格的会计师事务所审计。证券公司年度报告应当附有该会计师事务所出具的内部控制评审报告。

证券公司的董事、高级管理人员应当对证券公司年度报告签署确认意见；经营管理的主要负责人和财务负责人应当对月度报告签署确认意见。在证券公司年度报告、月度报告上签字的人员，应当保证报告的内容真实、准确、完整；对报告内容持有异议的，应当注明自己的意见和理由。

第六十五条　对证券公司报送的年度报告、月度报告，国务院证券监督管理机构应当指定专人进行审核，并制作审核报告。审核人员应当在审核报告上签字。审核中发现问题的，国务院证券监督管理机构应当及时采取相应措施。

国务院证券监督管理机构应当对有关机构报送的客户的交易结算资金、委托资金和客户担保账户内的资金、证券的有关数据进行比对、核查，及时发现资金或者证券被违法动用的情况。

第六十六条　证券公司应当依法向社会公开披露其基本情况、参股及控股情况、负债及或有负债情况、经营管理状况、财务收支状况、高级管理人员薪酬和其他有关信息。具体办法由国务院证券监督管理机构制定。

第六十七条　国务院证券监督管理机构可以要求下列单位或者个人，在指定的期限内提供与证券公司经营管理和财务状况有关的资料、信息：

（一）证券公司及其董事、监事、工作人员；

（二）证券公司的股东、实际控制人；

（三）证券公司控股或者实际控制的企业；

（四）证券公司的开户银行、指定商业银行、资产托管机构、证券交易所、证券登记结算机构；

（五）为证券公司提供服务的证券服务机构。

第六十八条　国务院证券监督管理机构有权采取下列措施，对证券公司的业务活动、财务状况、经营管理情况进行检查：

（一）询问证券公司的董事、监事、工作人员，要求其对有关检查事项作出说明；

（二）进入证券公司的办公场所或者营业场所进行检查；

（三）查阅、复制与检查事项有关的文件、资料，对可能被转移、隐匿或者毁损的文件、资料、电子设备予以封存；

（四）检查证券公司的计算机信息管理系统，复制有关数据资料。

国务院证券监督管理机构为查清证券公司的业务情况、财务状况，经国务院证券监督管理机构负责人批准，可以查询证券公司及与证券公司有控股或者实际控制关系企业的银行账户。

第六十九条　证券公司以及有关单位和个人披露、报送或者提供的资料、信息应当真实、准确、完整，不得有虚假记载、误导性陈述或者重大遗漏。

第七十条　国务院证券监督管理机构对治理结构不健全、内部控制不完善、经营管理混乱、设立账外账或者进行账外经营、拒不执行监督管理决定、违法违规的证券公司，应当责令其限期改正，并可以采取下列措施：

（一）责令增加内部合规检查的次数并提交合规检查报告；

（二）对证券公司及其有关董事、监事、高级管理人员、境内分支机构负责人给予谴责；

（三）责令处分有关责任人员，并报告结果；

（四）责令更换董事、监事、高级管理人员或者限制其权利；

（五）对证券公司进行临时接管，并进行全面核查；

（六）责令暂停证券公司或者其境内分支机构的部分或者全部业务、限期撤销境内分支机构。

证券公司被暂停业务、限期撤销境内分支机构的，应当按照有关规定安置客户、处理未了结的业务。

对证券公司的违法违规行为，合规负责人已经依法履行制止和报告职责的，免除责任。

第七十一条　任何单位或者个人未经批准，持有或者实际控制证券公司5%以上股权的，国务院证券监督管理机构应当责令其限期改正；改正前，相应股权不具有表决权。

第七十二条　任何人未取得任职资格，实际行使证券公司董事、监事、高级管理人员或者境内分支机构负责人职权的，国务院证券监督管理机构应当责令其停止行使职权，予以公告，并可以按照规定对其采取证券市场禁入的措施。

第七十三条　证券公司董事、监事、高级管理人员或者境内分支机构负责人不再具备任职资格条件的，证券公司应当解除其职务并向国务院证券监督管理机构报告；证券公司未解除其职务的，国务院证券监督管理机构应当责令其解除。

第七十四条　证券公司聘请或者解聘会计师事务所的，应当自做出决定之日起3个工作日内报国务院证券监督管理机构备案；解聘会计师事务所的，应当说明理由。

第七十五条　会计师事务所对证券公司或者其有关人员进行审计，可以查阅、复制与审计事项有关的客户信息或者证券公司的其他有关文件、资料，并可以调取证券公司计算机信息管理系统内的有关数据资料。

会计师事务所应当对所知悉的信息保密。法律、行政法规另有规定的除外。

第七十六条　证券交易所应当对证券公司证券自营账户和证券资产管理账户的交易行为进行实时监控；发现异常情况的，应当及时按照交易规则和会员管理规则处理，并向国务院证券监督管理机构报告。

第七章　法律责任

第七十七条　证券公司有下列情形之一的，依照《证券法》第一百九十八条的规定处罚：

（一）聘任不具有任职资格的人员担任境内分支机构的负责人；

（二）未按照国务院证券监督管理机构依法做出的决定，解除不再具备任职资格条件的董事、监事、高级管理人员、境内分支机构负责人的职务。

第七十八条　证券公司从事证券经纪业务，客户资金不足而接受其买入委托，或者客户证券不足而接受其卖出委托的，依照《证券法》第二百零五条的规定处罚。

第七十九条　证券公司将客户的资金账户、证券账户提供给他人使用的，依照《证券法》第二百零八条的规定处罚。

第八十条　证券公司诱使客户进行不必要的证券交易，或者从事证券资产管理业务时，使用客户资产进行不必要的证券交易的，依照《证券法》第二百一十条的规定处罚。

第八十一条　证券公司或者其境内分支机构超出国务院证券监督管理机构批准的范围经营业务的，依照《证券法》第二百一十九条的规定处罚。

第八十二条　证券公司在证券自营账户与证券资产管理账户之间或者不同的证券资产管理账户之间进行交易，且无充分证据证明已依法实现有效隔离的，依照《证券法》第二百二十条的规定处罚。

第八十三条 证券公司违反本条例的规定，有下列情形之一的，责令改正，给予警告，没收违法所得，并处以违法所得1倍以上5倍以下的罚款；没有违法所得或者违法所得不足10万元的，处以10万元以上30万元以下的罚款；情节严重的，暂停或者撤销其相关证券业务许可。对直接负责的主管人员和其他直接责任人员，给予警告，并处以3万元以上10万元以下的罚款；情节严重的，撤销任职资格或者证券从业资格：

（一）违反规定委托其他单位或者个人进行客户招揽、客户服务或者产品销售活动；

（二）向客户提供投资建议，对证券价格的涨跌或者市场走势作出确定性的判断；

（三）违反规定委托他人代为买卖证券；

（四）从事证券自营业务、证券资产管理业务，投资范围或者投资比例违反规定；

（五）从事证券资产管理业务，接受一个客户的单笔委托资产价值低于规定的最低限额。

第八十四条 证券公司违反本条例的规定，有下列情形之一的，责令改正，给予警告，没收违法所得，并处以违法所得1倍以上5倍以下的罚款；没有违法所得或者违法所得不足3万元的，处以3万元以上30万元以下的罚款。对直接负责的主管人员和其他直接责任人员单处或者并处警告、3万元以上10万元以下的罚款；情节严重的，撤销任职资格或者证券从业资格：

（一）未按照规定对离任的法定代表人或者高级管理人员进行审计，并报送审计报告；

（二）与他人合资、合作经营管理分支机构，或者将分支机构承包、租赁或者委托给他人经营管理；

（三）未按照规定将证券自营账户或者证券资产管理客户的证券账户报证券交易所备案；

（四）未按照规定程序了解客户的身份、财产与收入状况、证券投资经验和风险偏好；

（五）推荐的产品或者服务与所了解的客户情况不相适应；

（六）未按照规定指定专人向客户讲解有关业务规则和合同内容，并以书面方式向其揭示投资风险；

（七）未按照规定与客户签订业务合同，或者未在与客户签订的业务合同中载入规定的必备条款；

（八）未按照规定编制并向客户送交对账单，或者未按照规定建立并有效执行信息查询制度；

（九）未按照规定指定专门部门处理客户投诉；

（十）未按照规定提取一般风险准备金；

（十一）未按照规定存放、管理客户的交易结算资金、委托资金和客户担保账户内的资金、证券；

（十二）聘请、解聘会计师事务所，未按照规定向国务院证券监督管理机构备案，解聘会计师事务所未说明理由。

第八十五条　证券公司未按照规定为客户开立账户的，责令改正；情节严重的，处以20万元以上50万元以下的罚款，并对直接负责的董事、高级管理人员和其他直接责任人员，处以1万元以上5万元以下的罚款。

第八十六条　违反本条例的规定，有下列情形之一的，责令改正，给予警告，没收违法所得，并处以违法所得1倍以上5倍以下的罚款；没有违法所得或者违法所得不足10万元的，处以10万元以上60万元以下的罚款；情节严重的，撤销相关业务许可。对直接负责的主管人员和其他直接责任人员给予警告，撤销任职资格或者证券从业资格，并处以3万元以上30万元以下的罚款：

（一）未经批准，委托他人或者接受他人委托持有或者管理证券公司的股权，或者认购、受让或者实际控制证券公司的股权；

（二）证券公司股东、实际控制人强令、指使、协助、接受证券公司以证券经纪客户或者证券资产管理客户的资产提供融资或者担保；

（三）证券公司、资产托管机构、证券登记结算机构违反规定动用客户的交易结算资金、委托资金和客户担保账户内的资金、证券；

（四）资产托管机构、证券登记结算机构对违反规定动用委托资金和客户担保账户内的资金、证券的申请、指令予以同意、执行；

（五）资产托管机构、证券登记结算机构发现委托资金和客户担保账户内的资金、证券被违法动用而未向国务院证券监督管理机构报告。

第八十七条　指定商业银行有下列情形之一的，由国务院证券监督管理机构责令改正，给予警告，没收违法所得，并处以违法所得 1 倍以上 5 倍以下的罚款；没有违法所得或者违法所得不足 10 万元的，处以 10 万元以上 60 万元以下的罚款。对直接负责的主管人员和其他直接责任人员给予警告，并处以 3 万元以上 30 万元以下的罚款：

（一）违反规定动用客户的交易结算资金；

（二）对违反规定动用客户的交易结算资金的申请、指令予以同意或者执行；

（三）发现客户的交易结算资金被违法动用而未向国务院证券监督管理机构报告。

指定商业银行有前款规定的行为，情节严重的，由国务院证券监督管理机构会同国务院银行业监督管理机构责令其暂停或者终止客户的交易结算资金存管业务；对直接负责的主管人员和其他直接责任人员，国务院证券监督管理机构可以建议国务院银行业监督管理机构依法处罚。

第八十八条　违反本条例的规定，有下列情形之一的，责令改正，给予警告，并处以 3 万元以上 20 万元以下的罚款；对直接负责的主管人员和其他直接责任人员，给予警告，可以处以 3 万元以下的罚款：

（一）证券公司未按照本条例第六十六条的规定公开披露信息，或者公开披露的信息中有虚假记载、误导性陈述或者重大遗漏；

（二）证券公司控股或者实际控制的企业、资产托管机构、证券服务机构未按照规定向国务院证券监督管理机构报送、提供有关信息、资料，或者报送、提供的信息、资料中有虚假记载、误导性陈述或者重大遗漏。

第八十九条　违反本条例的规定，有下列情形之一的，责令改正，给予警告，没收违法所得，并处以违法所得等值罚款；没有违法所得或者违法所得不足 3 万元的，处以 3 万元以下的罚款；情节严重的，撤销任职资格或者证券从业资格：

（一）合规负责人未按照规定向国务院证券监督管理机构或者有关自律

组织报告违法违规行为；

（二）证券经纪人从事业务未向客户出示证券经纪人证书；

（三）证券经纪人同时接受多家证券公司的委托，进行客户招揽、客户服务等活动；

（四）证券经纪人接受客户的委托，为客户办理证券认购、交易等事项。

第九十条　证券公司违反规定收取费用的，由有关主管部门依法给予处罚。

第八章　附　　则

第九十一条　证券公司经营证券业务不符合本条例第二十六条第三款规定的，应当在国务院证券监督管理机构规定的期限内达到规定要求。

第九十二条　证券公司客户的交易结算资金存管方式不符合本条例第五十七条规定的，国务院证券监督管理机构应当责令其限期调整。

证券公司客户的交易结算资金存管方式，应当自本条例实施之日起1年内达到规定要求。

第九十三条　证券公司可以向股东或者其他单位借入偿还顺序在普通债务之后的债，具体管理办法由国务院证券监督管理机构制定。

第九十四条　外商投资证券公司的业务范围、境外股东的资格条件和出资比例，由国务院证券监督管理机构规定，报国务院批准。

第九十五条　境外证券经营机构在境内经营证券业务或者设立代表机构，应当经国务院证券监督管理机构批准。具体办法由国务院证券监督管理机构制定，报国务院批准。

第九十六条　本条例所称证券登记结算机构，是指《证券法》第一百五十五条规定的证券登记结算机构。

第九十七条　本条例自2008年6月1日起施行。

证券交易所管理办法

(2017 年 8 月 28 日中国证券监督管理委员会 2017 年第 5 次主席办公会议
审议通过　根据 2020 年 3 月 20 日中国证券监督管理委员会
《关于修改部分证券期货规章的决定》修正)

第一章　总　　则

第一条　为加强对证券交易所的管理，促进证券交易所依法全面履行一线监管职能和服务职能，维护证券市场的正常秩序，保护投资者的合法权益，促进证券市场的健康稳定发展，根据《中华人民共和国证券法》（以下简称《证券法》），制定本办法。

第二条　本办法所称的证券交易所是指经国务院决定设立的证券交易所。

第三条　证券交易所根据《中国共产党章程》设立党委，发挥领导作用，把方向、管大局、保落实，依照规定讨论和决定交易所重大事项，保证监督党和国家的方针、政策在交易所得到全面贯彻落实。

第四条　证券交易所由中国证券监督管理委员会（以下简称中国证监会）监督管理。

第五条　证券交易所的名称，应当标明证券交易所字样。其他任何单位和个人不得使用证券交易所或者近似名称。

第二章　证券交易所的职能

第六条　证券交易所组织和监督证券交易，实施自律管理，应当遵循社会公共利益优先原则，维护市场的公平、有序、透明。

第七条　证券交易所的职能包括：（一）提供证券交易的场所、设施和服务；（二）制定和修改证券交易所的业务规则；（三）依法审核公开发行证券申请；（四）审核、安排证券上市交易，决定证券终止上市和重新上市；（五）提供非公开发行证券转让服务；（六）组织和监督证券交易；（七）对会员进行监管；（八）对证券上市交易公司及相关信息披露义务人进行监管；（九）对证券服务机构为证券上市、交易等提供服务的行为进行监管；（十）管理和公布市场信息；（十一）开展投资者教育和保护；（十二）法律、行政法规规定的以及中国证监会许可、授权或者委托的其他职能。

第八条　证券交易所不得直接或者间接从事：（一）新闻出版业；（二）发布对证券价格进行预测的文字和资料；（三）为他人提供担保；（四）未经中国证监会批准的其他业务。

第九条　证券交易所可以根据证券市场发展的需要，创新交易品种和交易方式，设立不同的市场层次。

第十条　证券交易所制定或者修改业务规则，应当符合法律、行政法规、部门规章对其自律管理职责的要求。证券交易所制定或者修改下列业务规则时，应当由证券交易所理事会通过，并报中国证监会批准：（一）证券交易、上市、会员管理和其他有关业务规则；（二）涉及上市新的证券交易品种或者对现有上市证券交易品种作出较大调整；（三）以联网等方式为非本所上市的品种提供交易服务；（四）涉及证券交易方式的重大创新或者对现有证券交易方式作出较大调整；（五）涉及港澳台及境外机构的重大事项；（六）中国证监会认为需要批准的其他业务规则。

第十一条　证券交易所制定的业务规则对证券交易业务活动的各参与主体具有约束力。对违反业务规则的行为，证券交易所给予纪律处分或者采取其他自律管理措施。

第十二条　证券交易所应当按照章程、协议以及业务规则的规定，对违法违规行为采取自律监管措施或者纪律处分，履行自律管理职责。

第十三条　证券交易所应当在业务规则中明确自律监管措施或者纪律处分的具体类型、适用情形和适用程序。证券交易所采取纪律处分的，应当依据纪律处分委员会的审核意见作出。纪律处分决定作出前，当事人按照业务规则的规定申请听证的，证券交易所应当组织听证。

第十四条　市场参与主体对证券交易所作出的相关自律监管措施或者纪

律处分不服的，可以按照证券交易所业务规则的规定申请复核。证券交易所应当设立复核委员会，依据其审核意见作出复核决定。

第十五条 证券交易所应当建立风险管理和风险监测机制，依法监测、监控、预警并防范市场风险，维护证券市场安全稳定运行。

第十六条 证券交易所应当同其他交易场所、登记结算机构、行业协会等证券期货业组织建立资源共享、相互配合的长效合作机制，联合依法监察证券市场违法违规行为。

第三章 证券交易所的组织

第十七条 实行会员制的证券交易所设会员大会、理事会、总经理和监事会。

第十八条 会员大会为证券交易所的最高权力机构。会员大会行使下列职权：（一）制定和修改证券交易所章程；（二）选举和罢免会员理事、会员监事；（三）审议和通过理事会、监事会和总经理的工作报告；（四）审议和通过证券交易所的财务预算、决算报告；（五）法律、行政法规、部门规章和证券交易所章程规定的其他重大事项。

第十九条 证券交易所章程应当包括下列事项：（一）设立目的；（二）名称；（三）主要办公及交易场所和设施所在地；（四）职能范围；（五）会员的资格和加入、退出程序；（六）会员的权利和义务；（七）对会员的纪律处分；（八）组织机构及其职权；（九）理事、监事、高级管理人员的产生、任免及其职责；（十）资本和财务事项；（十一）解散的条件和程序；（十二）其他需要在章程中规定的事项。章程的制定和修改经会员大会通过后，报中国证监会批准。

第二十条 会员大会每年召开一次，由理事会召集，理事长主持。理事长因故不能履行职责时，由理事长指定的副理事长或者其他理事主持。有下列情形之一的，应当召开临时会员大会：（一）理事人数不足本办法规定的最低人数；（二）三分之一以上会员提议；（三）理事会或者监事会认为必要。

第二十一条 会员大会应当有三分之二以上的会员出席，其决议须经出席会议的会员过半数表决通过。会员大会结束后十个工作日内，证券交易所应当将大会全部文件及有关情况向中国证监会报告。

第二十二条　理事会是证券交易所的决策机构，行使下列职权：（一）召集会员大会，并向会员大会报告工作；（二）执行会员大会的决议；（三）审定总经理提出的工作计划；（四）审定总经理提出的年度财务预算、决算方案；（五）审定对会员的接纳和退出；（六）审定取消会员资格的纪律处分；（七）审定证券交易所业务规则；（八）审定证券交易所上市新的证券交易品种或者对现有上市证券交易品种作出较大调整；（九）审定证券交易所收费项目、收费标准及收费管理办法；（十）审定证券交易所重大财务管理事项；（十一）审定证券交易所重大风险管理和处置事项，管理证券交易所风险基金；（十二）审定重大投资者教育和保护工作事项；（十三）决定高级管理人员的聘任、解聘及薪酬事项，但中国证监会任免的除外；（十四）会员大会授予和证券交易所章程规定的其他职权。

第二十三条　证券交易所理事会由七至十三人组成，其中非会员理事人数不少于理事会成员总数的三分之一，不超过理事会成员总数的二分之一。理事每届任期三年。会员理事由会员大会选举产生，非会员理事由中国证监会委派。

第二十四条　理事会会议至少每季度召开一次。会议须有三分之二以上理事出席，其决议应当经出席会议的三分之二以上理事表决同意方为有效。理事会决议应当在会议结束后两个工作日内向中国证监会报告。

第二十五条　理事会设理事长一人，副理事长一至二人。总经理应当是理事会成员。理事长是证券交易所的法定代表人。

第二十六条　理事长负责召集和主持理事会会议。理事长因故临时不能履行职责时，由理事长指定的副理事长或者其他理事代其履行职责。理事长不得兼任证券交易所总经理。

第二十七条　证券交易所的总经理、副总经理、首席专业技术管理人员每届任期三年。总经理由中国证监会任免。副总经理按照中国证监会相关规定任免或者聘任。总经理因故临时不能履行职责时，由总经理指定的副总经理代其履行职责。

第二十八条 总经理行使下列职权：（一）执行会员大会和理事会决议，并向其报告工作；（二）主持证券交易所的日常工作；（三）拟订并组织实施证券交易所工作计划；（四）拟订证券交易所年度财务预算、决算方案；（五）审定业务细则及其他制度性规定；（六）审定除取消会员资格以外的其他纪律处分；（七）审定除应当由理事会审定外的其他财务管理事项；（八）理事会授予和证券交易所章程规定的其他职权。

第二十九条 监事会是证券交易所的监督机构，行使下列职权：（一）检查证券交易所财务；（二）检查证券交易所风险基金的使用和管理；（三）监督证券交易所理事、高级管理人员执行职务行为；（四）监督证券交易所遵守法律、行政法规、部门规章和证券交易所章程、协议、业务规则以及风险预防与控制的情况；（五）当理事、高级管理人员的行为损害证券交易所利益时，要求理事、高级管理人员予以纠正；（六）提议召开临时会员大会；（七）提议召开临时理事会；（八）向会员大会提出提案；（九）会员大会授予和证券交易所章程规定的其他职权。

第三十条 证券交易所监事会人员不得少于五人，其中会员监事不得少于两名，职工监事不得少于两名，专职监事不得少于一名。监事每届任期三年。会员监事由会员大会选举产生，职工监事由职工大会、职工代表大会或者其他形式民主选举产生，专职监事由中国证监会委派。证券交易所理事、高级管理人员不得兼任监事。

第三十一条 监事会设监事长一人。监事长负责召集和主持监事会会议。监事长因故不能履行职责时，由监事长指定的专职监事或者其他监事代为履行职务。

第三十二条 监事会至少每六个月召开一次会议。监事长、三分之一以上监事可以提议召开临时监事会会议。监事会决议应当经半数以上监事通过。监事会决议应当在会议结束后两个工作日内向中国证监会报告。

第三十三条 理事会、监事会根据需要设立专门委员会。各专门委员会的职责、任期和人员组成等事项，由证券交易所章程具体规定。各专门委员会的经费应当纳入证券交易所的预算。

第三十四条 证券交易所的从业人员应当正直诚实、品行良好、具备履行职责所必需的专业知识与能力。因违法行为或者违纪行为被开除的证券交易场所、证券公司、证券登记结算机构、证券服务机构的从业人员和被开除的国家机关工作人员，不得招聘为证券交易所的从业人员。有《中华人民共和国公司法》第一百四十六条规定的情形或者下列情形之一的，不得担任证券交易所理事、监事、高级管理人员：（一）犯有贪污、贿赂、侵占财产、挪用财产罪或者破坏社会经济秩序罪，或者因犯罪被剥夺政治权利；（二）因违法行为或者违纪行为被解除职务的证券交易场所、证券登记结算机构的负责人，自被解除职务之日起未逾五年；（三）因违法行为或者违纪行为被解除职务的证券公司董事、监事、高级管理人员，自被解除职务之日起未逾五年；（四）因违法行为或者违纪行为被吊销执业证书或者被取消资格的律师、注册会计师或者其他证券服务机构的专业人员，自被吊销执业证书或者被取消资格之日起未逾五年；（五）担任因违法行为被吊销营业执照的公司、企业的法定代表人并对该公司、企业被吊销营业执照负有个人责任的，自被吊销营业执照之日起未逾五年；（六）担任因经营管理不善而破产的公司、企业的董事、厂长或者经理并对该公司、企业的破产负有个人责任的，自破产之日起未逾五年；（七）法律、行政法规、部门规章规定的其他情形。

第三十五条　证券交易所理事、监事、高级管理人员的产生、聘任有不正当情况，或者前述人员在任期内有违反法律、行政法规、部门规章和证券交易所章程、业务规则的行为，或者由于其他原因，不适宜继续担任其所担任的职务时，中国证监会有权解除或者提议证券交易所解除有关人员的职务，并按照规定任命新的人选。

第四章　证券交易所对证券交易活动的监管

第三十六条　证券交易所应当制定具体的交易规则。其内容包括：（一）证券交易的基本原则；（二）证券交易的场所、品种和时间；（三）证券交易方式、交易流程、风险控制和规范事项；（四）证券交易监督；（五）清算交收事项；（六）交易纠纷的解决；（七）暂停、恢复与取消交易；（八）交易异常情况的认定和处理；（九）投资者准入和适当性管理的基本要求；（十）对违反交易规则行为的处理规定；（十一）证券交易信息的提供和管理；（十二）指数的编制方法和公布方式；（十三）其他需要在交易规则中规定的事项。

第三十七条 参与证券交易所集中交易的，必须是证券交易所的会员，非会员不得直接参与股票的集中交易。会员应当依据证券交易所相关业务规则，对客户证券交易行为进行管理。

第三十八条 证券交易所应当实时公布即时行情，并按日制作证券市场行情表，记载并公布下列事项：（一）上市证券的名称；（二）开盘价、最高价、最低价、收盘价；（三）与前一交易日收盘价比较后的涨跌情况；（四）成交量、成交金额的分计及合计；（五）证券交易所市场基准指数及其涨跌情况；（六）中国证监会要求公布或者证券交易所认为需要公布的其他事项。证券交易所即时行情的权益由证券交易所依法享有。证券交易所对市场交易形成的基础信息和加工产生的信息产品享有专属权利。未经证券交易所同意，任何单位和个人不得发布证券交易即时行情，不得以商业目的使用。经许可使用交易信息的机构和个人，未经证券交易所同意，不得将该信息提供给其他机构和个人使用。

第三十九条 证券交易所应当就其市场内的成交情况编制日报表、周报表、月报表和年报表，并及时向市场公布。证券交易所可以根据监管需要，对其市场内特定证券的成交情况进行分类统计，并向市场公布。

第四十条 证券交易所应当保证投资者有平等机会获取证券市场的交易行情和其他公开披露的信息，并有平等的交易机会。

第四十一条 因不可抗力、意外事件、重大技术故障、重大人为差错等突发性事件而影响证券交易正常进行时，为维护证券交易正常秩序和市场公平，证券交易所可以按照业务规则采取技术性停牌、临时停市等处置措施，并应当及时向中国证监会报告。因前款规定的突发性事件导致证券交易结果出现重大异常，按交易结果进行交收将对证券交易正常秩序和市场公平造成重大影响的，证券交易所按照业务规则可以采取取消交易、通知证券登记结算机构暂缓交收等措施，并应当及时向中国证监会报告并公告。

第四十二条 证券交易所对证券交易进行实时监控，及时发现和处理违反业务规则的异常交易行为。证券交易所应当对可能误导投资者投资决策、可能对证券交易价格或证券交易量产生不当影响等异常交易行为进行重点监控。

第四十三条 证券交易所应当按照维护市场交易秩序，保障市场稳定运行，保证投资者公平交易机会，防范和化解市场风险的原则，制定异常交易行为认定和处理的业务规则，并报中国证监会批准。

第四十四条 对于严重影响证券交易秩序或者交易公平的异常交易行为，证券交易所可以按照业务规则实施限制投资者交易等措施，并向中国证监会报告。证券交易所发现异常交易行为涉嫌违反法律、行政法规、部门规章的，应当及时向中国证监会报告。

第四十五条 证券交易所应当加强对证券交易的风险监测。出现重大异常波动的，证券交易所可以按照业务规则采取限制交易、强制停牌等处置措施，并向中国证监会报告；严重影响证券市场稳定的，证券交易所可以按照业务规则采取临时停市等处置措施并公告。

第四十六条 证券交易所应当妥善保存证券交易中产生的交易记录，并制定相应的保密管理措施。交易记录等重要文件的保存期不少于二十年。证券交易所应当要求并督促会员妥善保存与证券交易有关的委托资料、交易记录、清算文件等，并建立相应的查询和保密制度。

第四十七条 证券交易所应当建立符合证券市场监管和实时监控要求的技术系统，并设立负责证券市场监管工作的专门机构。证券交易所应当保障交易系统、通信系统及相关信息技术系统的安全、稳定和持续运行。

第四十八条 通过计算机程序自动生成或者下达交易指令进行程序化交易的，应当符合中国证监会的规定，并向证券交易所报告，不得影响证券交易所系统安全或者正常交易秩序。证券交易所应当制定业务规则，对程序化交易进行监管。

第五章 证券交易所对会员的监管

第四十九条 证券交易所应当制定会员管理规则。其内容包括：（一）会员资格的取得和管理；（二）席位与交易单元管理；（三）与证券交易业务有关的会员合规管理及风险控制要求；（四）会员客户交易行为管理、适当性管理及投资者教育要求；（五）会员业务报告制度；（六）对会员的日常管理和监督检查；（七）对会员采取的收取惩罚性违约金、取消会员资格等自律监管措施和纪律处分；（八）其他需要在会员管理规则中规定的事项。

第五十条　证券交易所接纳的会员应当是经批准设立并具有法人地位的境内证券经营机构。境外证券经营机构设立的驻华代表处，经申请可以成为证券交易所的特别会员。证券交易所的会员种类，会员资格及权利、义务由证券交易所章程和业务规则规定。

第五十一条　证券交易所决定接纳或者开除会员应当在决定后的五个工作日内向中国证监会报告。

第五十二条　证券交易所应当限定席位的数量。会员可以通过购买或者受让的方式取得席位。经证券交易所同意，席位可以转让，但不得用于出租和质押。

第五十三条　证券交易所应当对交易单元实施严格管理，设定、调整和限制会员参与证券交易的品种及方式。会员参与证券交易的，应当向证券交易所申请设立交易单元。经证券交易所同意，会员将交易单元提供给他人使用的，会员应当对其进行管理。会员不得允许他人以其名义直接参与证券的集中交易。具体管理办法由证券交易所规定。

第五十四条　证券交易所应当制定技术管理规范，明确会员交易系统接入证券交易所和运行管理等技术要求，督促会员按照技术要求规范运作，保障交易及相关系统的安全稳定。证券交易所为了防范系统性风险，可以要求会员建立和实施相应的风险控制系统和监测模型。

第五十五条　证券交易所应当按照章程、业务规则的规定，对会员遵守证券交易所章程和业务规则的情况进行检查，并将检查结果报告中国证监会。证券交易所可以根据章程、业务规则要求会员提供与证券交易活动有关的业务报表、账册、交易记录和其他文件资料。

第五十六条　证券交易所应当建立会员客户交易行为管理制度，要求会员了解客户并在协议中约定对委托交易指令的核查和对异常交易指令的拒绝等内容，指导和督促会员完善客户交易行为监控系统，并定期进行考核评价。

会员管理的客户出现严重异常交易行为或者在一定时期内多次出现异常交易行为的，证券交易所应当对会员客户交易行为管理情况进行现场或者非现场检查，并将检查结果报告中国证监会。会员未按规定履行客户管理职责的，证券交易所可以采取自律监管措施或者纪律处分。

第五十七条　证券交易所应当按照章程、业务规则对会员通过证券自营及资产管理等业务进行的证券交易实施监管。证券交易所应当按照章程、业务规则要求会员报备其通过自营及资产管理账户开展产品业务创新的具体情况以及账户实际控制人的有关文件资料。

第五十八条　证券交易所应当督促会员建立并执行客户适当性管理制度，要求会员向客户推荐产品或者服务时充分揭示风险，并不得向客户推荐与其风险承受能力不适应的产品或者服务。

第五十九条　会员出现违法违规行为的，证券交易所可以按照章程、业务规则的规定采取暂停受理或者办理相关业务、限制交易权限、收取惩罚性违约金、取消会员资格等自律监管措施或者纪律处分。

第六十条　证券交易所会员应当接受证券交易所的监管，并主动报告有关问题。

第六章　证券交易所对证券上市交易公司的监管

第六十一条　证券交易所应当制定证券上市规则。其内容包括：（一）证券上市的条件、程序和披露要求；（二）信息披露的主体、内容及具体要求；（三）证券停牌、复牌的标准和程序；（四）终止上市、重新上市的条件和程序；（五）对违反上市规则行为的处理规定；（六）其他需要在上市规则中规定的事项。

第六十二条　证券交易所应当与申请证券上市交易的公司订立上市协议，确定相互间的权利义务关系。上市协议的内容与格式应当符合法律、行政法规、部门规章的规定。上市协议应当包括下列内容：（一）上市证券的品种、名称、代码、数量和上市时间；（二）上市费用的收取；（三）证券交易所对证券上市交易公司及相关主体进行自律管理的主要手段和方式，包括现场和非现场检查等内容；（四）违反上市协议的处理，包括惩罚性违约金等内容；

（五）上市协议的终止情形；（六）争议解决方式；（七）证券交易所认为需要在上市协议中明确的其他内容。

第六十三条　证券交易所应当依法建立上市保荐制度。证券交易所应当监督保荐人及相关人员的业务行为，督促其切实履行法律、行政法规、部门规章以及业务规则中规定的相关职责。

第六十四条　证券交易所按照章程、协议以及上市规则决定证券终止上市和重新上市。证券交易所按照业务规则对出现终止上市情形的证券实施退市，督促证券上市交易公司充分揭示终止上市风险，并应当及时公告，报中国证监会备案。

第六十五条　证券交易所应当按照章程、协议以及业务规则，督促证券上市交易公司及相关信息披露义务人依法披露上市公告书、定期报告、临时报告等信息披露文件。证券交易所对信息披露文件进行审核，可以要求证券上市交易公司及相关信息披露义务人、上市保荐人、证券服务机构等作出补充说明并予以公布，发现问题应当按照有关规定及时处理，情节严重的，报告中国证监会。

第六十六条　证券交易所应当依据业务规则和证券上市交易公司的申请，决定上市交易证券的停牌或者复牌。证券上市交易的公司不得滥用停牌或复牌损害投资者合法权益。证券交易所为维护市场秩序可以根据业务规则拒绝证券上市交易公司的停复牌申请，或者决定证券强制停复牌。中国证监会为维护市场秩序可以要求证券交易所对证券实施停复牌。

第六十七条　证券交易所应当按照章程、协议以及业务规则，对上市公司控股股东、持股百分之五以上股东、其他相关股东以及董事、监事、高级管理人员等持有本公司股票的变动及信息披露情况进行监管。

第六十八条　发行人、证券上市交易公司及相关信息披露义务人等出现违法违规行为的，证券交易所可以按照章程、协议以及业务规则的规定，采取通报批评、公开谴责、收取惩罚性违约金、向相关主管部门出具监管建议函等自律监管措施或者纪律处分。

第六十九条　证券交易所应当比照本章的有关规定，对证券在本证券交易所发行或者交易的其他主体进行监管。

第七章　管理与监督

第七十条　证券交易所不得以任何方式转让其依照本办法取得的设立及业务许可。

第七十一条　证券交易所的理事、监事、高级管理人员对其任职机构负有诚实信用的义务。证券交易所的总经理离任时，应当按照有关规定接受离任审计。

第七十二条　证券交易所的总经理、副总经理未经批准，不得在任何营利性组织、团体和机构中兼职。证券交易所的非会员理事、非会员监事及其他工作人员不得以任何形式在证券交易所会员公司兼职。

第七十三条　证券交易所的理事、监事、高级管理人员及其他工作人员不得以任何方式泄露或者利用内幕信息，不得以任何方式违规从证券交易所的会员、证券上市交易公司获取利益。

第七十四条　证券交易所的理事、监事、高级管理人员及其他工作人员在履行职责时，遇到与本人或者其亲属等有利害关系情形的，应当回避。具体回避事项由其章程、业务规则规定。

第七十五条　证券交易所应当建立健全财务管理制度，收取的各种资金和费用应当严格按照规定用途使用，不得挪作他用。证券交易所的收支结余不得分配给会员。

第七十六条　证券交易所应当履行下列报告义务：（一）证券交易所经符合《证券法》规定的会计师事务所审计的年度财务报告，该报告应于每一财政年度终了后三个月内向中国证监会提交；（二）关于业务情况的季度和年度工作报告，应当分别于每一季度结束后十五日内和每一年度结束后三十日内向中国证监会报告；（三）法律、行政法规、部门规章及本办法其他条款中规定的报告事项；（四）中国证监会要求报告的其他事项。

第七十七条　遇有重大事项，证券交易所应当随时向中国证监会报告。前款所称重大事项包括：（一）发现证券交易所会员、证券上市交易公司、投资者和证券交易所工作人员存在或者可能存在严重违反法律、行政法规、部门规章的行为；（二）发现证券市场中存在产生严重违反法律、行政法规、部门规章行为的潜在风险；（三）证券市场中出现法律、行政法规、部门规章未作明确规定，但会对证券市场产生重大影响的事项；（四）执行法律、行政法规、部门规章过程中，需由证券交易所作出重大决策的事项；（五）证券交易所认为需要报告的其他事项；（六）中国证监会规定的其他事项。

第七十八条　遇有以下事项之一的，证券交易所应当及时向中国证监会报告，同时抄报交易所所在地人民政府，并采取适当方式告知交易所会员和投资者：（一）发生影响证券交易所安全运转的情况；（二）因不可抗力、意外事件、重大技术故障、重大人为差错等突发性事件而影响证券交易正常进行时，证券交易所为维护证券交易正常秩序和市场公平采取技术性停牌、临时停市、取消交易或者通知证券登记结算机构暂缓交收等处理措施；（三）因重大异常波动，证券交易所为维护市场稳定，采取限制交易、强制停牌、临时停市等处置措施。

第七十九条　中国证监会有权要求证券交易所提供证券市场信息、业务文件以及其他有关的数据、资料。

第八十条　中国证监会有权要求证券交易所对其章程和业务规则进行修改。

第八十一条　中国证监会有权对证券交易所业务规则制定与执行情况、自律管理职责的履行情况、信息技术系统建设维护情况以及财务和风险管理等制度的建立及执行情况进行评估和检查。中国证监会开展前款所述评估和检查，可以采取要求证券交易所进行自查、要求证券交易所聘请中国证监会认可的专业机构进行核查、中国证监会组织现场核查等方式进行。

第八十二条　中国证监会依法查处证券市场的违法违规行为时，证券交易所应当予以配合。

第八十三条　证券交易所涉及诉讼或者证券交易所理事、监事、高级管理人员因履行职责涉及诉讼或者依照法律、行政法规、部门规章应当受到解除职务的处分时，证券交易所应当及时向中国证监会报告。

第八章　法律责任

第八十四条　证券交易所违反本办法第八条的规定，从事未经中国证监会批准的其他业务的，由中国证监会责令限期改正；构成犯罪的，由司法机关依法追究刑事责任。

第八十五条　证券交易所违反本办法第十条的规定，上市新的证券交易品种或者对现有上市证券交易品种作出较大调整未制定修改业务规则或者未履行相关程序的，由中国证监会责令停止该交易品种的交易，并对有关负责人采取处理措施。

第八十六条　证券交易所违反本办法第十条的规定，制定或者修改业务规则应当报中国证监会批准而未履行相关程序的，中国证监会有权要求证券交易所进行修改、暂停适用或者予以废止，并对有关负责人采取处理措施。

第八十七条　证券交易所违反规定，允许非会员直接参与股票集中交易的，中国证监会依据《证券法》作出行政处罚。

第八十八条　证券交易所违反本办法规定，在监管工作中不履行职责，或者不履行本办法规定的有关报告义务，中国证监会可以采取监管谈话、出具警示函、通报批评、责令限期改正等监管措施。

第八十九条　证券交易所存在下列情况时，由中国证监会对有关高级管理人员视情节轻重分别给予警告、记过、记大过、撤职等行政处分，并责令证券交易所对有关的业务部门负责人给予纪律处分；造成严重后果的，由中国证监会按本办法第三十五条的规定处理；构成犯罪的，由司法机关依法追究有关责任人员的刑事责任：（一）对国家有关法律、法规、规章、政策和中国证监会颁布的制度、办法、规定不传达、不执行；（二）对工作不负责任，管理混乱，致使有关业务制度和操作规程不健全、不落实；（三）对中国证监会的监督检查工作不接受、不配合，对工作中发现的重大隐患、漏洞不重视、不报告、不及时解决；（四）对在证券交易所内发生的违规行为未能及时采取有效措施予以制止或者查处不力。

第九十条　证券交易所的任何工作人员有责任拒绝执行任何人员向其下达的违反法律、行政法规、部门规章和证券交易所有关规定的工作任务，并有责任向其更高一级领导和中国证监会报告具体情况。没有拒绝执行上述工作任务，或者虽拒绝执行但没有报告的，应当承担相应责任。

第九十一条　证券交易所会员、证券上市交易公司违反法律、行政法规、部门规章和证券交易所章程、业务规则的规定，并且证券交易所没有履行规定的监管责任的，中国证监会有权按照本办法的有关规定，追究证券交易所和证券交易所有关理事、监事、高级管理人员和直接责任人的责任。

第九十二条　证券交易所应当在其职责范围内，及时向中国证监会报告其会员、证券上市交易公司及其他人员违反法律、行政法规、部门规章的情况；按照证券交易所章程、业务规则等证券交易所可以采取自律监管措施和纪律处分的，证券交易所有权按照有关规定予以处理，并报中国证监会备案；法律、行政法规、部门规章规定由中国证监会处罚的，证券交易所可以向中国证监会提出处罚建议。中国证监会可以要求证券交易所按照业务规则对其会员、证券上市交易公司等采取自律监管措施或者纪律处分。

第九十三条　证券交易所、证券交易所会员、证券上市交易公司违反本办法规定，直接责任人以及与直接责任人有直接利益关系者因此而形成非法获利或者避损的，由中国证监会依法予以行政处罚。

第九章　附　　则

第九十四条　本办法由中国证监会负责解释。

第九十五条　本办法自 2018 年 1 月 1 日起施行。2001 年 12 月 12 日中国证监会公布的《证券交易所管理办法》同时废止。